中华圣贤讲什么

梁启超 胡怀琛 著

中华书局

图书在版编目(CIP)数据

中华圣贤讲什么/梁启超,胡怀琛著. —北京:中华书局,
2016.6
ISBN 978-7-101-11611-3

Ⅰ.中… Ⅱ.①梁…②胡… Ⅲ.古典哲学–中国–通俗读物
Ⅳ.B21-49

中国版本图书馆 CIP 数据核字(2016)第 048582 号

书 名	中华圣贤讲什么	
著 者	梁启超　胡怀琛	
责任编辑	申作宏	
出版发行	中华书局	
	(北京市丰台区太平桥西里 38 号　100073)	
	http://www.zhbc.com.cn	
	E-mail:zhbc@zhbc.com.cn	
印 刷	北京瑞古冠中印刷厂	
版 次	2016 年 6 月北京第 1 版	
	2016 年 6 月北京第 1 次印刷	
规 格	开本/880×1230 毫米　1/32	
	印张 9¾　插页 2　字数 250 千字	
印 数	1-8000 册	
国际书号	ISBN 978-7-101-11611-3	
定 价	26.00 元	

写在前面

　　当前，很多年轻人包括高中生和大学生，都非常想了解和学习国学或传统文化，尤其是知晓和把握传统文化的精髓——古代圣贤的主要思想。但古代圣贤如孔子、孟子、老子、庄子等的书籍，思想深奥、内涵丰富，又是文言文作品，读来佶屈聱牙，不易阅读，难以理解。因此，我们很想为年轻人编撰一本国学思想入门书，由国学大师解读、提炼，深入浅出地表述，在一本20多万字的小书中总括圣贤思想，让年轻读者研读一书，而知国学。

　　我国传统文化以儒道互补为主体。著名学者赵吉惠曾说："中国文化是儒道互补型的，儒家和道家共同构成了中国传统文化的主体。更具体、更清楚地说就是中国传统文化是以儒家文化与道家文化为主体的多元结构。中国文化的构成，除了儒家和道家这个主体而外，还有法家、墨家、阴阳五行家、名家等等。"另外，外来的佛教虽对我国文化影响很大，但却被儒道思想融会、吸收而中国化，实际也纳入儒道互补的文化体系。而儒家文化和道家文化实际也是和而不同。国学大师梁启超就认为："我们中国哲学上最重要的问题是：'怎么样能够令我的思想行为和我的生命融合为一，怎么样能够令我的生命和宇宙融合为一？'这个问题是儒家、道家所同的。"所以，本书主要收入儒家、道家代表人物孔子、孟子、老子和庄子的核心思想，然后综述我国古代先贤的各种学说、思想，以让年轻读者对圣贤思想有个整体的了解和掌握。

　　《孔子学说》，较全面地论述了孔子的生平事迹、时代背景、孔学提纲。《孟子思想》则主要阐述了孟子的性善说,既然人有善的可能,必有此然后修养为可能,继而强调人人应自力修养。

《老子哲学》,则从本体、名相、作用三方面以佛释老,用今天的术语大致可理解为,从本体论、认识论和价值论来诠释老子思想。《庄子学说》同样是以佛释老,以得庄子思想的真谛。

以上几篇,都是由梁启超在20世纪20年代完成的。他采用人生观来贯穿中国思想,着重从人格的养成来讨论他所推崇的孔、孟和老、庄。他还在《孔子学说》中提出要我们学习孔子:

> 孔子的境遇,很像现今的苦学生,绝无依靠,绝无师承,全恃自己锻炼自己,渐渐锻成这么伟大的人格。我们读释迦、基督、墨子诸圣哲的传记,固然敬仰他的为人,但总觉得有许多地方,是我们万万学不到的。惟有孔子,他一生所言所行,都是人类生活范围内极亲切有味的庸言庸行,只要努力学他,人人都学得到。

我国传统文化虽是儒道互补,但实际还是儒家为主干(主体)。新儒家代表人物牟宗三就认为:"中国文化的核心内容,是以儒家为主流的。"梁启超也提出:"诚然,儒家之外,还有其他各家。儒家哲学,不算中国文化全体;但是若把儒家抽去,中国文化恐怕没有多少东西了。中国民族之所以存在,因为中国文化存在;而中国文化,离不了儒家。"因此本书要给读者多提供些儒家学说。《儒家哲学》从时代和问题角度综述儒家思想,让读者对两千年儒学发展有个系统了解。《中国先贤学说》则全面综述了古代儒道先贤的南面术、仁政、礼乐、中庸、忠恕、乐道、克己慎独、性理、天人合一、知行合一等学说的渊源、内涵及其代表人物,并在新时代下予以重新评价。

"孔、孟与儒家哲学"和"老、庄及其学说"由梁启超撰述。梁启超（1873—1929），字卓如、任甫，号任公，别号饮冰室主人，广东新会人。青年时与老师康有为一起从事戊戌变法，事败逃往海外依然推动君主立宪。辛亥革命后从政，并在护国运动、五四运动等重大运动中出力甚巨。晚年弃政从学，任清华国学院四大导师之一。其著作主要结集为上千万字的《饮冰室合集》。

《中国先贤学说》由胡怀琛撰述。胡怀琛（1886—1938），字寄尘，安徽泾县人。曾任《神州日报》《中华民报》以及商务印书馆编辑。1912年经柳亚子介绍加入南社，与柳亚子共主《警报》《太平洋报》笔政。先后执教中国公学、沪江、持志等大学，并曾受聘为上海市通志馆编纂。抗战期间，忧时染疾，不治而逝。

两位国学大师均从小熟读古书，传统典籍烂熟于胸，对传统文化有深入透彻的理解。在20世纪20、30年代整理国故的运动中，两人又根据时代需要对国学进行了清醒地批判式地梳理，其观点持正通达，今天看来依旧没有过时，甚至难以跨越，仍值得我们学习和理解。现汇编奉献给年轻读者阅读，愿大家常读常新。

目　录

第一编　孔、孟与儒家哲学

第一编　孔、孟与儒家哲学

第一节　孔子学说

一　孔子事迹及时代

（一）孔子事迹

孔子事迹流传甚多，但极须慎择。如《孔子家语》《孔丛子》两书，其材料像很丰富，却完全是魏晋人伪作，万不可轻信。《史记》算是最靠得住的古书，然而传闻错误处也不少。所以《孔子世家》也不能个个字据为事实，只好将他作底本，再拿《左传》《论语》《礼记》及其他先秦子书来参证，或可以比较的正确。本书并非史传，所以不必详考事迹，但将孔子一生生涯分出几个大段落，列一极简单的表便够了。

周灵王二十年，即鲁襄公二十一年（前551），孔子生。

孔子本宋国人，其曾祖始迁于鲁。

孔子少孤，其母与其父非正式结婚。

孔子二十岁左右为贫而仕，尝为季氏之委吏乘田等官。

孔子二十四岁丧母，有门人助葬。

孔子三十六岁鲁季氏逐昭公，孔子避乱适齐。

孔子三十八岁自齐返鲁，门人益进。

孔子四十八岁阳虎囚季氏，欲用孔子，孔子不仕。

孔子五十一岁见老子。

孔子五十二岁初仕为中都宰。

孔子五十三岁相鲁定公，会齐侯于夹谷。

孔子五十五岁为鲁司寇，堕三都。

孔子五十六岁去鲁适卫。

孔子五十六岁至六十九岁历游卫、曹、陈、宋、蔡、郑、楚诸国，居卫最久，陈次之。

孔子六十九岁自卫返鲁，修《诗》《书》，定《礼》《乐》，作《易传》。

孔子七十二岁作《春秋》。

孔子七十四岁卒，时鲁哀公十四年、周敬王四十一年（前479）。

综合各书所记孔子事迹，有应注意的几点如下：

（一）孔子出身甚微，不过一羁旅之臣，并非世族，而且是庶孽。

（二）孔子教学甚早，《礼记·檀弓》记孔子葬母，门人助葬，其时孔子仅二十四岁。

（三）孔子政治生涯甚短。宰中都，相夹谷，都算不得什么事业。孔子的政治生涯，其实只在五十五岁那一年。最大的事实，就是堕三都，目的在打破贵族政治，但是完全失败了。

（四）孔子游历地甚少。后人开口说孔子周游列国，《史记》也说孔子干七十二君，其实他到过的国只有周、齐、卫、陈，或者到过楚国属地的叶。那宋、曹、郑三国，经过而没有住。算起来，未曾出过现在山东、河南两省境外。

（五）孔子著书甚迟。自卫返鲁后，始删定"六经"，其时已六十九岁，距卒前仅五年。

（二）孔子所处之环境

（一）鲁、卫在古代文化史上之位置。鲁为周公封国，具天子礼乐（《礼记·明堂位》），伯禽初之国，变其俗，革其礼。（《史记·鲁世家》）所以文武周公时代的文化，传在鲁国的最多。后来诸姬之国，都认他做宗国。（《孟子·滕文公上》）吴季札聘鲁，乃尽见各国的诗与乐。（《左传·襄二十九年》）晋韩宣子聘鲁，观书于太史氏，曰："周礼尽在鲁矣！"（《左传·昭二年》）孔子生在此国，自然受的感化甚多。一方面为文献荟萃，能开出一种集大成的学术；一方面当然含有保守性质。卫为殷故墟，乃前代文化中心。史称其多君子，在春秋时，程度和鲁国不相上下。孔子在卫很久，亦蒙他的影响，而孔子弟子，亦卫、鲁两国人最多。

（二）霸政之衰息。其时正值晋楚弭兵之后，晋霸已衰，楚亦不竞，而吴越方相继崛起于南。当霸政时，各国不甚敢互相攻伐，人民尚稍得苏息。到这时，兼并之祸又渐起了。前此各国内政往往受盟主干涉，不敢十分横行（《孟子》引齐桓葵丘之会，凡有五命，多涉各国内政），到这时，益发无复顾忌了。孔子所亲见亲历的，周则王子朝攻逐敬王，鲁则季氏逐昭公，阳虎囚季氏，卫则蒯聩出公父子争国，齐则崔杼、陈恒先后弑君，楚则平王弑灵王，吴则阖庐弑王僚。此外各国小篡乱尚多，纯然是乱臣贼子的时代。孔子生当此时，所以正名分弭祸乱的思想，不得不起。

（三）贵族政治之堕落。春秋中叶，算是我国贵族政治全盛时代。那时的贵族，实在能做社会的中坚，而且帮助社会发达。到孔子时，渐渐堕落了。如晋的荀、韩、魏、赵、范、中行，齐的崔、庆、高、陈都是互相残杀。观叔向与晏婴私语，互相叹息于季世齐国的情状，是民参其力二入于公而衣食其一，公聚朽蠹而三老冻馁，国之诸市，屦贱踊贵。晋国的情状，是庶民罢敝而宫室滋侈，道殣相望而女富溢尤，民闻公命，如逃寇雠，政在家门，民无所依，君日不悛，以乐慆忧。（《左传·昭三年》）晋、齐是两个大国，为贵族政治的模范，今堕落到如此，其他可以类推。所以改造社会，破坏贵族政治，实为当时迫切的要求。

（四）社会思想之展开。试留心一读《左传》，可以看出上半部和下半部很有不同，上半部所记名人的议论多涉空泛，而且都带点迷信的色彩；下半部差多了，内中有许多极精的名理，如子产、叔向、蘧伯玉、晏子、季札、苌弘等辈，尤为精粹。在学术思想史里头，都很有价值。那时创立学派的人，老子是不用说了。像关尹，庄子拿他与老子并称，都叫做博大真人（《天下篇》），像邓析，操两可之说设无穷之辞（见《列子》），像史䲡，邦有道如矢，邦无道如矢（见《论语》），忍情性，綦溪利跂，苟以分异人为高（见《荀子·非十二子篇》）。这些人都是和孔子同时，各人有特别见解。《论语》记棘子成曰："君子质而已矣，何以文为？"又记："或曰：以德报怨，何如？"这棘子成和那"或人"，都是有一种反抗时势的主张。还有《论语》里头许多隐姓埋名的人，如荷蒉、晨门、楚狂接舆、丈人、长沮、桀溺等辈，主张极端的厌世主义。这都是因为社会变迁，渐渐产出些新宇宙观、新人生观出来。在这种机运里头，所以能产出孔子这样伟大人物。

二　研究孔子学说所根据之资料

研究孔子学说，不像老子那样简单了，因为他的著述和他的言论流传下来的很多。他学问的方面也很复杂，不容易理出个头绪来，所以先要将资料审查一回，再行整理。

孔子有著作没有呢？据他自己说述而不作，我们自然不应该说他有著作。然则后人说孔子删定"六经"是造谣言吗？其实亦不然。"六经"虽然都是旧日所有，经过孔子的手，便成为孔子的"六经"。所以说"六经"是孔子的著述，亦未为不可。但这六部经里头添上孔子的分子之多少，各经不同。今以多少为次序，分别论之。

（一）《礼》《礼经》就是《仪礼》十七篇（虽有"经礼三百，曲礼三千"之说，但其书无可考）。这十七篇，都是讲的仪注，大约是一种官书，像唐的《开元礼》、清的《大清通礼》一般，内中未必有孔子手笔。孔子教人，大概是一面习这些礼仪，一面讲礼的精意。讲礼的精意，散在《论语》《礼记》等书内，至于这部《礼经》，不见得有什么改订。

（二）《诗》与《乐》《史记》称："古者《诗》三千余篇，孔子去其重，取可施于礼义……故曰：'关雎之乱以为风始，鹿鸣为小雅始，文王为大雅始，清庙为颂始。'三百五篇，孔子皆弦歌之，以求合韶武雅颂之音。"（《孔子世家》）据此，像古《诗经》孔子删去的很多，然《左传》所载朝聘燕享，皆有赋诗。所赋的诗，在今本三百五篇以外的甚少。吴季札聘鲁听乐，所听亦不出今本《国风》。此皆在孔子以前。可见当时通行的诗，不外此数。或者孔子把他分一分类立出风、雅、颂等名目，或者把次序有些改正。至于诗篇，怕未必有什么损益。然则孔子对于这部《诗经》有什么功劳呢？我说他的功劳不在删诗而在正乐。诗书礼乐古称四术。（《礼记·王制》）《史记》称孔子以诗书礼乐教弟子，而《论语》雅言，只有诗书执礼，何故不言乐呢？乐与诗相依，离诗无乐，离乐无诗。所以《乐经》是没有的。乐就是乐谱，如何能有经呢？《论语》子曰："吾自卫反鲁，然后乐正，雅颂各得其所。"可见正乐即是正诗。《史记》说"皆弦歌之以求合韶武雅颂之音"，解说得最明白。大概孔子极好音乐，而且极精，他在齐闻韶，"三月不知肉味"。（《论语》）他从师襄学鼓琴，因曲推到数，因数推到志，因志推到为人。（《史记·孔子世家》）他能教导老乐官太师挚（《论语》），可见他音乐的天才和造诣不同寻常。从前的诗，是否都能入乐，不敢断定。但这三百五篇，孔子一定都把他谱出来，或者从前旧谱有不对的，都把他改正。所以说"然后乐正，雅颂各得其所"。《庄子》说"诵诗三百，歌诗三百，弦诗三百，舞诗三百"，可见篇篇诗不惟能诵，而且都能歌能弦能舞。孔子的精力用在这里头的，怕着实不少。他把诗乐正定之后，自己很得意。他说"关雎之始，师挚之乱，洋洋乎，盈耳哉"（《论语》），很有踌躇满志的口气。诗乐之教，是孔门最重要的功课。拿现在的话来讲，就是文学、音乐合为一体，用作教育基本。所以他的弟子子游做武城宰，就把全城都哄起弦歌之声来。(《论语》)这就是乐教,也就是诗教。可惜后世乐谱失传,我们只能诵诗,不能弦诗、歌诗、舞诗了。孔子在《诗经》上所费的精力,我们连影子都得不着。所以现在这部《诗经》,只能当作研究古代社会情状的资料,不能当作研究孔子学说的资料。

(三)《书》　《尚书纬》说孔子求得黄帝元孙帝魁之书,迄于秦穆公凡三千二百四十篇,断远而定近,可以为世法者,百二十篇。此说虽不甚可信,但《书经》总许是孔子从许多古书里头删选出来,因为子书中常引《商志》《周志》《商书》《周书》等文,非今本所有。就是现存这部《逸周书》,也不见得是后人伪造,大概是孔子删剩下的了。现存《尚书》二十八篇,是否孔子的足本,尚难断定。但我们从他分别去取里头,也可以推见孔子学说的一部分,即如他拿《尧典》做第一篇,一定不是毫无意义。司马迁说:"学者多称五帝尚矣,而《尚书》独载尧以来。"(《史记·五帝本纪赞》)孔子把古代神话一笔勾销,就是他的特识。此外《尚书》的文字,或者还有许多经孔子润色过,所以研究孔子学说,这部书很应留意。

(四)《易》　诗书礼乐,都可以说述而不作,《易经》总算述而作,《春秋》便作而不述了。现存的《易经》,除卦辞爻辞为孔子以前旧本外,其他皆孔子所作。内六十四条《彖辞》,六十四条《卦象辞》,三百八十四条《爻象辞》,完全是孔子亲笔做的,毫无疑义。还有一篇《文言》,两篇《系辞》,一篇《说卦》,据《史记》说都是孔子自著。但《文言》《系辞》里头有许多"子曰",又像是弟子所记。至于《说卦》和《序卦》《杂卦》这三篇,恐怕有点靠不住。要之《彖传》《象传》《系辞》《文言》,我们总应该认为孔子的易学。这是孔子哲学的中坚,研究孔子学说最要紧的资料。

（五）《春秋》 孟子说孔子惧作《春秋》，现行这部《春秋》，完全是孔子作的，但他的底本仍因《鲁史》，所以说他是述亦得。《春秋》是一部极奇怪的书。孔子的政治理想，都在里头，自然也是研究孔子学说最要紧的资料。这书的性质，下文再详述。

除"六经"以外，孔子别无著作。汉人说《孝经》是孔子所作。《孝经》开卷两句是"仲尼居，曾子侍"，即此可见不惟不是孔子所作，并不是曾子所作了。宋人更说《大学》是孔子所作，那更毫无凭据，不必深辩。除孔子自己著述之外，还有别的书可充研究孔子学说的资料，但很要分别审择。

（一）《论语》《论语》的价值，人人共知，不待说明。但有一点应注意，这部书大概是有子、曾子的门人共同编辑的。所以书中记别的弟子，虽颜渊、子路，也只是呼他的字，惟独此两人尊称曰子，而且第一章是记孔子的话，第二章便是有子的话，第三章是孔子的话，第四章便是曾子的话，可见是渊源有自了。我们为什么研究这些呢？因为孔门派别不同。一派所记，不见得能包举孔学真相。《荀子》说有子游氏之儒、子夏氏之儒、子张氏之儒（《非十二子篇》），《韩非子》说有八儒（《显学篇》）。据孟子说，子夏、子游、子张以有若似圣人，欲以所事孔子事之，强曾子，曾子不可；则曾子和有子不同派，似无疑义。子夏、子游、子张，或都是有子一派，也未可知。然而无论如何，这两派都不能完全代表孔学。所以《论语》这部书，虽然是很可宝贵的资料，却不能据他来抹杀别的资料。

（二）《礼记》《礼记》是七十子后学者所记，其中还许有汉人的手笔。平均算起来，价值自然比不上《论语》，但内中亦有比《论语》还强的。如《中庸》，如《礼运》，记许多孔子的话，都可以补《论语》所不及。其余各篇，凡引子曰子言之诸文句，我们只好信任他，认为孔子所说。此外平叙泛论之文，虽或多半祖述孔子，但越发要别择了。《大戴礼记》性质和《礼记》一样，但较粗驳，价值又低一层。

（三）《春秋》三传　《公》《榖》两传为口说传授、直接解释《春秋》之书，应认他全部为孔子学说。《左传》系记事之书，内中引孔子的话，也应绝对信任。

（四）《孟子》《荀子》　孟、荀为儒家后起两大师，两书中所述孔子言论行事，应绝对信任。

（五）其他先秦子书　儒家以外各子书，所述孔子言论行事，可信的程度自然较差，但也不可抹杀。内中如《庄子》，就有许多很有价值的资料，可惜寓言十九，别择颇难。《墨子》为孔学正面的反对派，凡他所引都是拿来做批评的资料，极当注意。

（六）《史记》　《史记》为古代独一无二的史书。司马迁又是宗法孔子的人，他的话自然比较的可信。但他选择资料并非十分严确，也不宜一一盲从。

（七）其他汉以后书　这类书价值越减少了，内中董仲舒的《春秋繁露》、韩婴的《韩诗外传》、刘向的《说苑》《新序》，十成中有二三成可采。至于晚出的《孔子家语》《孔丛子》，应该绝对排斥。

三　孔子提纲

（一）学

《论语》头一句，说："学而时习之"，此外说"学"字的很多。到底孔子说的"学"是学个什么？怎么个学法？胡适之说孔子的学，只是读书，只是文字上传受来的学问。(《中国哲学史大纲》第五章）这话对吗？哀公问弟子孰为好学？孔子就举了一位颜回，还说"不幸短命死矣,今也则无,未闻好学者也"。我们在《易经》《论语》《庄子》里头看见好几条讲颜回的,就找不出他好读书的痕迹。他做的学问,是"屡空",是"心斋",是"克己复礼",是"不改其乐",是"不迁怒不贰过",是"无伐善无施劳",是"有不善未尝不知,知之未尝复行",是"有若无,实若虚,犯而不校",是"仰之弥高,钻之弥坚,瞻之在前,忽焉在后",都与读书无关。若说学只是读书,难道颜回死了,那三千弟子都是束书不观的人吗? 孔子却怎说"未闻好学"呢? 他自己说:"吾十有五,而志于学"。难道他老先生十五岁以前,连读书这点志趣都没有吗? 这章书跟着说"三十而立"……等句,自然是讲历年学问进步的结果,那"立""不惑""知命""耳顺""不逾矩"这种境界,岂是专靠读书能得的? 所以我想,孔子所谓"学",是要学来养成自己的人格。那学的门径,大略可分为二:一是内发的,二是外助的。(这两种学问的条理,下文再详。)孔子觉得外助方面,别的弟子都还会用功;内发方面,除了颜回,别人都没甚成绩,所以说"未闻好学"。至于外助的学问,也有多端,读书不过其一端。《易·象传》所谓"多识前言往行以畜其德",就是这一类的学问,然孔子并不十分重他。他说"多闻择其善者而从之,多见而识之,知之次也",是说这类学问为次等的。又说:"赐也,汝以予为多学而识之者与?"对曰:"然。非与?"曰:"非也。予一以贯之。"这分明说多读书死记,不是做学问的好方法了。至于《论语》里头的"学"字,可以当作读书解的,原也不少。这是因问而答,专明一义,不能掇拾三两句来抹杀别的。大抵孔子讲外助的学问,"博之以文,约之以礼",算是两个紧要条件,然结果不过得个"亦可以弗畔",原非学问的究竟。若专做"博学于文"一句,便连外助的学问也成了跛脚。所以他又说:"行有余力,则以学文。"据此说来,读书倒变成了随意科，不是必要科了。这一段是我解释学个什么的问题。

（二）一贯忠恕

今试解释怎么学法的问题。方才引孔子告子贡的话，说自己不是"多学而识"，是"一以贯之"，到底"一"是个什么？怎么贯法？可惜孔子不曾说明，子贡也不曾追问。幸而孔子又有一天跑到曾子自修室里头，忽然说了一句："参乎，吾道一以贯之。"曾子答应一个字："唯。"他老先生一声不响就跑了。那些同学摸不着头脑，围着问曾子。曾子说出个"夫子之道，忠恕而已矣"。好了好了，知道"一贯"就是"忠恕"了。还有一回，子贡问："有一言而可以终身行之者乎？"孔子答："其恕乎？己所不欲，勿施于人。""恕"字是做学问最要紧的一个字。更明白了，却是又生出个问题："忠恕"两个字怎么解法呢？拿忠恕怎么就能贯一切呢？这要从实践方面、智识方面来会通解释。朱子说"尽己之谓忠，推己及人之谓恕"，本来解得甚好，可惜专从实践伦理方面讲，未免偏了。《大戴礼·孔子三朝》记孔子说的"知忠必知中，知中必知恕，知恕必知外。……内思毕心曰知中，中以应实曰知恕，内恕外度曰知外。"章太炎引这段话，下一个解释说："周以察物曰忠，心能推度曰恕。"也解得甚好，可惜专从研求智识方面讲，又未免偏了。我想忠恕、一贯是要合这两方面讲，两方面本来是可以会通的。在文"中心为忠"，"如心为恕"。中心为忠，即是拿自己来做中坚的意思。充量的从内面穷尽自己心理的功能，就是"内思毕心"，就是"尽己"。《中庸》说"唯天下至诚，为能尽其性"，又说"诚者自成也"。"诚"字就可当"忠"字的训诂。毕心尽性自成，拿现在的流行语讲，就是发展个性。从实践方面说，发展个性是必要；从智识方面说，发展个性也是必要。这是忠的一贯。用自己的心来印证，叫做如心。从实践方面说，是推己及人；从智识方面讲，是以心度物。(《声类》："以心度物曰恕。") 孟子说："古之人所以大过人者无他焉，善推其所为而已矣。""推"字就是"恕"字的训诂。从实践方面讲，将自己的心推测别人，照样地来待他，就是最简易最高尚的道德。消极的推法是"施诸己而不愿，亦勿施诸人"，是"所恶于上，毋以使下；所恶于下，毋以事上；所恶于前，毋以先后；所恶于后，毋以从前；所恶于右，毋以交于左；所恶于左，毋以交于右"。积极的推法，是"己欲立而立人，己欲达而达人"，是"老吾老，以及人之老；幼吾幼，以及人之幼"。从智识方面讲，将已知的事理，推到未知的事理，就是最有系统的学问。演绎的推法，是"举一隅则以三隅反"，是"闻一以知二，闻一以知十"；归纳的推法（日本高山林次郎著的《论理学》说归纳法亦是推论），是"好问而好察迩言"，是"察言而观色，虑以下人"，是"文理密察足以有别"，是"本诸身，征诸庶民"，是"能近取譬"。如此实践方面、智识方面都拿恕的道理来应用，就是恕的一贯。

有人问："据此说来，不是一以贯之，是两以贯之了。"其实不然。因为人类是同的，所以孟子说："至于心独无所同然乎？"心既有所同然，所以发达自己个性，自然会尊重别人的个性，所谓"能尽其性则能尽人之性"，故即忠即恕。又非尊重别人的个性，不能完成自己的个性，所谓"不明乎善不诚其身"，所以即恕即忠。"忠""恕"两字，其实是一事，故说一以贯之。后来荀子说的"以一持万"，就是这个意思。

仔细看来，孔子讲学问，还是实践方面看得重，智识方面看得轻。他拿学与思对举，说道："学而不思则罔，思而不学则殆。"有人拿康德讲的"感觉无思想是瞎的，思想无感觉是空的"，这两句话来解释他。果然如此,那思与学都是用来求智识了。我说不然。孔子说的思,算得是求智识的学问;说的学,只是实行的学问,和智识没有什么关系。所以他屡说的"学而不厌,诲人不倦",有一回却说"为之不厌,诲人不倦",可见得学只是为了"学而不思则罔",是说若只务实行不推求所以要实行之故,便是盲从。"思而不学则殆",是说若仅有智识不求实行,便同贫子说金,终久是空的。所以两样不可偏废。但他又说:"吾尝终日不食,终夜不寝,以思无益,不如学也。"这分明说实行比智识更重要了。所以求智识的学问,到墨子、荀子之后才发达,孔子学说在这里头,占不着重要位置。

(三)仁、君子

前文说孔子所谓学,只是教人养成人格。什么是人格呢? 孔子用一个抽象的名来表示他,叫做"仁";用一个具体的名来表示他,叫做"君子"。

《中庸》《表记》都说"仁者,人也",孟子亦说"仁也者,人也",这是"仁"字最确切的训诂。在文,"仁"从二人,是有两个人才表示出"仁"字的意思。所以郑康成解"仁者,人也",他说人"人也,读如相人偶之人"。(《礼记·中庸》注)"相人偶"的"人"字,汉朝有什么别的读法,虽不可考,但"相人偶"三个字却好极了。"偶"就是"耦而耕"的"耦"。"相人偶",是人与人相互的意思。人与人相互,才能证现出一个抽象的人格(即仁)。曲尽人与人相互之道,人格才算完成,才可以算得一个人。《论语》中许多"仁"字;各人问仁,孔子答的都不同。若懂得"仁"字是人格的抽象名词,句句都通了。若从旧说,只说仁是"爱人",便到处窒碍。"仁者不忧",为什么爱人的人便无愁呢? "仁者,其言也讱",难道爱人的人一定要少讲话吗? "颜渊问仁"，孔子答的"克己复礼"；"仲弓问仁"，孔子答的"如见大宾""如承大祭"，这又和爱人有什么关系呢？可见孔子说的仁，只是教人怎样做人，只是教人能尽其性，能尽其性，自然能尽人之性。《论语》中说出仁的内容有种种，都是完成人格必要的条件。

孔子有个理想的人格，能合着这种理想的人，起个名叫做"君子"。我记得五年前曾在贵校演讲过一次，题目是《孔子之人格教育与君子》，谅来各位还有听过记得的。今且把他简单重述一遍。"君子"这个名词，和英语的 Gentleman 最相类。Gentleman 要想下个恰当的训诂，极不容易，因为他是表示一种崇高优美的人格，所以内容包含得很丰富。孔子说的君子，正是如此。君子、小人从前不过为区别阶级地位的名词（如《孟子》之君子、野人），后来渐变为区别品格的名词。孔子指出种种标准，作为人格的模楷。能合这标准，才许他是君子。他的标准是哪些呢？因为孔子的话，多半是门弟子记述传下来，大都是因人施教，所以没有个有系统的标准。我们想求得他，最好是先将《易经》六十四条的卦象传，"君子以自强不息"，"君子以厚德载物"，"君子以……""君子以……"都录下来，再将《论语》所说的君子全数录出，再将《礼记》及他书引孔子讲君子的话，简择录出，然后分类排比，列为纲目，或者可以求出个总标准来。要之孔子之教，是要人践履这人格的标准，人人有士君子之行。而《公羊传》是孔子最后的理想。

孔子讲的人格标准，凡是人都要遵守的，并不因地位的高下生出义务的轻重来。常人开口便说："孔子之教是三纲五伦。"这话很要仔细考究。五伦说是孔子所有，三纲说是孔子所无。诸君不信，试将孔子自著的书和七十子后学者记孔子的话一字不漏地翻读一遍，看是否有"君为臣纲、父为子纲、夫为妻纲"这种片面的伦理学说。我们只听见孔子说："父父子子，兄兄弟弟，夫夫妇妇，而家道正。"（《易经·家人卦》）我们只听见孔子说："君君臣臣，父父子子。"（《论语》）还听见董仲舒解这两句话，说道："父不父则子不子，君不君则臣不臣耳。"（《春秋繁露·玉杯》）倒像责备臣子反较宽，责备君父反较严了。孔子说的"君君臣臣，父父子子"，是从"仁者人也"，"人者人也"，演绎出来。既做人便要尽人道，在人里头做了君，便要尽君道，做了臣便要尽臣道，"为人君，止于仁；为人臣，止于敬；为人子，止于孝；为人父，止于慈；与国人交，止于信。"全然是相互的关系，如此才是"相人偶"。所以孔子所说，是平等的人格主义。

（四）（原缺）

（五）礼

孔门教的普通学，就是礼乐。为什么如此注重他呢？因为认他是涵养人格的利器。

礼的起原本甚古，但到孔子时，意义已经屡变，范围愈扩愈大。（参见胡氏《中国哲学史大纲》页一三四——一三八）从训诂上，可以考出他的变迁：

狭义的礼："礼，所以事神致福。从示从丰，丰亦声。"（《说文》）

广义的礼："礼者，履也。"（《尔雅》，《说文》，《礼记·仲尼燕居》《祭义》《荀子·大略篇》）

最广义的礼："礼者，理也。"（《礼记·乐记》《仲尼燕居》《荀子·礼论篇》）

"礼"字本义，不过从祭器出来，所以《礼运》说："礼所以傧鬼神。"又说："礼之初始于饮食，共燔黍捭豚，污尊而抔饮，犹若可以致其敬于鬼神。"可知最古的礼，不过是宗教上一种仪式。凡初民种种制度，大半从宗教仪式增广蜕变而来。例如印度的《摩奴法典》，本是教规，后来变成法律。我国的礼，也是这样，渐渐把宗教以外一切社会习惯都包含在礼的范围内，"礼"字成了人人当践履的意义。所以《易·象传》说："非礼弗履。"《祭义》说："礼者，履此者也。"《荀子·大略篇》说："礼者，人之所履也。"《尔雅·释言》亦说："履，礼也。"礼变成一切行为的轨范了。古代政教合一，宗教上的仪典和国家社会的法制，往往合为一炉，无甚分别。历代帝王，常采集社会上公认的行为规范，编成一代的礼。所以说"非天子不议礼，不制度"（《礼记·中庸》），说"三王异世不相袭礼"（《礼记·乐记》）。所以有夏礼、商礼、周礼种种不同。（《论语》）到这时候，礼的性质，和法律差不多，成为社会上一种制裁力。所以《左传》里头，替"礼"字下了许多解说：

　　夫礼，所以整民也。（《庄二十三年》曹刿语）

　　礼，国之干也。礼不行则上下昏，何以长世？（《僖十一年》内史过语）

　　礼，政之舆也。（《襄二十一年》叔向语）

　　礼，王之大经也。（《昭十五年》叔向语）

　　夫礼，天之经也，地之义也，民之行也。（《昭二十五年》子太叔述子产语）

　　此皆孔子以前贤士大夫对于礼的观念。到了孔门，此种观念，益加发达。如：

　　礼者，君之大柄也。（《礼记·礼运》）

　　礼者，人主之所以为群臣寸尺寻丈检式也。（《荀子·儒效

篇》)

> 礼者,法之大分,群类之纲纪也。(《荀子·劝学篇》)

据此看来,礼的性质,简直与法无甚差别。虽然,有很不同的一点,是:

> 礼者禁于将然之前,而法者禁于已然之后。(《大戴礼记·礼察》)

所以又说:"出于礼者入于刑。"当孔子时,法家学派虽未完全成立,然法治与礼治两种主义之优劣,在士大夫中已成为问题。观叔向、子产辩论之言可见。(《左传·昭六年》)孔子是绝对的主张礼治反对法治的人,所以说:

> 道之以政,齐之以刑,民免而无耻;道之以德,齐之以礼,有耻且格。(《论语·为政》)

孔子的意思,以为(一)法不过事后消极的裁制,礼才是事前积极的裁制,直接的效果,已经悬殊。(二)法的裁制力是他动,礼的裁制力是自动,间接的效果,影响非巨。所以说:

> 礼云礼云,贵绝恶于未萌,而起敬于微眇,使民日徙善远罪而不自知也。(《大戴礼记·礼察》)

孔子以为礼的作用,可以养成人类自动自治的良习惯,实属改良社会的根本办法。他主张礼治的主要精神在此。然则礼为什么能有这种作用呢?他说:

> 礼者,因人之情而为之节文以为民坊者也。(《礼记·坊记》)

礼所以能发生作用,最重的要素是因人之情。《礼运》有几段说得最好:

> 人情以为田……何谓人情?喜怒哀惧爱恶欲七者不学而能。

> 饮食男女,人之大欲存焉。死亡贫苦,人之大恶存焉。故
> 欲恶者,心之大端也。人藏其心,不可测度也……欲一以穷之,
> 舍礼何以哉!

宋以后儒者,都说人欲是不好的,是应该屏绝的。孔门却不然,他的礼教,就是从情欲的基础上建设出来。但他以为情欲虽不可无,却是要节。《乐记》说:

> 人生而静,天之性也。感于物而动,性之欲也。物至知知,
> 然后好恶形焉。好恶无节于内,知诱于外,不能反躬,天理灭
> 矣。夫物之感人无穷,而人之好恶无节,则是物至而人化物也。

《荀子》亦说:

> 礼起于何也? 曰:人生而有欲,欲而不得,则不能无求;
> 求而无度量分界,则不能不争;争则乱,乱则穷。先王恶其乱
> 也,故制礼义以分之,以养人之欲,给人之求,使欲必不穷乎物,
> 物必不屈于欲。(《礼论篇》)

这两段说对于外感的节制,最为精到。还有对于内发的节制,子游说:

> 有直道而径行者,戎狄之道也。礼道则不然。人喜则斯
> 陶,陶斯咏,咏斯犹(郑注:"犹,当为摇。"),犹斯舞,愠斯戚,
> 戚斯叹,叹斯辟(郑注:"辟,拊心也。"),辟斯踊矣,品节斯,斯
> 谓礼。

礼的最大作用,就是个节字。所以《荀子·大略篇》说:"礼,节也。"《乐记》亦说:"礼节民心。"《中庸》说:"喜怒哀乐发而皆中节。"靠的就是这个。《韩非子·解老》说:"礼者,外节之所以谕内也。"算得"礼"字最简明确切的训诂了。

以上所引,虽不全是孔子亲说的,但孔子礼教的精意,确是如

此。孔子既已把礼的观念扩充得如此其大，自然不是从前的仪式所能限制。所以《礼运》说：

> 礼也者，义之实也。协诸义而协，则礼虽先王未之有，可以义起也。

既于仪式之外，别有抽象的礼意，那仪式的礼，倒反不必拘泥了。所以《左传》记：

> 子太叔见赵简子，简子问揖让周旋之礼。对曰："是仪也，非礼也。"（《昭二十五年》）

可见当时讲礼，已有弃形式取精神的倾向。孔子说：

> 礼云礼云，玉帛云乎哉？

最可以表现这种精神。子太叔引子产的话，说礼是天之经、地之义、民之行，"礼"字的意义，已经不是"履也"所能包举了。到《乐记》，更说：

> 礼也者，理之不可易者也。

这算是礼的最广义了。孔子答颜渊，说："克己复礼为仁。"这个"礼"字，应从最广义解。

孔门重礼教的缘故，除了以上所述外，还有一个重大的理由，是拿习礼当作一种体育。《礼运》说：

> 礼，所以固肌肤之会、筋骸之束也。

这话怎么讲呢？孔子说：

> 庄敬日强，安肆日偷，君子不以一日使其躬傀焉如不终日。

孔子以为人若常常把精神提起，体魄自然强壮，若散散慢慢过日子，便养成偷惰的习惯，整个人变成暮气了。习礼以庄敬为主，最能抖擞精神，所以说"固肌肤之会、筋骸之束"。"仲弓问仁"，孔子告以"出门如见大宾，使民如承大祭"，又告子张说"无大小，无众寡，无敢慢"，都是这个意思。对什么人对什么事，都无敢慢，是修养身心最好的方法。这就叫做"约之以礼"。（约是约束之意。）

孔子既已认礼是一种体育，所以常常要习他。但习的到底是哪几种礼呢？《中庸》说"礼仪三百，威仪三千"，这些都是些什么，如今没有考据。但就现存的《礼经》十七篇而论，天子诸侯朝聘燕享那部分，当然是不习的；丧礼那部分，当然是不习的；冠昏祭那几部分，怕也不好习。然则孔门习的是什么？我想最通行的就是乡饮酒礼和射礼。《史记·孔子世家》说汉时的儒生还常常习礼乡饮大射于孔子冢。《礼记·射义》记"孔子射于矍相之圃，观者如堵墙"。大概这两种礼是孔门当习的。两种都是团体运动，射礼分耦还含有团体竞争意味。孔子说："君子无所争，必也射乎？"我想孔子生在今日，定然是打球大家。那时若有学校联合运动会，那些阙党童子军怕总要夺标哩。

（六）乐

第二节讲孔子正诗正乐，可见孔子原是一位大音乐家了。他不但自己嗜好，还拿来做他学堂里的必修科目。他如此重乐，有什么理由呢？《乐记》一篇，发挥得最透彻。《乐记》下乐的定义，说道：

> 夫乐者，乐也，人情之所不能免也。乐必发于声音，形于动静……性术之变尽于此矣。

这是说明乐之本质，就是人类好快乐的本性。这种本性发表在声音动静上头，叫做音乐。又说：

> 凡音之起，由人心生也。人心之动，物使之然也。感于物而动，故形于声。声相应，故生变，变成方，谓之音。比音而乐之，及干戚羽旄，谓之乐。

这一段说音乐的起源，由于心物交感，是从心理学上寻出音乐的基础。又说：

> 乐者……其本在人心之感于物也。是故其哀心感者，其声噍以杀；其乐心感者，其声啴以缓；其喜心感者，其声发以散；其怒心感者，其声粗以厉；其敬心感者，其声直以廉；其爱心感者，其声和以柔。六者非性也，感于物而后动。

> 夫民有血气心知之性，而无哀乐喜怒之常，应感起物而动，然后心术形焉。是故志微、噍杀之音作，而民思忧；啴谐、慢易、繁文、简节之音作，而民康乐；粗厉、猛起、奋末、广贲之音作，而民刚毅；廉直、劲正、庄诚之音作，而民肃敬；宽裕、内好、顺成、和动之音作，而民慈爱；流辟、邪散、狄成、涤滥之音作，而民淫乱。

> 凡音者，生人心者也……治世之音安以乐，其政和；乱世之音怨以怒，其政乖；亡国之音哀以思，其民困。声音之道，与政通矣。

这三段，前一段是说明音乐生于人心的道理，后两段是说明音乐生人心的道理。就一方面看，音乐是由心理的交感产生出来的，所以某种心感触，便演出某种音乐；就别方面看，音乐是能转移人的心理的，所以某种音乐流行，便造成某种心理。而这种心理的感召，不是个人的，是社会的，所以音乐关系到国家治乱，民族兴亡。所以做社会教育事业的人，非从这里下工夫不可。这种议论，自秦汉以后，竟没有人懂。若不是近来和欧美接触，我们还说是谬悠夸大之谈哩。

《乐记》这篇书，原是七十子后学者所记，并非孔子亲说。《荀子》里头有《乐论篇》，说得大同小异，但稍为简略。或者这篇书，竟是荀子作的,亦未可定。但这种学理总是孔门传授下来的,所以我们可以认他做孔子学说的一部分。

正乐是孔子一生的大事业,今日乐谱都已失传,更从何处论起? 但我们可以想见孔门礼教、乐教,实有相反相成之妙。《乐记》中说:"礼节民心,乐和民性。"礼的功用,在谨严收敛;乐的功用,在和悦发舒。两件合起来,然后陶养人格,日起有功。《乐记》又说:

> 乐以治心……礼以治躬……心中斯须不和不乐,而鄙诈之心入之矣;外貌斯须不庄不敬,而易慢之心入之矣。

读此,可以知孔门把礼乐当必修科的用意了。就论体育上,乐的功用,也不让于礼,因为古人乐必兼舞。《乐记》又说:

> 诗,言其志也;歌,咏其声也;舞,动其容也。三者本于心,然后乐器从之。是故情深而文明,气盛而化神。

舞的俯仰疾徐,和歌的抑扬抗坠,不独涵养性灵,而且于身体极有益,这也是礼乐交相为用的事。

我想孔子若在今日当教育总长,一定要像法国样子,将教育部改为教育美术部,把国立剧场和国立学校看得一样的重。他若在社会上当个教育家,一定是改良戏曲,到处开音乐会,忙个不了。他的态度如此,所以那位专讲实用主义的墨子,看着莫名其妙,说他教人贪顽废事,做出三篇《非乐》的大文来骂他,却哪里懂得孔子人格教育的精意呢!

(七) 名

后人常称孔教做名教,这话并不错。但为什么叫做名教呢?却忘其所以然。我们细读《论语》,就可以明白。《论语》有一章,记:

> 子路曰:"卫君待子而为政,子将奚先?"子曰:"必也正

名乎！"子路曰："有是哉，子之迂也！奚其正？"子曰："野
哉，由也！君子于其所不知，盖阙如也。名不正，则言不顺；
言不顺，则事不成；事不成，则礼乐不兴；礼乐不兴，则刑罚不
中；刑罚不中，则民无所错手足。故君子名之必可言也，言之
必可行也。君子于其言，无所苟而已矣。"

这一章书，骤读过去很有点难懂，名不正的结果，何至就闹到
"礼乐不兴""刑罚不中""民无所措手足"呢？怕未免有点张大其
词罢。试看荀子、董子的解释就可以明白。荀子说：

> 今圣王没，名守慢，奇辞起，名实乱，是非之形不明，则虽
> 守法之吏，诵数之儒，亦皆乱也。……异形离心交喻，异物名实
> 玄纽，……如是则志必有不喻之患，而事必有困废之祸。(《荀
> 子·正名篇》)

董子说：

> 名生于真，非其真，弗以为名。名者，圣人之所以真物
> 也。……欲审曲直，莫如引绳；欲审是非，莫如引名。名之审
> 于是非也，犹绳之审于曲直也。诘其名实，观其离合，则是非之
> 情不可以相谰已。(《春秋繁露·深察名号》)

欲明白正名的要紧处，最好拿眼前的事实来举个例。譬如有
人说共和是不好的，问他什么不好？他说你看中国共和了九年，闹
成什么样子？这段话骤然听去，像是有理，其实不然。我们先要知
道共和的实质是怎么样，再要问这九年来的中国，是否和共和实质
相符。把这九年来的中国说他是共和，这就是非其真而以为名，这
就是异物名实互纽。又如现在讲联邦，讲自治，若不先把联邦、自治
的名实弄到正确，那么，几位督军私自勾结的几省联盟，也要自命为
联邦，几位政客也可以设起联省政府来；那么，官僚运动做本省省

长,便说是自治。又如讲马克思的共产主义,若不把名实弄得正确,
那么,兵大爷组织兵变队,挨门坐抢,他可以说自己是蓝宁,是杜洛
兹奇。这就是董子说的"相谰"。在这种名实混淆的状态之下,是非
是无从论起的。譬如我们说:"狗是有义气的动物。"若不先定了界
说,什么是狗,看见一个狐来,你说这种狗没有义气,不是把人闹糊
涂了吗!所以"志必有不喻之患,而事必有困废之祸",这就是"名不
正,则言不顺;言不顺,则事不成"。孔子又说:"恶紫之夺朱,恶郑
声之乱雅乐。"又说:"恶似而非者。恶莠,恐其乱苗。恶乡愿,恐其
乱德。"(《孟子》引)都是所以提倡正名的缘故。

老子以为名者起于人类之分别心。这种分别心,是各人不同,
各时不同,各地不同,所谓正确不正确,实无从得公共标准。故主张
一切废去,复归于无名之朴。孔子以为名是终久废不掉的;既已废
不掉,若听他囫囵杂糅,一定闹到言不顺事不成,所以公共标准是必
要的。标准怎样才能正确才能公认呢?孔子以为是政府的责任。
所以子路问"为政奚先",孔子答以"正名"。《荀子·正名篇》说:"若
有王者起,必将有循于旧名,有作于新名。"就是这个意思。孔子若
乘时得位,一定先办此事。后来道既不行,晚年乃著《春秋》,就是用
极谨严的名,表示极复杂的义。所以庄子说:"《春秋》以道名分。"
(《庄子·天下》)董子说:"春秋辨物之理以正其名。名物如其真,
不失秋毫之末。"(《春秋繁露·深察名号》)所以孔子正名主义的实
行,自然在《春秋》一书,第五节再详论。

孔子为什么把正名主义看得如此其重呢?因为把名正了,然
后主观方面可以顾名思义,客观方面可以循名责实。例如"君君臣
臣父父子子",先要知道"君臣父子"四个名词里头含有什么意义,然
后君要做个真君,臣要做个真臣……那么,社会秩序也跟着正了。

像当时子路所问"待子为政"的卫君——出公辄,是"子不子",其父蒯聩也是"父不父",孔子以为正名就可以救这些流弊。

孔子的正名主义,对于改良社会有多少效果,我们不敢说,但在学问知识上却有很大影响。因为名实问题,是孔子头一个提出,此后墨子、惠施、公孙龙、荀卿乃至其他诸子,都从这问题上生出许多学问来。质而言之,当时所谓名学即论理学,是孔子最先注意的。虽所说不如后人之精,那创始的功劳,也很大了。(参见胡著页九二——一〇〇)孔子固认名有许多功用,所以很奖励立名。《易·文言》说:"不易乎世不成乎名。"《论语》说:"君子去仁,恶乎成名?"又说:"君子疾没世而名不称焉。"宋儒说好名是件不好的事,孔子却不然,名是不妨好的;不过"声闻过情,君子耻之",因为过情的声闻,已经名实混淆,和正名主义正相反了。

(八)性命

《易·彖传》:"乾道变化各正性命。""性命"二字成了学问上问题,自此始。但孔子言命较多(《论语》称"子罕言命",实非甚罕),言性较少。子贡说:"夫子之言,性与天道,不可得而闻。"性与天道殆孔子所自证,不甚拿来教一般学者,所以不得而闻。《论语》言性,有"性相近也,习相远也","惟上智与下愚不移"两章。其言既极浑括,远不如后来孟、荀之精密,盖由孔子不甚以此教人。至于言命,则所在多有。孔子自言:"五十而知天命。"又说:"不知命无以为君子。"又说:"道之将行也欤?命也。道之将废也欤?命也。公伯寮,其如命何!"又说:"天生德于予,桓魋其如予何!"又说:"天之未丧斯文也,匡人其如予何!"诸如此类,正中屡见,可见知命主义,在孔子学说中,实占极重要的位置。所以墨子反对孔学,特标《非命》为一种旗帜。

命是个什么呢？孔子说命，常与天连举，像是认命为天所造。其实不然。庄子引孔子的话，很有几处解释"命"字意义：

> 仲尼曰："子之爱亲，命也，不可解于心。"（《庄子·人间世》）

> 仲尼曰："死生存亡，穷达贫富，贤与不肖毁誉，饥渴寒暑，是事之变，命之行也。日夜相代乎前，而知不能规乎其始者也。"（《庄子·德充符》）

据此可知孔子所谓命，是指那自然界一定法则，不能拿人力转变者而言。他有时带说个天字，不过用来当作自然现象的代名词，并非像古代所说有意识的天。"五十而知天命"句，皇侃疏云："天本无言，而云有所命，假之言也。"这话最通。若作基督教的上帝默示解，便非孔子之意了。

然则知命主义的价值，怎么样呢？我说有好处亦有坏处。好处是令人心境恬适；坏处是把人类进取的勇气减少。孔子说：

> 自事其心者，哀乐不易施乎前，知其不可奈何而安之若命，德之至也。（《庄子·人间世》）

这段话讲知命的作用，最为精透。"自事其心"，是自己打叠自己的心境，死生穷达毁誉饥渴等等事变，虽"日夜相代乎前"，我心的哀乐，却叫他"不易施乎其前"。怎样才能做到呢？最好是"安之若命"。这"若"字极要注意。命的有无，且不必深管，只是假定他是有，拿来做自己养心的工具。得了这种诀窍，所以能"遁世无闷，不见是而无闷，乐则行之，忧则违之，确乎其不可拔"。（《易·文言传》）所以能"不怨天不尤人"（《论语》），所以能"饭疏食饮水，曲肱而枕之，乐亦在其中"（《论语》）。这是孔子自己学问得力所在，也常常拿来教人。所以《论语》首章说"人不知而不愠,不亦君子乎",末章说"不知命无以为君子",意义正相衔接,实是孔子修养人格的重要学说。

孔子说的知命,本来没有什么大流弊,因为他乐行忧违,还带着确乎不拔；他遁世无闷,还带着独立不惧。(《易·象传》)可见得并不是做命的奴隶了。虽然,孔子终是崇信自然法太过,觉得天行力绝对不可抗。所以总教人顺应自然,不甚教人矫正自然,驾驭自然,征服自然。原来人类对于自然界,一面应该顺应他,一面应该驾驭他。非顺应不能自存,非驾驭不能创造。中国受了知命主义的感化,顺应的本能极发达,所以数千年来经许多灾难,民族依然保存,文明依然不坠。这是善于顺应的好处。但过于重视天行,不敢反抗,创造力自然衰弱,所以虽能保存,却不能向上。这是中华民族一种大缺点,不能不说是受知命主义的影响。所以墨子非命,实含精意。至于误解知命主义的人,一味委心任运,甚至造出种种邪说诬民的术数,那更不是孔子的本意了。

(九)鬼神祭祀

孔子教人,说的都是世间法,不是出世法。所以"季路问事鬼神",子曰:"未能事人,焉能事鬼。""敢问死?"曰:"未知生,焉知死。"这是对于现世以外的事,纯然持消极的态度。然则孔子到底主张有鬼呀,还是主张无鬼?我说:孔子所持是相对的无鬼论。他以为鬼并不是没有,但不过由我们的业识造出来。孔子说的鬼神,全是哲学上的意义,没有宗教上的意义。《易·系辞传》说:

精气为物,游魂为变,是故知鬼神之情状。

这几句话最精到。"精气为物",说的是鬼之情状；"游魂为变",

说的是神之情状。"鬼者归也",精气是有形的,即佛法中之色蕴。《圆觉经》说:"骨内归地,血唾归水,暖气归火,动转归风。人之色身,四大合成,死后还归四大。"举精气则毛发骨血等都包在内,地水火风,各有他的原素,据近世科学的理论,知道物质不灭,所以说"精气为物";游魂是无形的,即佛法中之"受想行识"四蕴,常为业力所持,流转诸趣,所以说"游魂为变"。(参考章炳麟著《菿汉微言》)孔子说的鬼神情状是如此,直可以谓之绝对的无鬼论。然则他为什么又极重祭礼呢? 自来圣哲施教,每因当时习俗而利导之。《易·象传》说:

> 圣人以神道设教,而天下服矣。

当时民智幼稚,而且古代迷信,深入人心,一时不易革去,所以孔子利用祭礼为修养人格改良社会的一种手段。但孔子虽祭,并不认定是有神,所以只说:"祭如在,祭神如神在。"又说:"洋洋乎,如在其上,如在其左右。"这分明是主观的鬼神,不是客观的鬼神了。

为什么祭礼可以为修养人格的手段呢? 他的作用就在斋戒。《祭统》说:

> 斋之为言斋也,斋不斋以致斋者也。是故君子非有大事也,非有恭敬也,则不斋。不斋则于物无防也,耆欲无止也。及其将斋也,防其邪物,讫其耆欲。……心不苟虑,必依于道;手足不苟动,必依于礼。是故君子之斋也,专致其精明之德也。……定之之谓斋,斋者精明之至也,然后可以交于神明也。

观此,可知斋戒实为养心最妙法门。《易·系辞传》说:"圣人以此斋戒,以神明其德。"就是此意。斋戒原不必定要祭祀才有,凡有大事有恭敬皆须斋戒。(《孟子》"弟子斋宿而后敢言",《庄子》"斋,吾语汝"。)但祭礼的斋戒,总算最通行,所以孔子很提倡他。

譬如每年有几次大祭祀,祭前都须斋戒一回。斋的时候,节省思虑,休养精神。这是和基督清教徒严守安息日同一作用,于锻炼身心修养人格,实甚有益。

为什么祭礼可以为改良社会的一种手段呢?前次曾经讲过,孔子的祭礼,是由祈主义变为报主义,全是返本报始不忘其初的意思。"万物本乎天",所以祭天;"人本乎祖",所以祭祖;使之必报之,所以有群祀。孔子说:

> 慎终追远,民德归厚矣。

祭礼最大作用,不外是使民德归厚。所以孔子又说:"明乎郊社之礼,禘尝之义,治国其如示诸掌乎!"(《中庸》)都是说靠祭礼唤起人民报本的观念,风俗自然淳厚,政治自然易办。若不明此意,《中庸》的话便解不通了。所以孔子的祭,实含有举行纪念祝典的意味,有鬼无鬼倒不十分成问题。所以说:"敬鬼神而远之。"又说:"非其鬼而祭之,谄也。"

四 孔子之哲理论与《易》

前节所讲,都是从《论语》《礼记》中摘出孔子学说,还未研究到他自己所著书。欲知孔学之全,要读他所著《易》《春秋》。《易》,是孔子哲理论的总汇;《春秋》,是孔子政治论的总汇。

孔子以前的《易经》,仅有六十四卦,带着那六十四条卦辞,三百八十四条爻辞;内中到底含有多少哲理无从揣测。《易经》成为一种有系统的哲学,自孔子始。

《史记·孔子世家》说:"孔子晚而喜《易》,读之韦编三绝。曰:'假我数年,我于《易》则彬彬矣。'"这段话亦见《论语》。可见孔子治《易》是在晚年。他所建设《易》的哲学是否完成，尚未可知。但我们从他所著的《彖传》《象传》《系辞传》《文言传》中，大略可以寻出他的哲学系统来。今分论如下：

（一）易体

印度、欧洲的哲学家以及我国古代的老子、后世的宋儒，都喜欢研究宇宙本体是什么，独孔子说：

> 神无方而易无体。（《系辞传上》）

孔子所谓"易"，自然是"宇宙万有"的代名词，他却直截了当下一个断案，说宇宙万有是没有本体的。这种主张，不惟与古代天帝主宰的思想不同，即与老子"有物混成""其中有物""其中有精，其精甚真"的思想亦异。真算得思想界一大革命。宇宙本体有没有，原是往古来今打不清楚的官司，就算是有，也断不是拿知识判断得来。那么，便是学问以外的事。所以讲学问的人，只好把这第一原因搁下，第一现象说起，孔子说"易无体"，怕也是这个意思。然则无体的易，从哪里来呢？孔子说：

> 生生之谓易。（《系辞传上》）

拿现在流行语翻译他，说的是："生活就是宇宙，宇宙就是生活。"这句话怎么解呢？《论语》有个譬喻最好：

> 子在川上曰："逝者如斯夫，不舍昼夜。"

譬如我们在京汉铁路黄河桥上看见滔滔混混的水，叫做他黄河。这黄河有本体没有呢？照常识论，目前看见的水，就是他本体。但黄河从昆仑发源，合了几百条川流才到这里，那些川流的水，原只是这水，为什么不叫他黄河呢？黄河东流入黄海，连着就是太平洋、印度洋，为什么不都叫做黄河呢？然则想从水所占的空间指出哪些水是黄河本体，了不可得。换过来，从时间一方面看，现在在桥下的水，像可以叫做黄河了。但什么是现在，却大有问题。李太白有两句好诗，说："前水复后水，古今相续流。"时间是相续的东西，细细分析下去，可以说只有过去，只有未来，并无现在。因为才说这一刹那顷是现在，却早已过去了。要说这一刹那是现在，却还属未来。所以想从时间指出哪些水是黄河本体，也了不可得。孔子说的"逝者如斯"，正是此意，所以说易无体。

然则什么是黄河？水之相续不断的动相，就是黄河。好像演电影，无数的影片，连续不断地在那里动，若把他的动相停了，光看那断片，便毫无意义了。现代大哲柏格森，常拿这种譬喻来说明他的宇宙观、人生观，自命为"流动哲学"。他的立脚点，和孔子很相类。孔子这部哲学书，名叫做《易》。"易"就是变，就是动。一个"逝"字，一个"生"字，动的原理都包尽。方生方逝，方逝方生；非逝不生，非生不逝。人身内血轮细胞乃至肌骨毛发日日逝、日日生，人心中的意识，前念逝后念生。孔子以为宇宙所以成立，就是在此，所以叫做《易》。"易学"两个字翻译出来，就是流动哲学。

《易》所说既是宇宙的动相，这动相却从哪里来呢？原来宇宙间有两种相对待的力，现代科学家名之为"正负"，或名之为"积极""消极"。易学家则名之为"阴阳"，或名之为"消息"、为"刚柔"、为"往复"、为"阖辟"、为"屈伸"。那正的、积极的、阳的、息的、刚的、复的、辟的、伸的，是指生生不已的力，拿一个"一"符号来代表他，叠起来成个"☰"卦，名曰"乾"。那负的、消极的、阴的、消的、柔的、往的、阖的、屈的，是指逝者如斯的力，拿一个"- -"符号来代表他，叠起来成个"☷"卦，名曰"坤"。这两个符号，不单是代表正负两面、还代表全体和部分的观念。《系辞传》说："立天之道，曰阴与阳；立地之道,曰柔与刚;立人之道,曰仁与义。"仁者,人也;义者,我也。什么是人?凡与我同类的这一种动物都叫做人。什么是我?在这全体里头各人划出一部分作为自己,便叫做我。人类一切道德,或是为增进全体利益之用,或是为发达个性之用,总不出"人""我"两途,所以叫做仁义。然而人我两观念,亦实由正负而来。人即我之正,我即人之负。非将我推演去,现不出人相;非把人的属性说明,现不出我相。所以人我原只是正负两面。《易经》的要旨,说这两种力互相吸引,互相排拒,宇宙间一切物象事象,都从此发生。所以说阖户谓之"坤",辟户谓之"乾",一阖一辟谓之"变",说刚柔相推而生变化。此外还说许多相摩相荡相搏相错相攻相取相感相得相逮不相射不相悖,都是形容这两种力的动相。以为这两种力对待,宇宙自然成立,若把这两种力去掉,便连宇宙这个名都没有了。所以说:

> 乾坤,其易之缊耶?乾坤成列,而易行乎其中矣。乾坤废则无以见易。

据上所述,可见一部《易经》,所讲全是动的学问。后来宋儒搬了道士的太极图来说"易",造出"主静立人极"的话,恰恰和孔子的易相反了。

然则《系辞传》说,"易有太极,是生两仪。两仪生四象,四象生八卦。"这几句话怎么讲呢?《说文》说:"极,栋也。""栋"是屋顶的横梁,太极就指这一画的"—"符,无可疑了。怎么太极生两仪呢?两仪是"—""--"两个符号。"生"字意义,和老子的一生二正同,并非"太极→两仪"乃是"太极←两仪"。

因为无负的观念,便表不出正的观念,所以有太极自然有两仪,两仪就是太极的正负两面。怎么两仪生四象呢?第一个象是全阳,第二个象是全阴,第三个象是阴多阳少,第四个象是阴少阳多。从这四个象,生出八个卦来,易理就从此发生了。

(二)卦与象

将"—""--"两个符号错综三叠起来,成了八个卦:

☰乾　☳震　☵坎　☶艮

☷坤　☴巽　☲离　☱兑

再因而重之,更把他相错起来,成了六十四卦。卦的作用全在象。什么是象?乾天、坤地、震雷、巽风、坎水、离火、艮山、兑泽,这八种算是主象。此外有许多副象——如龙为乾象、马为坤象、木为震象之类。散见于爻辞及杂卦传者甚多。这类都是表示形体的象,可以名之为物象。还有表示性质及意识的象,如乾健、坤顺、震动、巽入、坎陷、离丽、艮止、兑说,以及震为决躁,坎为隐伏、为加忧等,都可以名之为事象。这些"象"如代数的x、y、a、b、c、d,如琴谱之c、r、m、f、s、l、t、d,都是一种代表符号。要先明白他,才可以谈易理。

韩宣子在鲁国看的《易》,名曰《易象》。《系辞传》说"易也者,象也"。可见易只是象,象外无易。要知道象的作用重要,须先明白"象"字的意义。《韩非子》说:"人希见生象也,而案其图以想其生,故诸人之所以意想者,皆谓之象。"(《解老》)人看见种种事物,便有一个印象在心目中。所印的象,是那事物的状态,由我们主观的意识看出来。这是象的本义。有了这印象,要把他摹写表现出来,力求其像。《系辞传》下"象"字的解释说:"象也者,像也。"又说:"天地变化,圣人效之。天垂象,圣人则之。"这是引申义,含有效法的意思。《易经》的象,兼这两义,以为一切变动进化之迹,都有各种状态来表现他,所以说"易者,象也"。(罗素说宇宙万有都是一种事实Events的结集,颇似易说。)又以为这种状态,都根本于自然法则,我们应该效法他,所以说"象也者,像也"。合这两义,便是易象的作用。

《系辞传》说,以制器者尚其象。象的最初作用,是取象于天然状态,造出种种器物。《系辞传》举十三卦作例:

作结绳而为网罟——盖取诸离。

斩木为耜,揉木为耒——盖取诸益。

日中为市——盖取诸噬嗑。

垂衣裳而天下治——盖取诸乾坤。

刳木为舟,剡木为楫——盖取诸涣。

服牛乘马,引重致远——盖取诸随。

重门击柝以待暴客——盖取诸豫。

斩木为杵,掘地为臼——盖取诸小过。

弦木为弧,剡木为矢——盖取诸睽。

上古穴居而野处……后世圣人易之以宫室——盖取诸大壮。

古之葬者,厚衣之以薪葬之中野……后世圣人易之以棺椁——盖取诸大过。

上古结绳而治,后世圣人易之以书契——盖取诸夬。

这都是看见一种象,从而象(像)之。例如上巽下坎的涣卦☲,有"木在水上,流行若风"之象(《九家易说》),因此效法他制出舟楫来。又如上震下艮的小过卦☶,有"木上动,土下止"之象(《朱子说》),因此效法他制出杵臼来。孔子举这几个例,证明一切器物,都由取象而来。不惟如此，种种制度，种种道德观念，皆从象生。所以六十四条象传，都是发明此理。例如乾卦有天体运行之象，便效法他自强不息。坤卦有地势持载之象，便效法他厚德载物。豫卦是雷出地奋，表发扬之象，便效法他作乐崇德。复卦是雷在地中，表蛰息之象，便效法他第七日放假。至日闭关，商旅不行后不省方，既济卦有成功之象，愈成功愈要谨慎，所以思患而豫防之。（小畜卦孔疏云："凡大象之义，或取二卦之象而法之者，若'地中有水，师，君子以容民畜众'，取卦象包容之义；若'上天下泽，履，君子以辨上下'，取卦象尊卑之义；或直取卦名，因其卦义所有，法之，若《讼卦》云：'君子以作事谋始'，防其所讼之源，不取'天与水违行'之象，余皆仿此。"案此说甚通。）诸如此类，都是借物象事象的触发，生出种种制度和道德标准。所以说："夫易开物成务，冒天下之道"，又说："见乃谓之象，形乃谓之器，制而用之谓之法，利用出入民咸用之谓之神。"（胡适之说：一部《易经》只是一个象字，这话很对。他说象，也说得很好。但他说古今说易的人不懂此理，未免失检。《系辞传》"盖取诸离"下孔疏云："诸儒说象卦制器，皆取卦之爻象之体，今韩氏康伯直取卦名。"案上系云以制器者尚其众，则取象不取名也。据此知孔颖达所见从前诸儒之说，皆取象为解。孔疏解六十四象传亦什九皆取上下卦象，若程传则例尤严，无一卦不以象训释矣。胡氏所举之各卦意象亦多前人已言者。）

（三）爻与辞

《系辞传》说："圣人设卦观象，系辞焉以明吉凶。"又说："易有象所以示也，系辞焉所以告也。"又说："圣人大象以尽意，系辞焉以尽其言。"又说："君子居则观其象而玩其辞。"读此可知，辞与象并重了。辞有两种：一卦辞，如"乾：元亨利贞"。二爻辞，如"初九：潜龙勿用"……卦辞比较的简单，爻辞便复杂到了不得了。要研究爻辞，先要懂得辞的界说。《系辞传》有一句最要紧，说道：

> 辞也者，各指其所之。

之，往也。言辞各指示卦爻之所往。《左传》记卜筮事，所谓"遇大有之睽"，"遇观之临"等等，就是这个之字。由大有往睽，由观往临，即大有变成睽，观变成临也。然则卦爻为什么有之呢？之有什么公例呢？这却要很费周折才能说明。

第一，须知每卦六爻，有所谓位。最低那一画叫做初爻，倒数上去，二三四五。到顶上那一画，叫做上爻。《文言传》说"六位时成"，就是指这六爻的位。

第二，六位中最主要的是第五位，算是一卦之主。其次第二位，是与五相应的。《系辞传》说"列贵贱者存乎位"，每卦五位最贵，二位次之，其他皆贱。《系辞传》所谓"非其中爻不备，二五皆中爻也"。

第三，卦爻的之，有一定法则。二与五相之，初与四相之，三与上相之，因为他是同位。《系辞传》说："二与四同功而异位，三与五同功而异位。"因是异位，所以二与四，三与五，是不能相之的。像下象棋，各种子各有他的走法，后儒讲的卦变飞伏互体等等，随意乱之，便是"马行田、卒回头"了。

第四，为什么有之呢？卦中各爻已定位者不之，未定位者才有之。怎么叫做定位未定位呢？易经以一阴一阳相间排比成☲☵既济算是定位，所以他的卦名叫做"既济"。既济卦是六爻都无可之了。反之，未济卦☵☲是六爻皆可之。其余各卦，最少的有一爻可之，最多的有五爻可之。如乾卦是二四上三爻可之。坤卦是初三五三爻可之。余仿此。

第五，之的法则，最简单的是本卦各爻相之。如未济卦，初之四、二之五、三之上，便成了既济了。若仅二与五相之，就变成上乾下坤的泰卦。这就是未济之泰。但别的卦，却不能如此直截。例如乾䷀二之五、四之初、上之三，依然是阳爻，不是和没有变一样吗？所以要生出相错旁通的法则来。

第六，《系辞传》说八卦相错，《文言传》说六爻发挥旁通，这是研究辞的所之一个要紧关键。旁通的原则，是拿两个各爻恰恰相反的卦，平列起来，彼此互通。例如：

$$\begin{cases} ☰\ 乾 \\ ☷\ 坤 \end{cases} \qquad \begin{cases} ☵\ 坎 \\ ☲\ 离 \end{cases}$$

两两反对，恰成配偶。但不止此，还要将八卦相错起来旁通。例如乾、坤、坎、离四卦相错，成了：

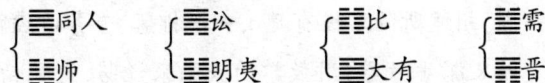

$$\begin{cases} 同人 \\ 师 \end{cases} \begin{cases} 讼 \\ 明夷 \end{cases} \begin{cases} 比 \\ 大有 \end{cases} \begin{cases} 需 \\ 晋 \end{cases}$$

八个卦，也是两两反对，恰成配偶，所以同人与师旁通，讼与明夷旁通，比与大有旁通，需与晋旁通，凡旁通是要各从其偶，万万不能乱来的。

第七，旁通也要按着位。二通五，初通四，三通上，不能越位乱通。例如乾的二爻是可动的，和坤旁通，把坤的五爻通了过来，变成䷌同人，这就是乾之同人。

第八，爻的所之，分为当位失道两大类。二五先动，然后初四或上三和他相应，叫做当位。二五未动，而初四上三先动，叫做失道。二五动了，而初四上三不和他相应，也叫失道。但头道是可以补救的，别爻有变，可以还归当位。所以《系辞传》说"化而裁之存乎变"，变的法则更复杂了，旁通之中又有旁通。（例如乾坤旁通成同人，同人又与师旁通。)所以《系辞传》说"易之为道也,屡迁,变动不居,周流六虚,上下无常,刚柔相易,不可为典要,唯变所适"。

以上把所之两字大略说明,然后可以讲到辞的作用了。辞也者,各指其所之。指的什么呢?《系辞传》说:"辨吉凶者,存乎辞。"又说:"系辞焉以断其吉凶。"辞的作用,就是察验所之之当位或失道,指出他的吉凶来下断案。易辞的断案有十一种:

元、亨、利、贞、吉、凶、悔、吝、厉、孚、无咎。

所谓辨,就是辨这十一种。所谓断,就是断这十一种。而学易的人,最要紧却在一个悔字。悔必思变,变则通,通则久,故虽逞凶吝,结果可以无咎。所以孔子说,假年学《易》,可以无大过。

[附言]以上大抵采用清儒焦循之说。循著有《易通释》《易图略》等书,专发明旁通变化之例,对于汉儒的方士易,宋儒的道士易(胡适所命名极有趣),一概排落,专务以经解经,以传解经。循又深于数学,用数学的头脑来说易,更觉精密。王引之批评他"凿破混沌,扫除云雾","足使株守汉学而不求是者爽然自失",这话对极了。依我看,焦氏解爻辞最好,依着他条条差不多都可通。他解卦辞及《大象传》都不好,因为原文讲的是卦象,他却泥着各指其所之来求他,便许多窒碍了。要之古今说《易》之书,我是推他第一了。他所著《易话》,有一条拿象棋谱来比《易》的辞,极有理致。

原来的卦辞爻辞,大率举一个象,下一个断案。例如乾卦"初九,潜龙勿用","上九,亢龙有悔",初九的象是潜龙,给他个断案说,应该勿用;上九的象是亢龙,给他个断案说,这便有悔。孔子作《易传》,是因这些辞求出他所以然之故。为什么潜龙该勿用呢?因为阳在下也。为什么亢龙便有悔呢?因为盈不可久也。若再问为什么盈不可久呢？这篇传虽然没有答，别篇传却有之。《谦·彖传》说："天道亏盈而益谦……人道恶盈而好谦。"若再问为什么"天道亏盈益谦"呢？他跟着答，因为"谦，尊而光，卑而不可逾"。《系辞传》说："仰以观于天文，俯以察于地理，是故知幽明之故。"又说："感而遂通天下之故。"又说："明于天之道而察于民之故。"又说："明于忧患与故。"这四个"故"字，就是说的所以然之故。一部《十翼》，就算是发明一个"故"字。有人说，孔子只说这事应该如此做，不问为什么应该如此做。这话未免冤枉孔子了。两篇《彖传》，两篇《象传》，和《文言传》《系辞传》中解经的话，哪一句不是解答为什么的问题？做学问不问个为什么，还要得吗？孔子虽不肖，何至如此？

若问孔子怎么样能求出这"故"呢？我说，他全是用的归纳法。最紧要的法门，就是《系辞传》说的"近取诸身，远取诸物"。怎么取法呢？《彖传》说："万物睽而其事类也。"《象传》说："君子以类族辨物。"《系辞传》说："人以类聚，物以群分。"又说："以类万物之情。"又说："其称名也，杂而不越，于稽其类。"这是说宇宙万有，虽像是各各隔离，却总有相同之处；要把各种事物分出类来，研究他的共相。又说："参伍以变，错综其数。通其变，遂成天地之文。极其数，遂定天下之象。"又说："引而伸之，触类而长之。"这是把各种事物参验比较，研究他的别相，和他的相互关系。又说："夫易彰往而察来，而微显阐幽。开而当名，辨物正言，断辞则备矣。"这是经排比、参较的结果，才下正确的断案。正名主义，算是完成了。焦循说"孔子读《易》，韦编三绝"，都是因为反复检验比较，所以连牛皮绳都断了三回。(《易话》)这话很有理智。我们看孔子治《易》的方法，可以推到做一切学问的方法了。

（四）繁变与易简

照上两段讲来，一部《易经》可谓麻烦极了。六十四卦，就有六十四种象，而且一卦不止一象。（例如随卦有"向晦入宴息"的象，又有"服牛乘马，引重致远"的象。）卦象就不止百数。三百八十四爻，就有三百八十四种象。而且之来之去，之一处便变一个象，相错又相错，旁通又旁通。而且听人"神而明之"，听人"唯变所适"。你想这一闹不是真闹到千头万绪没有结束了吗？孔子说：

> 言天下之至赜而不可恶也，言天下之至动而不可乱也。

他说：繁赜是繁赜极了，不必嫌他。变动是变动极了，却不会乱。为什么不可恶不可乱呢？他说：

> 易曰："憧憧往来，朋从尔思。"子曰："天下何思何虑？天下同归而殊途，一致而百虑，天下何思何虑？"

然则怎样才能同归、才能一致呢？他跟着说：

> 日往则月来，月往则日来，日月相推而明生焉。寒往则暑来，暑往则寒来，寒暑相推而岁成焉。往者屈也，来者信（同伸）也，屈信相感而利生焉。

物象事象虽然至赜至动，其实不外两种对待的力——一正一负，在那里往来屈伸，相推相感。两种力是什么？他的符号，就是乾坤；乾以易知，坤以简能。天下再没有比他更简易的了。所以说：

> 天下之动，贞乎一者也。夫乾，确然示人易矣；夫坤，隤然示人简矣。爻也者，效此者也；象也者，像此者也。

孔子的意思说，许多皮带，许多轮子在那里动，其实只是一个总的发动机。你看，那代表"—"符号的乾，不是给我一个极易的名相吗？那代表"——"符号的坤，不是给我们一个极简的名相吗？无论什么象,不过是像他;无论什么爻,不过是效他。这可以证明殊途而同归、百虑而一致,至赜而不可恶,至动而不可乱了。这便是一以贯之的学问。

咸、恒两卦的《象传》,各有两句话,文义全同,仅换一字。说道:

> 观其所感,而天地万物之情可见矣。

> 观其所恒,而天地万物之情可见矣。

所感,是天地万物的动相。所恒,是他的静相。这两句话极精妙。其实亦只是一阖一辟、一往一来、一屈一伸,与乾坤同一理。咸恒列在下经之首,和上经的乾坤相对,确有精意。

最后的卦是未济,未济之前是既济,这也极有道理。到了既济,六爻的位都定了,动相完全停止。所以讲旁通的易理,最忌是变成两既济。凡各卦各爻的所之,若有变成两既济的征兆,《象传》总说他是其道穷,所以拿未济放在最后头。未济使六爻都大变而特变了。象传两言终则有始,就是此意。

这样看来,易学也可以叫做数理哲学。孔子的思想,全从《诗经》"有物有则"这句话生出来,以为宇宙事物,都有他本身自然法则。好像数学上一定的式,我们依着这式做去,再不会错。算式千变万化,至于无穷。所用的法,不外加减乘除;所得的数,不外正负。看起来,像是极繁,实际乃是极简。所以郑康成说:"易"字有三个意义:一是变易,二是简易,三是不易。其实三个意义,也可以说只是一个。

孔子以为用这种易学,可以把宇宙自然法则研究出来,应用到人类的生活,所以用许多话来赞美他,说道:

> 与天地相似故不违,知周乎万物而道济天下故不过。

范围天地之化而不过,曲成万物而不遗。

夫"易",圣人所以极深而研几也。唯深也,故能通天地之志;唯几也,故能成天下之务。

形而上者谓之道,形而下者谓之器,化而裁之谓之变,推而行之谓之通,举而措之天下之民谓之事业。

然则易学在世界哲学史上有多少价值呢?我学力不够,不敢妄下批评。但我对于孔子的《易》,有两点怀疑:第一,易学的立脚点在"因果律"。他的价值之大小,和因果律价值之大小成比例。到底因果律的权威,是否有这种绝对不可抗力,我们还不敢深信。第二,人类的文化,是否由模仿自然产生出来——例如是否因看见风行水上才造舟楫,是否因看见木上动土下止才造杵臼。这种次序,是否倒置,认自然法则为尽美尽善,劝人摹仿他;是否适合于人类进化的功用,我们也不敢深信。我想,论易学,应该用这两点来定他价值。但在二千年前,有这种繁变而简易的头脑,我们是除了敬服之外,更无别话了。

五 孔子之政治论与《春秋》

(一)大同与小康

孔子政治上根本观念,在《礼记·礼运》的发端。今全录其文如下:

昔者仲尼与于蜡宾,事毕,出游于观之上,喟然而叹。……言偃在侧,曰:"君子何叹?"孔子曰:"大道之行也,与三代之英,丘未之逮也,而有志焉。

"大道之行也,天下为公,选贤与能,讲信修睦。故人不独亲其亲，不独子其子，使老有所终，壮有所用，幼有所长，矜寡孤独废疾者皆有所养。男有分，女有归。货恶其弃于地也，不必藏于己；力恶其不出于身也，不必为己。是故谋闭而不兴，盗窃乱贼而不作，故外户而不闭，是谓大同。

"今大道既隐，天下为家，各亲其亲，各子其子，货力为己。大人世及以为礼，城郭沟池以为固。礼义以为纪，以正君臣，以笃父子，以睦兄弟，以和夫妇，以设制度，以立田里，以贤勇知，以功为己。故谋用是作，而兵由此起。禹、汤、文、武、成王、周公，由此其选也。此六君子者，未有不谨于礼者也。以著其义，以考其信，著有过，刑仁讲让，示民有常。如有不由此者，在埶者去，众以为殃。是谓小康。"

我们从前心目中的孔子，总以为他是一位专门讲究伦常提倡礼教的人，甚者以为他是主张三纲专制、极端的保守党。你听他说："礼义以为纪，以正君臣……"等等，都是大道既隐的现象。因为这些，"故谋用是作，而兵由此起"，这不是和老子的"大道废有仁义，失德而后礼"同一见解吗？因此可知，孔子讲的伦常礼教，都不过因势利导补偏救敝之议，并非他的根本主义。

孔子心目中理想的社会就是头一段所讲的"大同"。大同社会怎样呢？天下为公，选贤与能，自然是绝对的德谟克拉西了。讲信修睦，自然是绝对的平和主义，非军国主义了。大同社会，是要以人为单位不以家族为单位的，所以不独亲其亲，不独子其子，儿童是要公育，老弱废疾是要公养，壮丁却要人人执一项职业。男女是平等的，男有男的职分，女有女的归宿。生产是要提倡的，总不使货弃于地，但私有财产制度是不好的，所以不必藏诸己。劳作是神圣的，力不出于身的人最可恶，但劳作的目的是为公益不是为私利，所以不必为己。这几项便是孔子对于政治上经济上的根本主义。他本来希望自己握政权,随便用哪一国都可以做个模范国,但始终不得这机会,所以偶然参观乡下人年底的宴会,触动他的"平民主义",就发这段感慨。后来作《春秋》,也许是因这个动机。

大同、小康不同之点:第一,小康是阶级主义,大同是平等主义。第二,小康是私有主义,大同是互助主义。第三,小康是国家家族主义,大同是世界主义。把《礼运》两段比勘,意义甚明。

《论语》这部书,像是有子、曾子的门人记的,有几重形式。曾子很拘谨,所以孔子许多微言大义,没有记在里头。但内中也有一两处,可以与大同主义相发明。如:

> 不患寡而患不均,不患贫而患不安。盖均无贫,和无寡,安无倾。

董仲舒解这几句最好。他说:"有所积重,则所空虚矣。大富则骄,大贫则忧……"(《春秋繁露·调均》)经济论注重分配,怕算孔子最古了。

《论语》还有一章,和大同主义很有关系。

> 颜渊、季路侍。子曰:"盍各言尔志?"子路曰:"愿车马衣轻裘,与朋友共,敝之而无憾。"颜渊曰:"愿无伐善,无施劳。"子路曰:"愿闻子之志。"子曰:"老者安之,朋友信之,少者怀之。"

子路讲的,就是货恶其弃于地也,不必藏诸己。颜渊讲的,就是力恶其不出于身也,不必为己。孔子讲的,就是不独亲其亲、不独子其子,使老有所终、壮有所用、幼有所长。这都是大同主义。质言之,都是把私有的观念根本打破。我这解释,敢信绝非附会。因为孔门两位大弟子和老先生言志,当然所讲都是最胜义谛。

小康在《春秋》书中叫做"升平",大同叫做"太平"。要明白这两种分别,然后《春秋》可读。后来儒家两大师,孟子所说,比较的多言大同主义;荀子所说,比较的多言小康主义。这是后世孔学消长一个关键。

（二）《春秋》的性质

要研究《春秋》,须明白这部书的性质。今将重要的几点说明:

第一,《春秋》非史。自汉以后,最通行的误解,都说《春秋》是记事的史书。如果《春秋》是史书,那么,最拙劣诬罔的史家,就莫过于孔子。王安石骂《春秋》是断烂朝报还太恭维了。例如天王狩于河阳,明明是晋文公传见周天子,他却说天子出来行猎。如甲戌、己丑陈侯鲍卒,一个人怎会死两回呢? 史家天职,在于记实事,这样做法,还能算信史吗? 认《春秋》是史,是把"春秋学"也毁了,把史学也毁了。

第二,《春秋》是孔子改制明义之书。然则《春秋》到底是一部什么书呢?《春秋》是孔子的政治理想,借记述史事的形式来现出来。孟子说:

> 王者之迹熄而《诗》亡,《诗》亡然后《春秋》作。晋之《乘》,楚之《梼杌》,鲁之《春秋》,一也。其事则齐桓、晋文,其文则史。孔子曰:"其义则丘窃取之矣。"

这是说,鲁国本来有一部《春秋》,和晋《乘》、楚《梼杌》一样;孔子的《春秋》,表面上的事与文,也是和他一样。至于义,却是孔子所特有了。义怎么特有呢? 孟子又说:

> 《春秋》,天子之事也。是故孔子曰:"知我者,其惟《春秋》乎? 罪我者,其惟《春秋》乎?"

《春秋》不过一位学者的著述。为什么说是天子之事？后人读《春秋》，知孔子罢了。为什么又会罪孔子呢？因为《春秋》是一部含有革命性的政治书，要借他来建设一个孔子的理想国，所以说是天子之事。一位学者做这种事业，已是骇人听闻，况且其中还有许多非常异义可怪之论（何休《公羊解诂序》），所以知我罪我，都由此起。细读《孟子》这两段话，《春秋》性质，大略可明了。但孔子改制，是普为后世立法，并不专为哪一朝代。后来汉的春秋家，说孔子为汉制作，杂引纬书中许多矫诬之说，却非本来的经义。

第三，治《春秋》当宗《公羊传》。现在所称《春秋》三传，谓《公羊》《穀梁》《左氏》。然而汉一代，传者独有《公羊》《穀梁》传授，已不甚可信。若《左传》者，其著书之人姓左丘，其书名《国语》，与《春秋》无涉。故司马迁但言"左丘失明，厥有《国语》"。（《报任安书》）西汉末诸博士皆言左氏不传《春秋》（刘歆《移书让太常博士》），因刘歆欲佐王莽篡汉，恶《春秋》之义，不便于己。乃将分国记事之《左传》，割裂增窜，变为编年解经之书，名曰《左氏传》。说孔子这部《春秋》，专据史官旧文，凭各国赴告，自是《春秋》真成了断烂朝报了。所以欲明《春秋》，惟当以《公羊传》为主，再拿《穀梁传》和《春秋繁露》参证。何休的《公羊传解诂》，传自胡毋生，也多半可信据。

第四，《春秋》之微言大义，传在口说。司马迁说：孔子次春秋"……制义法，王道备，人事浃。七十子之徒，口受其传指。"（《史记·十二诸侯年表序》）所以治《春秋》非求他的口说不可。为什么专用口说呢？《公羊传》说："定哀之间多微辞。"（《公羊传·定元年》）董生说："义不讪上，智不危身。"（《春秋繁露·楚庄王》）太史公说："为有所刺讥褒讳挹损，不可书见。"（《史记·十二诸侯年表》）据此或因在专制政治之下，有许多非常异义可怪之论不便写出来，也未可知。但据我看，不专为此，实因当时未有纸墨，专恃刻简，传写不便，故著书务求其简。老子将许多道理，缩为五千言，也就为此。孔子《春秋》之义，如此之复杂，全写出来，倒不便传授，所以一切意义，都拿字句的体例表示他。《春秋》口授传指，想是为此。既已代代口授，难保无漏失、无附增、无误谬。所以现在的《公羊传》，我们不敢说他个个字都是孔子口说，也许有战国、西汉的儒者把自己意思添入；孔子的微言大义，也不见得都收在里头。但除了他更无可据，只得以他为主，参以《孟子》《董子》等书，总可以见春秋学说的大概了。

第五，未修《春秋》与既修《春秋》。庄七年《公羊传》云："不修《春秋》曰：雨星不及地尺而复。君子修之曰：星霄如雨……"所谓不修《春秋》者，就是孟子说的晋之《乘》、楚之《梼杌》、鲁之《春秋》，亦即墨子说的周之《春秋》、郑之《春秋》、燕之《春秋》、宋之《春秋》。（何氏《解诂》云："不修《春秋》，谓史记也。"古者谓史记为春秋。）孔子作《春秋》，是拿鲁史原本来修改一编，所修改之处，微言大义便寄记在里头。作传的人还及见鲁史原本，故引来作证。现在原文是没有了，但据《传》及《解诂》，还可推测一二。例如第一条：

元年春王正月，不修《春秋》，疑当作，一年春一月公即位。

何以见得呢？据《传》发问："元年者何……"《解诂》说明："变一为元者……"知鲁史本作"一年"，孔子修之，将"一"字变为"元"字。表示什么意思呢？《解诂》说："明王者，当继天奉元，养成万物。"表以天道节制君权的意思。据《传》发问："曷为先言王而后言正月……"知鲁史本无"王"字，孔子加入。加入表什么意思呢？《解诂》说："春秋托新王受命于鲁。"《春秋》是孔子理想国的制度，标一"王"字，明新王之义。据《传》发问："何言乎王正月……"知鲁史作"一月",孔子修"一"为"正"。又是什么意思呢？《传》说："大一统也。"《解诂》说："政教之始。"因为孔子常说"政者正也",一年中初施政教那个月,改他做正月。据《传》发问："公何以不言即位……"知鲁史本有"公即位"三字,孔子删去。删去什么意思呢？《传》说："成公意也。"因鲁隐公让国,君子成人之美,故从其意不书即位。就这一条推勘,孔子修《春秋》怎么修法,修了何以能寄托微言大义,口说何以如此重要,都可以略见了。

（三）《春秋》与正名主义

《春秋》既专用字句体例来表示义法,所以用字最谨严。第一步讲的就是正名主义。董子的《春秋繁露》,有《深察名号》篇,专发明此理。他说：

> 春秋辨物之理以正其名,名物如其真,不失秋毫之末,故名陨石则后其五,言退鹢则先其六。圣人之谨于正名如此,君子于其言,无所苟而已矣。

所举石鹢的例证,见于《春秋·僖十六年》。

> 经文："春王正月戊申朔,陨石于宋,五。是月,六鹢退飞,过宋都。"

> 传文："曷为先言陨而后言石？陨石,记闻,闻其磌然。视之则石,察之则五。……曷为先言六而后言鹢？六鹢退飞,见也,视之则六,察之则鹢,徐而察之则退飞。"

观此可知《春秋》用字,异常谨严,不惟字不乱下,乃至排字成句,先后位置,都极斟酌。将此条与前文所举"星陨如雨"条合观,可知所谓"名物如其真",确费苦心。

《春秋》正名之义,全书皆是,今更举个显著的例：

经文："桓公二年，夏四月，取郜大鼎于宋。"

传文："此取之宋，其谓之郜鼎何？器从名，地从主人。器何以从名？地何以从主人？器之与人，非有即尔……至乎地之与人，则不然，俄而可以为其有矣。然则为取可以为其有乎？曰，否……"

这一段说器物的名和地名，性质不同，故记载当各有格式。与《荀子·正名篇》所说名的品类，互相发明，都是论理学的重要基础。又说"取不可以为其有"，是借动词应用的法则，表明所有权正确不正确的观念。凡读《春秋》，皆须如此。

《春秋》将种种名字详细剖析，而且规定他应用的法则，令人察名可以求义。就名词论，如时月日之或记或不记（或记春夏秋冬等，或否月日仿此），如或称名，或称字，或称爵位或否，或称国，或称人。就动词论，如两君相见，通称曰会。《春秋》分出会、盟、遇、来、如等名，盟之中又有殊盟、莅盟、寻盟、胥命等名，会之中又有殊会、离会等名，皆将一名内容外包之大小，剖析精尽。又如同一返国得立之诸侯，而有入、纳、立（《隐四年解诂》：立、纳、入，皆为篡；《庄六年解诂》：国人立之曰"立"，他国立之曰"纳"，从外曰"入"），归、复归、复入（《桓十五年传》：复归者，出恶归无恶；复入者，出无恶入有恶；入者，出入恶；归者，出入无恶），种种异辞。乃至介词连词之属，如及（《桓二年传》：及者何？累也。《隐元年传》：何以不言及仲子？仲子微也），如以（《桓十四年传》：以者，何行其意也），如遂（《桓八年传》：遂者，何生事也），如乃（《宣八年传》：乃者何，难也）。凡各种词，用之都有义例。这就是《春秋》严格的正名主义。

欲知正名主义的应用，最好将《春秋》所记各事，分类研究。今举弑君为例：

例一 （隐四年三月戊申）卫州吁弑其君完。

例二 （隐四年九月）卫人杀州吁于濮。

例三 （隐十一年冬十有一月壬辰）公薨，（桓元年春正月），公即位。

例四 （桓二年春王正月戊申）宋督弑其君与夷及其大夫孔父。

例五 （文元年十月丁未）楚世子商臣弑其君髡。

例六 （僖九年冬）晋里克弑其君之子奚齐，（十年秋）晋里克弑其君卓及其大夫荀息。

例七 （文十六年）宋人弑其君处白。

例八 （文十八年冬）莒弑其君庶其。

例九 （宣二年秋九月乙丑）晋赵盾弑其君夷皋。

例十 （成十八年春王正月戊申）晋弑其君州蒲。

例十一 （襄二十九年）阍弑吴子余祭。

例十二 （昭十三年）楚公子比自晋归于楚，弑其君虔于乾溪。楚公子弃疾杀公子比。

例十三 （昭十九年夏五月）许世子止弑其君买，（冬）葬许悼公。

例十四 （哀四年三月）盗杀蔡侯申，（冬十有二月）葬蔡昭公。

上所举十四例，就主词Subject方面研究，凡杀君之贼书其名，以明罪有所归，这是原则。如例一以下例四、例五、例六、例九、例十二、例十三，皆同。但其中却有分别，如例五之"楚世子商臣"加世子两字，以见不惟弑君，且是杀父，更罪大恶极了。例十三之"许世子止"，表面与例五全同，但内中情节不同。"世子止"是进药误杀，自己痛心,认为弑君。《春秋》许他认罪,然则怎样能表出他和商臣不同呢? 下文有葬许悼公一条:《春秋》之例,"君弑,贼不讨,不书葬,为其无臣子也"。(《隐十一年》传文)今书葬,便见止之罪可从末减了。(《传》云:"曰许世子止弑其君买,是君子之听止也,葬许悼公是君子之赦止也。")这是许人忏悔的意思。例九虽与例一同式,但弑君的人,是赵穿不是赵盾。因为盾力能讨贼而不讨,故把罪名加他。例十二之楚公子比,亦像与世子商臣同式,但情节又不同。这回弑君的实是弃疾,不是比。为什么书比呢? 因为弃疾立比,虔便自杀,故把罪名加于比,这都是说弑君的人罪有应得。

及之有弑君的人无主名的,是认被弑之君罪有应得。其例有三:

(一)称人以弑。如例二、例七说,有些人弑他,这些人并非有罪。如例二的卫人,便是石碏主谋,碏是有功无罪。所以《传》引公羊子曰:"称入者何? 讨贼之辞也。"可见凡称"入"的,都含有讨贼意味。

(二)称国以弑。如例九、例十一,《文十八年传》:"称国以弑者,众弑君之辞。"(《解诂》)"一人弑君,国中人人尽喜,故举国以明失众,当坐绝也。"(《成十八年解诂》义略同)这明是说暴君该死,弑他是国民公意了。

(三)称阍或称盗以弑。如例十一、例十四,被弑的虽未必得罪国民,然狎近小人,亦属咎由自取。称人称国,皆明弑者无罪,被弑者反有罪。称阍称盗,明弑者罪不足责,而被弑者亦与有罪。还有例十二之主词,亦表示被弑者有罪。言公子比归于楚,《春秋》之例,归无恶(见上)。所以加这一句,便反证楚灵王虔之该弑了。参合以上各条的义例,有一半是正弑君的罪名,使乱臣贼子惧。有一半是正被弑之人的罪名,使暴君凶父惧。真算得非常异义可怪之论了。可见孔子并不主张片面伦理。后人说"君虽不君,臣不可以不臣",这些话决非孔子之意。

更就宾词Object方面研究,被弑者称其君某,这是通例,但亦有分别。如例六书弑其君子之奚齐,因其未逾年未即位,未成乎为君。如例十一书楚公子弃疾弑公子比,明是两公子相杀,因弃疾胁比立之,已认为君,故加以弑名。如例四、例六皆连书及其大夫,所以表彰死难之臣。如例二书卫人杀州吁,明卫人并未认州吁为君,故不言弑而言杀。如例十一之吴子余祭,例十四之蔡侯申,皆不称其君,见被弑者与弑者并非有君臣之分。如例二书于濮,例十二书于乾溪,明其在国外,凡此皆因一二字之异同,定案情之差别。都是正名主义的作用。

《春秋》有一件最奇怪的事,凡鲁国篡弑之祸,他都不肯直书。但明白他的义例,推勘起来,案情依然分明。例如隐公为桓公所弑。据例二所举,在隐十一年书"公薨"二字,在桓元年书"公即位"三字,表面上一点看不出来。但须知《春秋》有两个例,一是君弑贼不讨不书葬,一是继弑君不言即位。别的公薨之后,都有"葬我君某公"一条,隐公底下没有,就知道他一定被弑而且是贼不讨了。继弑君本不该即位,桓公自行即位,《春秋》直书他,可见弑君的贼就是他了。(《春秋繁露·玉英》云:"桓之志无王,故不书王。其志欲立,故书即位。书即位者,言其弑君兄也。")像这些,在经文上是很简单,都靠口授其指的传来说明,只要参伍错综研究一番,大义还是炳然。

以上所举,专论弑君一例(还未详尽)。其实全部《春秋》,都该如此读法。董仲舒曰:《春秋》慎辞,谨于名伦等物者也。"(《春秋繁露·精华》)又曰:《春秋》无通辞,从变而移。"(《竹林》)又曰："是故为《春秋》者，得一端而多连之，见一空而博贯之。"（《精华》）又曰："论《春秋》者，合而通之，缘而求之，五其比（五即参伍错综之伍），偶其类，览其绪，屠其赘。"（《玉杯》）又曰："贯比而论是非。"（《玉杯》）

所谓慎辞，即是正名。名指单字，当论理学上所谓词。Term 辞指连属成句，当论理学上所谓命题 Proposition。《春秋》的辞和《易》的辞，性质很有点相同，都是用极严正极复杂的论理学组织出来，必要知孔子论理学的应用，才能读这两部书。

（四）《春秋》之微言大义

司马迁说："《春秋》文成数万，其指数千。"（《史记·太史公自序》）若要把他一一罗列，非别成专书不可。但其中大半是为当时社会补偏救敝，在今日已无研究之必要，今仅刺取数条以见其概。

第一，张三世。《春秋》二百四十年，历十二公，分为三世。隐桓庄闵僖五公，名据乱世，内其国而外诸夏；文宣成襄四公，名升平世，内诸夏而外夷狄；昭定哀三公，名太平世，天下远近大小若一，夷狄进至于爵。（《隐元年解诂》）升平世当《礼运》之小康，太平世《礼运》之大同。但《礼运》大同，悬想古代大道之行，小康乃指后世。大道即隐，像是希图复古。《春秋》则由据乱而升平而太平，纯是进化的轨道。孔子盖深信人类，若肯努力，世运必日日向上，所以拿《春秋》作个影子。太平世的微言，可惜传中所存甚少；内中最显明的，就是抛弃褊狭的国家主义、种族主义，专提倡世界主义。这确是对于当时封建制度一种革命思想。

第二，以元统天，以天正君。《春秋》发端之元年春王正月，谓之五始。《春秋繁露》说："《春秋》变一谓之元。"元，犹原也。元元为万物之本,乃在乎天地之前。(《重政》)又说:"以元之深正天之端,以天之端正王之政。"(《二端》,《隐元年解诂》同)这个"元"字,就是《易传》"大哉乾元,万物资始,乃统天"的"元"字,就是无方无体之易,就是自然法。天是指自然界的现象,以元统天是说自然法支配自然现象。以天正君者,谓人君当察自然现象之变迁以求合于自然法。原来古代迷信思想甚多,以为自然界的灾变,都与人事有关。孔子是否仍有这种迷信,不敢断定,但他以为利用这种观念,叫时主有所忌惮,也是一种救济良法。所以全部《春秋》,记灾异甚多,都含有警告人的意味。这种用意本甚好,但后来汉儒附会太过,便成妖诬了。

第三,重人。子夏说:"《春秋》重人,诸讥皆本此。"(《春秋繁露·俞序》引)这句话,可谓得《春秋》纲领。《春秋》对于当时天子诸侯大夫,凡有劳民、伤民,多取予之事,一一讥刺,无假借。(《传》及《春秋繁露》引证极多,不具列)不外欲裁抑强有力者之私欲,拥护多数人之幸福。对于违反民意之君主,概予诛绝。如前所举弑君诸条,是其明证。僖十九年书梁亡,《传》云:"自亡也,其自亡奈何?鱼烂而亡也。"《解诂》云:"明百姓得去之君当绝者。"据《春秋》例,灭国罪极重。梁本为秦所灭,乃《春秋》不著秦灭国之罪,而言梁自亡,是专明违反民意的暴君,理宜灭绝。隐四年书卫人立晋,《传》云:"孰立之?石碏立之。石碏立之则其称人何?众之所欲立也。"凡此之类,皆表绝对尊重民意之义。

第四,无义战。孟子说:"《春秋》无义战。"董仲舒说:"《春秋》重民……是故战攻侵伐,虽数百起,必一二书,伤其害所重也……会同之事,大者主小;战伐之事,后者主先……使起之者居下,是其恶战伐之辞。"(《春秋繁露·竹林》)可见《春秋》是绝对主张平和之义,和《墨子》非攻之旨正同。

第五，讥世卿。《春秋》全书大精神，在反对当时贵族政治，所以认为世袭执政的制度最不好。《隐三年》书尹氏卒，《宣十年》书齐崔氏出奔卫。就字面读去，很像不通。为什么不书尹某崔某？难道姓尹的同一日都死绝吗？难道姓崔的都跑完了吗？两处的《传》都说："其称尹崔氏何？贬。曷为贬？讥世卿。"（《昭三十一年传》大夫之义不得世，亦同此意。）所以昭二十三年书尹氏立王子朝，是说明后一百多年乱国的尹氏，与前一百多年死的尹氏，是同一族人。若从前死了不世袭，何至有后来之祸呢？（《襄二十五年》齐崔杼弑其君光与前文崔氏出奔相应。）这就是《春秋》微言大义。此外大夫无遂事（《桓八年》《庄十九年》《僖三十年》《襄二年》《襄十二年》传文），讥父老子代从政（《桓五年》《桓九年》传文），都是这个意思。

第六，贵让。《礼运》说："争夺相杀，谓之人患。"孔子以为一切祸害，都起于争夺，所以最奖励让德。《春秋》记让国之人有八：（一）鲁隐公，（二）（三）宋宣公、缪公，（四）宋公子目夷，（五）卫叔武，（六）曹公子喜时，（七）吴季札，（八）邾叔术。文中都备极奖励。虽有别的罪恶，都为之讳。意思是拿来和当时篡弑之祸，做反对的比照，是一种救世苦心。

第七，恶诐。诐是诈伪，孔子所最恶。《文三年》《襄十四年》《襄二十六年》《哀六年》《哀十三年》传文，皆特别发明此义。例如战争本已是罪恶，诈战则罪恶尤重。《春秋繁露》说："《春秋》恶诈击而善偏战。"（偏战谓约日定地，各居一面鸣鼓而战，不相诈，见《解诂》。）又说："《春秋》之于偏战也，比之诈战则谓之义，比之不战则谓之不义。"（俱《竹林》，孟子所谓彼善于此，即指偏战。）所以兵家"兵不厌诈"之说，儒家是极反对的。用兵尚且如此，其他可知。

第八，重志。《春秋繁露》说："《春秋》之论事，莫重于志。"（《玉杯》）志是指行为的动机。孔子最重动机，拿来做善恶的最高标准。所以《论语》说："苟志于仁矣，无恶也。"《春秋》传中有许多"成其志""如其志"等文，后世所谓诛心之论，就指此类。（多不具引。）这是鞭辟近里的意思，原来是极要的。但专论动机，不问成绩的好坏，也是不对，所以《春秋》有些地方，特别矫正。例如宋宣公让国给兄弟缪公，缪公又让还给侄儿与夷，两位的志，自然都是极好，但因此酿起争端。缪公的儿子冯，到底弑了与夷，结果是不好了。《春秋》虽然嘉许宣缪之让，却说宋之祸，宣公为之也。（《隐三年》）可见孔子论善恶，原不专偏于动机一面。

以上八条，不过我个人认为重要的，随手举来。此外《春秋》的大义，不下百条，限于篇幅，恕不多述。就一方面看，《春秋》不算得孔子的法典，所以汉辕固生在窦太后前毁《老子》书，太后翻脸骂他，说"安得司空城旦书乎？"（司空城旦，汉刑律名。）但孔子奉是主张礼治主义的人，说《春秋》全是法典性质，也有点不对。

董仲舒说《春秋》有十指，前三指最为握要。他说："举事变见有重焉，一指也。见事变之所至者，二指也。因其所以至者而治之，三指也。（《春秋繁露·十指》）事变之所至是结果，所以至者是原因。既知原因，想方法对治他，以求免于恶结果，便是作《春秋》的本意。

六 结 论

（一）时中的孔子

孔子说："中庸其至矣夫，民鲜能久矣。"（《论语》）又说："君子之中庸也,君子而时中。"(《礼记·中庸》)"时中"两个字,确是孔子学术的特色。

"中"是就空间言,不偏走于两极端,常常取折衷的态度;加上一个"庸"字,是归于适用的意思。孔子赞美大舜说:"执其两端,用其中于民。"(《礼记·中庸》)这两句是中庸最好的注脚。又说:"我叩其两端而竭焉。"(《论语》)是说从两极端推寻出真理。又说:"攻乎异端,斯害也已。"(《论语》)"异端"即两端,"攻"即《诗经》"可以攻玉"之攻,是修治的意思。"已",止也。孔子的意思说:凡两极端所主张,都含有一面真理,但都各有各毛病。若像攻玉的样子来修治他一番,他的毛病就去掉了。孔子一切学说,都含有这种精神。

例如杨朱的"为我",极端地主张自己本位说;墨子的"兼爱",极端地主张牺牲自己,专务利他。孔子的人格说主张"相人偶"的"仁",用"恕"的方格从两端推验出来,所以"己欲立而立人,己欲达而达人"。这便是执杨、墨两端求得中庸。又如道家说"法令滋彰,盗贼多有",极端地反对法治;法家说"以法治国国之福,不以法治国国之贼",极端地崇拜法治。孔子却从中间寻出个礼治主义来。又说:"出于礼者入于刑。"他的《春秋》,便一半含有礼制的性质,一半含有法律的性质。这便是执道、法两端求得中庸。又如老子说"其鬼不神",墨子说"明鬼",孔子却说个"体物不遗""如在其左右"的"鬼神之德",说鬼神有主观的存在,没有客观的存在。这又是执老、墨两端求得的中庸。又如老子极端地主张"绝欲",甚至闹到"非生人之行而至死人之理",陈仲子闹到"必螬而后可";杨朱和他相反,极端地主张"乐生逸身"。孔子讲的礼,却是"因人之情而为之节文",饮食男女的情欲,是应该尊重的,但须加以品节。所以他自己一面是"食不厌精,脍不厌细",一面是"饭疏食饮水,曲肱而枕之,乐亦在中"。这又是执老、杨的两端求得的中庸。又如棘子成反对当时文胜的流弊,说"君子质而已矣,何以文为",本也含一面真理。孔子嫌他太偏了,说出个"文质彬彬,然后君子"。或人问:"以德报怨何如?"要矫正人类黯刻计较的恶性,本也甚好。孔子因为如此便行不通,说出个"以直报怨,以德报德"。这都是折衷适用的意思;所以叫做中庸。以上所说,不过随手举几个例,其实孔子学说的全部,都是如此。

孔子主张这种中庸主义,有什么根据呢?《中庸》说:

万物并育而不相害,道并行而不相悖。

《易·系辞传》说:

天下同归而殊涂,一致而百虑。

孔子是最崇信自然法的人。他以为自然法的好处,因为自然界本身有自然的调和力,所以能"至赜而不可恶","至动而不可乱"。因为有调和力,所以不妨"并育""并行",而且非并育并行显不出调和力来;因为有调和力,所以能"同归""一致",却是非"殊涂""百虑",那调和力便无所依据。孔子学说的主脚点,在效法自然。中庸是效法他调和的结果,并育并行,是供给调和的资料。

孔子主张调和,不主张排斥。因为他立在中间,看见那两极端所说,都含有一面真理,所以不肯排斥他。墨子便不然,他立在这一个极端,认为真理,觉得那一个极端是真理的反面,非排斥不可。所以他的书中,非什么非什么的篇名,有许多出来。孔子是最尊重思想自由的人,他的书里头,从没有一句排除异己的话。(有人说孔子杀少正卯,岂不是压制思想自由?我说这件事决不是事实。《史记·孔子世家》虽然有"诛乱政大夫少正卯"八个字,但《史记》

有许多后人窜入的话，本来不可尽信，就是太史公选择材料，也非字字精审。再让一步说，《史记》这八个字靠得住，也许是杀了一个凶虐不奉职的人。至于说他的罪名是"其居处足以聚徒成党，其谈说足以饰褒荧罪，其强御足以反是独立"，这是出晋王肃伪撰的《孔子家语》，断断信不得的。我想孔子是主张礼治主义的人，像法家的杀人立威，他是根本反对的。后来伪书最喜欢讲齐太公诛华士、子产杀邓析、孔子杀少正卯三事，三个被杀的人罪名都是一样，太公、子产、孔子异时异地不谋而合，做了三篇印板文章，天下哪有这情理？所以我要替他三位辨冤。）后来儒家两位大师，孟子拒杨墨，荀于非十二子，虽说是不得已，已经失却孔子精神了。至于李斯教秦始皇"别黑白而定一尊"，董仲舒教汉武帝"表章六艺，罢黜百家"，更是和孔子精神相反。因为这种做法，便是极端，不是中庸了。

中国为什么能产生这种大规模的中庸学说呢？我想：地势气候人种，都有关系。因为我们的文明，是发育在大平原上头。平原是没有什么险峻恢诡的形状，没有极端的深刻，也没有极端的疏宕，没有极端的忧郁，也没有极端的畅放。这块大平原，位置在温带，气候四时具备，常常变迁，却变迁得不甚激烈，所以对于自然界的调和性看得最亲切，而且感觉他的善美。人类生在这种地方，调和性本已应该发达。再加以中华民族，是由许多民族醇化而成，若各执极端，醇化事业便要失败。所以多年以来，调和性久已孕育。孔子的中庸主义，可以说就是这种环境的产物。

和孔子相先后的哲学家恁么多，为什么二千年来的中国，几乎全被孔学占领呢？世主的特别提倡，固然是一种原因，但学说的兴废断不是有权势的人能够完全支配，一定和民族性的契合反拨，有一种针芥相投的关系。我们这平原民族温带民族，生来就富于调和性，凡极端的事物，多数人总不甚欢迎。所以极端的思想，虽或因一时有人提倡主持，像很兴盛，过些时候，稍为松劲，又返到中庸了。孔子学说，和这种民族特性最相契合，所以能多年做思想界的主脑，就是为此。

　　然则中庸主义是好呀，还是坏呢？我说：两面都有。好处在他的容量大，从没有绝对排斥的事物。若领略得他的真意义，真可以做到"鱼相忘于江湖，人相忘于道术"。所以中国人争教流血的笑话，始终没有闹过。佛教、基督教和各种学术从外国输入，我们都能容纳。中庸主义若从这方面发展出去，便是平等自由的素质了。坏处在容易却没个性。凡两种事物调和，一定各各把他原有的性质，绳削了一部分去，这就是把他个性损坏了。专重调和的结果，一定把社会事务轮廓弄得囫囵不分明。流弊所极，可以把社会上千千万万人，都像一个模型里铸出来，社会变成死的不是活的了。我想孔子时代的中庸主义，还没有多大毛病，越久了毛病越显著。后来中庸主义和非中庸主义，却成了对峙的两极端，"中庸"这个名词，已经变质了。依着老子说"一生二，二生三"的道理，甲与非甲两极端，生出个第三者的乙来，叫做中庸。此后怕是乙与非乙两极端，再生出个第三者的丙来，叫做新中庸罢。

　　孔子的中庸，还含有时间性，所以说"时中"。《易传》说："随时之义大矣哉！"又说："与时偕行。"全部《易经》，说"时"字的几于无卦不有。《春秋》的三世，也是把时的关系看得最重。因为孔子所建设的是流动哲学，那基础是摆在社会的动相上头，自然是移步换形，刻刻不同了。"时中"，就是从前际后际的两端，求出个中来适用。孔子因把"逝者如斯"的现象看得真切，所以对于时的观念，最为明了。"生乎今之世反古之道"，是他所反对的；"虽百世可知"，却是要有所损益。简单说,孔子许多话,都像演电影似的,截头截尾,就教你在白布上颤动的那一段落来注意。若不懂得时间的意味,便觉他有许多话奇怪了。孟子上他个徽号,说是"圣之时"。真是不错！孔子"中"的观念,容或还有流弊;这"时"的观念,却是好极了。我们能受他"与时偕行"的教训,总不要落在时代的后头,那么,非惟能顺应,而且能向上了。

（二）孔子之人格

我屡说孔学专在养成人格。凡讲人格教育的人,最要紧是以身作则,然后感化力才大。所以我们要研究孔子的人格。

孔子的人格,在平淡无奇中现出他的伟大,其不可及处在此,其可学处亦在此。前节曾讲过,孔子出身甚微。《史记》说"孔子贫且贱",他自己亦说"吾少也贱"。(孟子说孔子为委吏乘田,皆为贫而仕。)以一个异国流寓之人,而且少孤,幼年的穷苦可想,所以孔子的境遇,很像现今的苦学生,绝无倚靠,绝无师承,全恃自己锻炼自己,渐渐锻成这么伟大的人格。我们读释迦、基督、墨子诸圣哲的传记,固然敬仰他的为人,但总觉得有许多地方,是我们万万学不到的。惟有孔子,他一生所言所行,都是人类生活范围内极亲切有味的庸言庸行,只要努力学他,人人都学得到。孔子之所以伟大就在此。

近世心理学家说,人性分智（理智）、情（情感）、意（意志）三方面。伦理学家说,人类的良心,不外由这三方面发动。但各人各有所偏,三者调和极难。我说,孔子是把这三件调和得非常圆满,而且他的调和方法确是可模可范。孔子说"知仁勇三者,天下之达德",又说"知者不惑,仁者不忧,勇者不惧"。知,就是理智的作用;仁,就是情感的作用;勇,就是意志的作用。我们试从这三方面分头观察孔子。

（甲）孔子之知的生活。孔子是个理智极发达的人。无待喋喋，观前文所胪列的学说，便知梗概。但他的理智，全是从下学上达得来。试读《论语》"吾十有五"一章，逐渐进步的阶段，历历可见。他说"我非生而知之者，好古敏以求之者也"，又说"十室之邑，必有忠信如丘者焉，不如丘之好学也"。可见孔子并不是有高不可攀的聪明智慧。他的资质，原只是和我们一样；他的学问，却全由勤苦积累得来。他又说："君子食无求饱，居无求安，敏于事而慎于言，就有道而正焉。可谓好学也已矣。"解释好学的意义，是不贪安逸，少讲闲话，多做实事；常常向先辈请教，这都是最结实的为学方法。他遇有可以增长学问的机会，从不肯放过：郯子来朝便向他问官制；在齐国遇见师襄，便向他学琴；人到太庙，便每事问。那一种遇事留心的精神，可以想见。他说："学如不及，犹恐失之。"又说："学之不讲，是吾忧也。"可见他真是以学问为性命，终身不肯抛弃。他见老子时，大约五十岁了，各书记他们许多问答的话，虽不可尽信，但他虚受的热忱，真是少有了。他晚年读《易》"韦编三绝"，还恨不得多活几年，好加功研究。他的《春秋》，就是临终那一两年才著成。这些事绩，随便举一两件，都可以鼓励后人向学的勇气。像我们在学堂毕业就说我学问完成，比起孔子来，真要愧死了。他自己说："其为人也，发愤忘食，乐以忘忧，不知老之将至云尔。"可见他从十五岁到七十三岁，无时无刻不在学问之中。他在理智方面，能发达到这般圆满，全是为此。

（乙）孔子之情的生活。凡理智发达的人，头脑总是冷静的，往往对于世事，作一种冷酷无情的待遇。而且这一类人，生活都会单调性，凡事缺乏趣味。孔子却不然。他是个最富于同情心的人，而且情感很易触动。"子食于有丧者之侧,未尝饱也;子见齐衰者,虽狎必变,凶服必式之"。可见他对于人之死亡,无论识与不识,皆起恻隐,有时还像神经过敏。朋友死,无所归,子曰"于我殡"。孔子之卫,遇旧馆人之丧,入而哭之,一哀而出涕。颜渊死,子哭之恸。这些地方,都可证明孔子是一位多血多泪的人。孔子既如此一往情深,所以哀民生之多艰,日日尽心,欲图救济。当时厌世主义盛世,《论语》所载避地避世的人很不少。那长沮说:"滔滔者,天下皆是也。而谁与易之?"孔子却说:"鸟兽不可与同群,吾非斯人之徒与而谁与?天下有道,丘不与易也。"可见孔子栖栖皇皇,不但是为义务观念所驱,实从人类相互间情感发生出热力来。那晨门虽和孔子不同道,他说"是知其不可而为之者与",实能传出孔子心事。像《论语》所记那一班隐者,理智方面都很透亮,只是情感的发达,不及孔子。(像屈原,一流情感又过度发达了。)

孔子对于美的情感极旺盛,他论韶武两种乐,就拿尽美和尽善对举。一部《易传》,说美的地方甚多(如乾之以美利利天下,如坤之美在其中)。他是常常玩领自然之美,从这里头,得着人生的趣味。所以他说"天何言哉?四时行焉,百物生焉,天何言哉",说"知者乐水,仁者乐山"。前节讲的孔子赞《易》全是效法自然,就是这个意思。曾点言志,说"浴乎沂,风乎舞雩,咏而归",孔子喟然叹曰"吾与点也"。为什么叹美曾点,因为他的美感,能唤起人趣味生活。孔子这种趣味生活,看他笃嗜音乐,最能证明。在齐闻韶,闹到三月不知肉味,他老先生不是成了戏迷吗?"子于是日哭,则不歌",可见他除了有特别哀痛时,每日总是曲子不离口了。"子与人歌而善,必使反之而后和之",可见他最爱与人同乐。孔子因为认趣味为人生要件,所以说"不亦说乎"?"不亦乐乎"?说"乐以忘忧",说"知之者不如好之者,好之者不如乐之者"。一个"乐"字,就是他老先生自得的学问。我们从前以为他是一位干燥无味方严可惮的道学先生,谁知不然。他最喜欢带着学生游泰山游舞雩,有时还和学生开玩笑呢(夫子莞尔而笑……前言戏之耳)。《论语》说"子温而厉,威而不猛,恭而安",正是表现他的情操恰到好处。

(丙)孔子之意的生活。凡情感发达的人,意志最易为情感所牵,不能强立。孔子却不然,他是个意志最坚定强毅的人。齐鲁夹谷之会,齐人想用兵力劫制鲁侯,说孔丘知礼而无勇,以为必可以得志。谁知孔子拿出他那不畏强御的本事,把许多伏兵都吓退了。又如他反对贵族政治,实行堕三都的政策,非天下之大勇,安能如此?他的言论中,说志说刚说勇说强的最多。如"三军可夺帅也,匹夫不可夺志也",这是教人抵抗力要强,主意一定,总不为外界所摇夺。如"君子和而不流,强哉矫;中立而不倚,强哉矫;国有道,不变塞焉,强哉矫;国无道,至此不变,强哉矫",都是表示这种精神。又说"志士仁人,无求生以害仁,有杀身以成仁"。又说"志士不忘在沟壑,勇士不忘丧其元",教人以献身的观念。为一种主义或一种义务,常须存以身殉之之心。所以他说"仁者必有勇",又说"见义不为无勇也"。可见讲仁讲义,都须有勇才成就了。孔子在短期的政治生活中,已经十分表示他的勇气,他晚年讲学著书,越发表现这种精神。他自己说"学而不厌,诲人不倦",这两句语看似寻常,其实不厌不倦,是极难的事。意志力稍为薄弱一点的人,一时鼓起兴味做一件事,过些时便厌倦了。孔子既已认定学问教育是他的责任,一直到临死那一天,丝毫不肯松劲。不厌不倦这两句话,真当之无愧了。他赞《易》,在第一个乾卦,说"天行健,君子以自强不息",自强是表意志力,不息是表这力的继续性。

以上从知情意即知仁勇三方面分析综合,观察孔子。试把中外古人别的伟人哲人来比较,觉得别人或者一方面发达的程度过于孔子,至于三方面同时发达到如此调和圆满,直是未有其比。尤为难得的是,他发达的径路,很平易近人,无论什么人,都可以学步。所以孔子的人格,无论在何时何地,都可以做人类的模范。我们和他同国,做他后学,若不能受他这点精神的感化,真是自己辜负自己了。

(三)孔门弟子及后学

孔子虽如此伟大,他门弟子中却没有很出类拔萃的人物,或者为孔子所掩,也未可知。颜渊、子路两位,想是很了不得,但可惜都早死了。有若年齿最尊,算是孔门长老。子夏、子游、子张都佩服他,曾子却不敢苟同。大概孔子卒后,孔门或分有、曾两派。曾子注重内省之学,传授子思《大学》《中庸》两篇,就是这一派学说的精华,后来开出孟子;有子之学,像是重形式,言动都似圣人。子夏、子游、子张,和他同调,都注重外观的礼乐,一部《礼记》多半是这一派的记述。后来荀子,和这一派的渊源,像有点接近。但这不过我个人的推测。据《荀子·非十二子篇》,骂子思、孟轲那一段有两句话说,“以为仲尼子游为兹厚于后世,像思轲之学”,和子游有点渊源,或者《礼运》的大同由子游辗转传到孟子,也未可定。《非十二子篇》又有“仲尼子弓是也”一句,荀子如此推尊子弓,把他和仲尼并称,或者荀学和仲弓有点渊源,也未可知。

据《荀子·非十二子篇》,知荀子时儒家派别有子张氏之儒、子夏氏之儒、子游氏之儒,并子思、孟轲,共为四派。荀子立于此四派之外,共为五派。据《韩非子·显学》说,儒分为八,有子张之儒、有子思之儒、有颜氏之儒、有孟氏之儒、有漆雕氏之儒、有仲良氏之儒、有孙氏之儒（即荀卿）、有乐正氏之儒。想以上各家，都各有他的特色，终分出派别来。可惜内中有几派，学说全然失传。颜氏之儒，想是宗法颜回，如今一无可考了。漆雕氏之儒，是漆雕开传下来。《论语》记：子使漆雕开仕。对曰：吾斯之未能信。可见这人很有点倔强，不愿做官。《韩非子·显学》说漆雕氏一派"不色挠，不目逃，行曲则违于臧获，行直则怒于诸侯"，他纯从意志刚强方面效法孔子，成为孔门的武侠派。或者孟子书中的北宫黝孟施舍，都是这一派，也未可知。《汉书·艺文志》有《漆雕子》十三篇，可惜佚去了。子张在孔门中，气象最为阔大，曾子、子夏、子游都不甚以他为然（子游曰："吾友张也，为难能也，然而未仁。"曾子曰："堂堂乎张也，难与并为仁矣。"），所以他自成一派。子游南教于吴楚，或者南方儒学，多出其传。乐正氏即乐正子春，与子思同出曾子。子思广大精微，乐正却极其拘谨。"下堂而伤其足，三月不出，犹有忧色"。（《礼记·檀弓》）确是曾子战战兢兢临深履薄的意思，所以和思孟分驰。仲良氏不见他书。据《孟子》书楚国有位陈良，北学于中国，北方之学者未能或之先，不知是他不是。

要之，以上两书所举儒家十派（除去重复），除后起的孟子荀卿有专书可考外，其馀大半失传（《汉书·艺文志》有《子思》二十三篇，今仅存《中庸》一篇），但揣想当时最有势力，且影响于后来最大的，莫如子夏一派。子夏最老寿，算起来当在百零六岁以上。门弟子自然众多，而且当时中原第一个强国的君主魏文侯，受业其门，极力提倡，自然更得势了。后来汉儒所传"六经"，大半溯源子夏，虽不可尽信，要当流传有绪。所以汉以后的儒学，简直可称为子夏氏之儒了。

子夏在孔门，算是规模最狭的人。孔子生时已曾警戒他道：

"女为君子儒,无为小人儒。"他自己尚且器量很小,门弟子更不消说了。所以当时同学,就很不满意。子游说:"子夏之门人小子,当洒扫应对进退,则可矣。抑末也,本之则亡如之何?"他论交友,主张可者与之,其不可者拒之。他的门人述以问子张,子张就说孔子不如此说,是应该尊贤而容众,嘉善而矜不能。看这几段,子夏学问的价值,和教育的方法,可以推见了。荀子说:"正其衣冠,齐其颜色,嗛然而终日不言,是子夏氏之贱儒"(《非十二子篇》),把子夏门下那班人迂阔拘谨专讲形式的毛病,可谓形容尽致。孔门各派都中绝,惟此派独盛,真算孔子大大的不幸。怪不得墨子看不上这些陋儒,要起革命军了。

第二节 孟子思想

孟子生于孔子卒后百余年。其时老墨之教皆盛行,殆与儒家三分天下;而法家阴阳家亦竞起,故孟子思想,受诸家影响颇多,卓然为儒家开一新面目焉。

《孟子》书,《汉书·艺文志》云十一篇,今本仅七篇,每篇复分为上下,相传更有外篇四篇。六朝唐人,尚颇引其佚文,但颇难信。此七篇者,司马迁谓孟子与其徒万章之徒所作,殆古书中最完善可信据者矣。

七篇中,《告子》《尽心》两篇,多属于内业派之学说;《梁惠王》《滕文公》《离娄》《万章》四篇,多属于经世派之学说;《公孙丑篇》则两者咸有。而全书精神,可以两语贯之,曰:

孟子道性善,言必称尧舜。(《滕文公上》)

"道性善",孟子内业学说之根据也。"称尧舜",孟子经世学说之根据也。

孔子言:"性相近也习相远也","惟上智与下愚不移"。其论性语甚浑括,未尝加以分析。孔门中内业派日趋发达,"性论"渐成为重要问题。《论衡·本性篇》称,"世硕以为人性有善有恶……善恶在所养"。又称"宓子贱漆雕开公孙尼子论性情,与世硕相出入"。数子皆儒学大家(《汉志》儒家有《漆雕子》十三篇,《宓子》十六篇,《世子》二十一篇,《公孙尼子》二十八篇),而其著书皆有论性之文,则当时之重视此问题可知。盖此问题者,为自己修养起见,为教育之理论及应用起见,所关皆甚重,故儒家认为极要。而孟子荀卿,乃至各以性之善恶为其学说之根本也。

孟子绝对地主张性善说,曰:

人性之善也,犹水之就下也,人无有不善,水无有不下。
(《告子上》,下同)

孟子果根据何种论理以立此主张乎?第一,孟子深信人类本来平等,人类中既有至善之人,所以证知人性必善。其言曰:

故凡同类者举相似也,何独至于人而疑之,圣人与我同类者……口之于味也,有同耆焉;耳之于声也,有同听焉;目之于色也,有同美焉。至于心,独无所同然乎?(《告子上》)

第二,孟子以为人性中皆有善的根苗,所以证知为善。其言曰:

人皆有不忍人之心。……今人乍见孺子将入于井,皆有怵惕恻隐之心,非所以内交于孺子之父母也,非所以要誉于乡党朋友也,非恶其声而然也。由是观之:无恻隐之心,非人也;

无羞恶之心,非人也;无辞让之心,非人也;无是非之心,非人
也。恻隐之心,仁之端也;羞恶之心,义之端也;辞让之心,礼
之端也;是非之心,智之端也。(《公孙丑上》)

"端"即"造端乎夫妇"之端,如体质上之有原始精胞。孟子以
为人性之善端,与有生俱来,故曰:"此天地之所以与我者。"又曰:
"非由外铄我也,我固有之也。"(俱《告子上》)又曰:"人之所不虑
而知者,其良知也;所不学而能者,其良能也。"(《尽心上》)

人之所不学而能不虑而知者,是否皆良? 恻隐羞恶辞让是非
诸善端,是否生而皆有? 除此等善端外,其他恶端,是否为人性所
无? 此等问题,即孟子性善说能否成立之生死关键也。以吾所见,
惟"见孺子入井而恻隐"与"孩提知爱其亲"两论证,确能圆满成立,
其他则不敢言。然"爱"实万善之本,爱性既生而具,则性善说固已
持之成理矣。

性善说创自孟子,当时诸家论性者,异说甚多,故公都子以为
问,曰:

> 告子曰:"性无善无不善也。"或曰:"性可以为善,可以为
> 不善,是故文、武兴则民好善,幽、厉兴则民好暴。"或曰:"有性
> 善,有性不善,是故以尧为君而有象,以瞽瞍为父而有舜。"……
> 今日性善,然则彼皆非与。(《告子上》,下同)

孟子绝对性善说,与公都子所引诸例,显不相容,孟子其何说之
辞? 孟子曰:

> 乃若其情,则可以为善矣,乃所谓善也。若夫为不善,非才
> 之罪也。

孟子以为人类有善的可能性,故谓之善,此可能性之说,在学理
上极有价值。盖必有此然后修养为可能,教育为可能也。若夫有为

不善者,孟子以为不过受环境之恶影响使然。故曰:

> 富岁子弟多赖(阮元云赖同"懒"),凶岁子弟多暴,非天之降才尔殊也,其所以陷溺其心者然也。今夫麰麦,播种而耰之,其地同,树之时又同,浡然而生,至于日至之时,皆熟矣。虽有不同,则地有肥硗,雨露之养,人事之不齐也。

此言人类皆有善之可能性,犹麦种皆有熟之可能性。然而或懒或暴种种不善者,皆由环境使然(热带人多懒,寒带人多暴,亦同此理),孟子以为此陷溺作用之结果耳。恶环境既足以陷溺人,则以他力改善环境或以自力抵抗环境,皆足以恢复其本来之善。所谓他力改善环境者。孟子曰:

> 虽有天下易生之物也,一日暴之,十日寒之,未有能生者也。(《告子上》)

又曰:

> 有楚大夫于此,欲其子之齐语也。……一齐人傅之,众楚人咻之,虽日挞而求其楚,亦不可得也。(《滕文公上》)

所谓自力抵抗环境者,孟子曰:

> 牛山之木尝美矣。以其郊于大国也,斧斤伐之,可以为美乎! 是其日夜之所息,雨露之所润,非无萌蘖之生焉,牛羊又从而牧之,是以若彼濯濯也。人见其濯濯也,以为未尝有材焉,此岂山之性也哉? 虽存乎人者,岂无仁义之心哉? 其所以放其良心者,亦犹斧斤之于木也。旦旦而伐之,可以为美乎? 其日夜之所息,平旦之气,其好恶与人相近也者几希,则其旦昼之所为,有梏亡之矣。梏之反覆,则其夜气不足以存。夜气不足以存,则其违禽兽不远矣。人见其禽兽也,而以为未尝有才焉者,是岂人之情也哉!(《告子上》)

由前之说，则当使人日日得所"暴"，常常在"庄岳之间"，此社会教育之所宜有事也。由后之说，则当严密自卫以求免"牛羊之牧""旦昼之梏"，此个性教育之所宜有事也。孟子于前说，虽偶一道及，而其主要精神，实在后说。

孟荀因论性之主张异，故教育方针，随之而异。荀子尊他力，而孟子尊自力。荀子之教，其一，假物。故曰："假舆马者，非利足也，而涉千里；假舟楫者，非能水也，而绝江河。君子生非异也，善假于物也。"（《劝学篇》）其二，尊师。故曰："师云而云，则是知若师也。……不是师法而好自用，譬犹以盲辨色，以聋辨声，舍乱妄无为也。"（《修身篇》）盖性既恶则非藉他力无以矫正也。孟子不然，孟子曰："万物皆备于我矣。"（《尽心下》）又曰："反求诸己而已矣。"（《公孙丑上》）此与荀子假物之说异。又曰："圣人先得我心之所同然耳。"（《告子上》）又曰："子归而求之有余师。"此与荀子尊师之说异。孟子曰："君子深造之以道，欲其自得之也。自得之则居之安，居之安则资之深，资之深则取诸左右逢其原。"（《离娄下》）自得者，纯恃自力之谓，圣贤师友，能示我为学方法，不能代我为学；能引我志于道，不能代我入道。故曰："梓匠轮舆，能与人规矩，不能使人巧。"（《尽心下》）孔子所谓"人能弘道，非道弘人"，《中庸》所谓"诚者自成也"，即是此意。

然则自力修养之方法何如？一曰消极的抵抗；二曰积极的发展；而此二者实交相为用。孟子曰：

> 先立乎其大者，则其小者不能夺也。（《告子上》）

"先立乎其大者"即所以为发展，"小者不能夺"即所以为抵抗也。今先举其抵抗之学说，孟子曰：

> 耳目之官不思，而蔽于物。物交物，则引之而已矣。心之

官则思,思则得之。(《告子上》)

此文特标物与我之辨,最足发人深省。"物交物"云者,上"物"字,指耳目所接之物,佛说自六尘至山河大地,常人所共指为物者此也。下"物"字,即指耳目及躯干之全部,佛说自六根以至六识,常人则不指此物而指我,不知此确为物而非我也。就其至浅者言之,如人之发齿爪甲,当其丽于我身,共指为我也(杨氏为我拔一毛利天下不为,即谓此一毛为我体也),及其脱落,则么么一物而已,此躯干之全部,与发齿爪甲何异? 今世生理学大明,稍涉其樊者,共知吾全身筋骨血肉,皆阅若干时一蜕变,全非其故矣。然而犹执此为我而终不悟也。既认此物为我,则罄吾之智能以养之,凡人终日所营营者,舍养此耳目口体之外,更有何事? 因养此耳目口体,于是乎有"宫室之美,妻妾之奉",浸假而宫室妻妾,且成为我之一部。如是认贼作子,辗转相引以至无穷,孟子喝破之,曰是"物交物"而已矣,是"于我何加焉"。明乎此义,然后知我前此所为营营龊龊者,皆为物役。自今以往,我当恢复我之自主权,我将对于一切物而宣告独立,不复为之奴隶。我但作此一念,而一切物已戢戢听命,无复能披猖矣,故曰"思则得之"也。

自力抵抗环境,当受环境苛酷的压迫时,最感其必要,《孟子》有一章,发挥此义最为深刻。曰:

> 故天将降大任于是人也,必先苦其心志,劳其筋骨,饿其体肤,空乏其身,行拂乱其所为,所以动心忍性,曾益其所不能。人恒过,然后能改;困于心,衡于虑,而后作;征于色,发于声,而后喻。入则无法家拂士,出则无敌国外患者,国恒亡。然后知生于忧患,而死于安乐也。(《告子下》)

此章实吾辈疲劳时之一兴奋剂,失望时之一续命汤。能常诵之,自可以提起奋斗的精神,使吾辈不致遇困难而退转。虽然,犹有一义当注意焉,环境之安顺的腐蚀,有时较苛酷的压迫尤为可畏,故孟子复予吾辈以严重的警告。曰:

> 一箪食,一豆羹,得之则生,弗得则死。呼尔而与之,行道之人弗受;蹴尔而与之,乞人不屑也。万钟则不辨礼义而受之,万钟于我何加焉? 为宫室之美,妻妾之奉,所识穷乏者得我与? 乡为身死而不受,今为宫室之美为之;乡为身死而不受,今为妻妾之奉为之;乡为身死而不受,今为所识穷乏者得我而为之,是亦不可以已乎? 此之谓失其本心。(《告子上》)

人类堕落,往往不在其失意之时,而在其得意之时。因得意时自卫力便松懈,则受恶社会之腐蚀而不自知也。孟子以为学人之抵抗社会,无论何时,皆须注全力。故曰:

> 富贵不能淫,贫贱不能移,威武不能屈,此之谓大丈夫。

(《滕文公下》)

其积极的发展之方法如何?《中庸》云:"惟天下至诚,为能尽其性。"孟子之学,从子思出,故其义与《中庸》共贯,曰:

> 或相倍蓰而无算者,不能尽其才者也。(《告子上》)

孟子既笃信人类平等,谓"圣人与我同类",以为各人苟将其个性充量发展,皆可以完成圆满的人格。故曰:"人皆可以为尧舜。"

(《告子下》)

> 舜何人也? 予何人也。有为者,亦若是。(《滕文公上》)

> "舜人也,我亦人也,舜为法于天下,可传于后世,我犹未免为乡人也,是则可忧也。(《离娄下》)

尧舜为孟子理想的人格,然以为人人皆可以学到。尧舜所以与我辈相去倍蓰而无算,由我辈不能尽其才耳。尽其才之道何如? 则扩充而已矣。孟子曰：

> 凡有四端于我者，知皆扩而充之矣，若火之始然，泉之始
> 达。苟能充之，足以保四海。(《公孙丑上》)

又曰：

> 古之人所以大过人者，无他焉，善推其所为而已矣。(《梁
> 惠王上》)

又曰：

> 人皆有所不忍，达之于其所忍，仁也。人皆有所不为，达之
> 于其所为，义也。(《尽心下》)

又曰：

> 人能充无欲害人之心，而仁不可胜用也。人能充无穿踰之
> 心，而义不可胜用也。(《尽心下》)

孟子只是教人发挥个性的本能，以为圆满的人格，不过将本能
放大。所以其教人总是因势利导，对于门弟子无论矣，即对于时主
亦然。齐宣王不忍一牛之觳觫，即谓"是心足以王"。好乐好色好
货，皆指为美德，凡以其有善端而已。荀子曰："木直中绳，輮以为
轮，其曲中规。虽有槁暴，不复挺者，輮使之然也。"(《劝学》) 以逆
人性为教，孟子之"扩充"则以顺人性为教，两性恰相反矣。

孟子自道修养得力处，曰：

> 我善养吾浩然之气。(《公孙丑上》)

此是内业派与武侠派会通之点，其言养气之必要，谓"志，气之
帅也；气，体之充也。志壹则动气，气壹则动志。今夫蹶者趋者，是
气也，而反动其心。"气是指心理上情感方面之动相，当时内业派专
重意志理性两方面，孟子认为有缺点，故以此补之。其说浩然之气
也，曰：

其为气也，至大至刚，以直养而无害，则塞乎天地之间。其
为气也，配义与道。无是，馁也。……行有不慊于心，则馁矣。

所谓馁不馁者，正如漆雕开所谓"行曲则违于臧获，行直则怒于
诸侯"。所谓配义与道者，道为理性力所体验，义为意志力所向往，
孟子以为尚须加情操力之修，养以配之，行无不慊于心，则常能保持
其迈往不挠之情操。而万事可以负荷，此所以使修养工夫成为现实
应用的，而与老庄所教异其揆也。

孟子之政治论，祖述孔子大同之旨，其必称尧舜者，借尧舜以寄
其公天下之理想也。故万章问："尧以天下与舜有诸？"孟子曰：

否。天子不能以天下与人。(《万章上》)

桃应问："舜为天子，皋陶为士，瞽瞍杀人，则如之何？"孟子
曰："执之而已矣。"曰："然则舜不禁与？"曰：

夫舜恶得而禁之，夫有所受之也。(《尽心上》)

前章论国家非君主私有，后章论法律之下万人平等，且法律非
君主所能任意左右，皆孟子政治上重要之理想。孟子又曰：

贼仁者谓之贼，贼义者谓之残，残贼之人，谓之一夫。闻诛
一夫纣矣，未闻弑君也。(《万章上》)

又曰：

今之所谓良臣，古之所谓民贼也。(《告子下》)

当时贵族政治，已成过去，而君相专制的国家主义方盛行，故孟
子大声疾呼以破之。故曰：

民为贵，社稷次之，君为轻。(《尽心下》)

滕文公问为国，孟子告以"民事不可缓"。齐宣王问齐桓晋文之
事，孟子告以"保民而王"。此皆反抗当时之政治潮流，为民权思想
之先河。但孟子仅言"保民"、言"牧民"、言"民之父母"，而未尝言民

自为治。近世所谓 Of the people、For thepeople、By the people 之三原则,孟子仅发明 of 与 for 之两义,而未能发明 by 义,此其缺点也。

孟子政治论最重要之部分,则其经济制度也,孟子以经济的给足为社会道德之源泉。故曰:

> 民之为道也,有恒产者有恒心,无恒产者无恒心。苟无恒心,放辟邪侈,无不为已。及陷乎罪,然后从而刑之,是罔民也。(《滕文公上》)

又曰:

> 是故明君制民之产,必使仰足以事父母,俯足以畜妻子,乐岁终身饱,凶年免于死亡。然后驱而之善,故民之从之也轻。

(《梁惠王上》)

读此可知孟子认经济问题为改良社会之根本,与后世之耻言生计而高谈道德者有异矣。孟子经济政策第一要件,在整理土地制度。其言曰:

> 夫仁政必自经界始,经界不正,井地不均,谷禄不平。(《滕文公上》)

孔子之言经济,本最注重分配,故曰:"不患寡而患不均。"(《论语·季氏》)孟子受其教,故以"均""平"为第一义,而当时主要之经济惟农业,故欲求分配之均,必在土地。孟子之理想土地制度,曰:

> 方里而井,井九百亩,其中为公田,八家皆私百亩,同养公田。(《滕文公上》)

此种制度,以全国耕地九分之一为纯粹的公有,其余九分之八,则私人虽无所有权而有使用权,在使用期间,收益归彼私有。而此公家之一分,亦由各私人公担其生产之劳作,即私人相互之间,亦为

共用生产,平均分配。所谓"耕则通力合作,收则计亩均分",实含有组合互助之精神。故孟子曰:

> 乡里同井,出入相友,守望相助,疾病相扶持,则百姓亲睦。(同上)

此孟子心目中之半共产的社会,不徒以此谋物质上之给足,实以为人类精神保健之一良剂也。

孟子又言:"野九一而助,国中什一使自赋。"(《滕文公上》)是主张都市经济制度与乡村有区别。又言:"关市讥而不征,泽梁无禁。"是主张自由贸易及山泽之利全归共有。凡此皆可见孟子经济思想之一斑也。

第三节　儒家哲学

一　儒家哲学是什么

"哲学"二字,是日本人从欧文翻译出来的名词。我国人沿用之,没有更改。原文为Philosophy,由希腊语变出,即爱智之意。因为语原为爱智,所以西方人解释哲学为求知识的学问。求的是最高的知识,统一的知识。

西方哲学之出发点,完全由于爱智;所以西方学者主张哲学的来历,起于人类的好奇心。古代人类看见自然界形形色色,有种种不同的状态,遂生惊讶的感想。始而怀疑,既而研究,于是成为哲学。

西方哲学，最初发达的为宇宙论或本体论，后来才讲到论理学、认识论。宇宙万有，由何而来？多元或一元，唯物或唯心，造物及神是有是无？有神如何解释？无神如何解释？……等等，是为宇宙论所研究的主要问题。

此类问题，彼此两方，持之有故，言之成理，辩论终久不决。后来以为先决问题，要定出个辩论及思想的方法和规范。知识从何得来？如何才算精确？还是要用主观的演绎法，先立原理，后及事实才好？还是采客观的归纳法，根据事实，再立原理才好？这样一来，就发生论理学。

再进一步，我们凭什么去研究宇宙万有？人人都回答道：凭我的知识。但"知识本身"到底是什么东西呢？若不穷究本源，恐怕所研究的都成沙上楼阁了。于是发生一种新趋向，从前以知识为"能研究"的主体，如今却以知识为"所研究"的对象，这叫做认识论。认识论发生最晚，至康德以后，才算完全成立。认识论研究万事万物，是由知觉来的真，还是由感觉来的真？认识的起源如何？认识的条件如何？认识论在哲学中最晚最有势力。有人说除认识论外，就无所谓哲学，可以想见其位置的重要了。

这样说来，西洋哲学由宇宙论或本体论趋重到论理学，更趋重到认识论，彻头彻尾都是为"求知"起见。所以他们这派学问称为"爱智学"，诚属恰当。

中国学问不然。与其说是知识的学问，毋宁说是行为的学问。中国先哲虽不看轻知识，但不以求知识为出发点，亦不以求知识为归宿点。直译的Philosophy，其含义实不适于中国。若勉强借用，只能在上头加上个形容词，称为人生哲学。中国哲学以研究人类为出发点，最主要的是人之所以为人之道，怎样才算一个人？人与人相互有什么关系？

　　世界哲学大致可分三派。印度、犹太、埃及等东方国家，专注重人与神的关系；希腊及现代欧洲，专注重人与物的关系；中国专注重人与人的关系。中国一切学问，无论哪一时代，哪一宗派，其趋向皆在此一点，尤以儒家为最博深切明。

　　儒家哲学，范围广博。概括说起来，其用功所在，可以《论语》"修己安人"一语括之。其学问最高目的，可以《庄子》"内圣外王"一语括之。做修己的功夫，做到极处，就是内圣；做安人的功夫，做到极处，就是外王。至于条理次第，以《大学》上说得最简明。《大学》所谓"格物致知诚意正心修身"，就是修己及内圣的功夫；所谓"齐家治国平天下"，就是安人及外王的功夫。

　　然则学问分做两橛吗？是又不然。《大学》结束一句"一是皆以修身为本"。格致诚正，只是各人完成修身功夫的几个阶级；齐家治国平天下，只是各人以已修之身去齐他治他平他。所以"自天子以至于庶人"，都适用这种工作。《论语》说"修己以安人"，加上一个"以"字，正是将外王学问纳入内圣之中，一切以各人的自己为出发点。以现在语解释之，即专注重如何养成健全人格。人格锻炼到精纯，便是内圣；人格扩大到普遍，便是外王。儒家千言万语，各种法门，都不外归结到这一点。

　　以上讲儒家哲学的中心思想，以下再讲儒家哲学的范围。孔子尝说："知仁勇三者，天下之达德也。""知者不惑，仁者不忧，勇者不惧。"自儒家言之，必三德具备，人格才算完成。这样看来，西方所谓爱智，不过儒家三德之一，即知（智）的部分。所以儒家哲学的范围，比西方哲学的范围，阔大得多。

　　儒家既然专讲人之所以为人，及人与人之关系，所以他的问题，与欧西问题，迥然不同。西方学者唯物唯心多元一元的讨论，儒家很少提及。西方学者所谓有神无神，儒家亦看得很轻。《论语》说："子不语怪力乱神。"孔子亦说："未知生，焉知死。"把生死神怪看得很轻，这是儒家一大特色。亦可以说与近代精神相近，与西方古代之空洞谈玄者不同。

儒家哲学的缺点，当然是没有从论理学、认识论入手。有人说他空疏而不精密，其实论理学、认识论，儒家并不是不讲。不过因为方面太多，用力未专，所以一部分的问题，不如近代人说得精细。这一则是时代的关系，再则是范围的关系，不足为儒家病。

东方哲学辩论得热闹的问题，是些什么？如：

1. 性之善恶，孟荀所讨论。
2. 仁义之内外，告孟所讨论。
3. 理欲关系，宋儒所讨论。
4. 知行分合，明儒所讨论。

此类问题，其详细情形，到第五章再讲。此地所要说明的，就是中国人为什么注重这些问题。他们是要讨论出一个究竟，以为各人自己修养人格或施行人格教育的应用，目的并不是离开了人生，翻腾这些理论当玩意儿。其出发点既与西方之以爱智为动机者不同。凡中国哲学中最主要的问题，欧西古今学者，皆未研究，或研究的路径不一样。而西方哲学中最主要的问题，有许多项，中国学者认为不必研究；有许多项，中国学者认为值得研究，但是没有研究透彻。

另外有许多问题，是近代社会科学所研究的，儒家亦看得很重。在外王方面，关于齐家的，如家族制度问题；关于治国的，如政府体制问题；关于平天下的，如社会风俗问题。所以要全部了解儒家哲学的意思,不能单以现代哲学解释之。儒家所谓外王,把社会学、政治学、经济学……等等都包括在内;儒家所谓内圣,把教育学、心理学、人类学……等等都包括在内。

因为这个缘故,所以标题"儒家哲学"四字,很容易发生误会。单用西方治哲学的方法研究儒家,研究不到儒家的博大精深处。最好的名义,仍以"道学"二字为宜。先哲说:"道者非天之道非地之道,人之所谓道也。"又说:"道不远人,远人不可以为道。"道学只是做人的学问,与儒家内容最吻合。但是《宋史》有一个《道学传》,把道学的范围弄得很窄,限于程朱一派。现在用这个字,也易生误会,只好亦不用他。

要想较为明显一点,不妨加上一个"术"字。即庄子《天下篇》所说"古之道术有在于是者"的"道术"二字。"道"字本来可以包括术,但再分细一点,也不妨事。道是讲道之本身,术是讲如何做去才能圆满。儒家哲学,一面讲道,一面讲术;一面教人应该做什么事,一面教人如何做去。

就前文所举的几个问题而论,如性善恶问题,讨论人性本质,是偏于道的;如知行分合问题,讨论修养下手功夫,是偏于术的。但讨论性善恶,目的在教人如何止于至善以去其恶,是道不离术;讨论知行,目的在教人从知入手或从行入手以达到理想的人格境界,是术不离道。

外王方面亦然,"民德归厚"是道;用"慎终追远"的方法造成他便是术。"政者正也"是道,用"子帅以正"的方法造成他便是术。"平天下"、"天下国家可均"是道;用"所恶于上毋以使下,所恶于下毋以事上……"的"絜矩"方法造成他便是术。道术交修,所谓"六通四辟小大精粗其运无乎不在"。儒家全部的体用,实在是如此。

由此言之，本学程的名称，实在以"儒家道术"四字为最好。此刻我们仍然用"儒家哲学"四字，因为大家都用惯了，"吾从众"的意思。如果要勉强解释，亦未尝说不通。我们所谓哲，即圣哲之哲，表示人格极其高尚，不是欧洲所谓 Philosophy 范围那样窄。这样一来，名实就符合了。

二 为什么要研究儒家哲学

为什么要研究儒家道术？这个问题，本来可以不问，因为一派很有名的学说，当然值得研究。我们从而研究之，那本不成问题。不过近来有许多新奇偏激的议论，在社会上渐渐有了势力。所以一般人对于儒家哲学异常怀疑。青年脑筋中，充满了一种反常的思想。如所谓"专打孔家店"，"线装书应当抛在茅坑里三千年"，等等。此种议论，原来可比得一种剧烈性的药品。无论怎样好的学说，经过若干时代以后，总会变质，掺杂许多凝滞腐败的成分在里头。譬诸人身血管变成硬化，渐渐与健康有妨碍。因此，须有些大黄、芒硝一类瞑眩之药泻他一泻。所以那些奇论，我也承认他们有相当的功用。但要知道，药到底是药，不能拿来当饭吃。若因为这种议论新奇可喜，便根本把儒家道术的价值抹煞，那便不是求真求善的态度了。现在社会上既然有了这种议论，而且很占些势力，所以应当格外仔细考察一回。我们要研究儒家道术的原因，除了认定为一派很有名的学说而研究之以外，简括说起来，还有下列五点：

1. 中国偌大国家，有几千年的历史，到底我们这个民族有无文化？如有文化，我们此种文化的表现何在？以吾言之，就在儒家。

我们这个社会，无论识字的人与不识字的人，都生长在儒家哲学空气之中。中国思想，儒家以外，未尝没有旁的学派。如战国的老墨，六朝、唐的道佛，近代的耶回，以及最近代的科学与其他学术。凡此种种，都不能拿儒家范围包举他们；凡此种种，俱为形成吾人思想的一部分，不错。但是我们批评一个学派，一面要看他的继续性，一面要看他的普遍性。自孔子以来，直至于今，继续不断的，还是儒家势力最大。自士大夫以至台舆皂隶普遍崇敬的，还是儒家信仰最深。所以我们可以说，研究儒家哲学，就是研究中国文化。

诚然，儒家以外，还有其他各家。儒家哲学，不算中国文化全体；但是若把儒家抽去，中国文化恐怕没有多少东西了。中国民族之所以存在，因为中国文化存在；而中国文化，离不了儒家。如果要专打孔家店，要把线装书抛在茅坑里三千年，除非认过去现在的中国人完全没有受过文化的洗礼。这话我们肯甘心吗？

中国文化，以儒家道术为中心，所以能流传到现在，如此的久远与普遍，其故何在？中国学术，不满人意之处尚多，为什么有那些缺点？其原因又何在？吾人至少应当把儒家道术细细研究，重新估价。当然，该有许多好处；不然，不会如此悠久绵远。我们很公平地先看他好处是什么，缺点是什么。有好处把他发扬，有缺点把他修正。

2. 鄙薄儒家哲学的人，认为是一种过去的学问，旧的学问。这个话，究竟对不对？一件事物到底是否以古今新旧为定善恶的标准，这是一个很大的问题。

我们不能说新的完全是好的，旧的完全是坏的。亦不能说古的完全都是，今的完全都不是。古今新旧，不足以为定善恶是非的标准。因为一切学说，都可以分为两类，一种含有时代性，一种不含时代性，即《礼记》所谓"有可与民变革者，有不可与民变革者"。

有许多学说，常因时代之变迁而减少其价值。譬如共产与非共产，就含有时代性。究竟是共产相利，还是集产相利，抑或劳资调和相利，不是含时代性就是含地方性。有的在现在适用，在古代不适用。有的在欧洲适用，在中国不适用。

有许多学说，不因时代之变迁，而减少其价值。譬如不患寡而患不均，不患贫而患不安；利用厚生，量入为出；养人之欲，给人之求，都不含时代性，亦不含地方性。古代讲井田固然适用，近代讲共产亦适用。中国重力田，固然适用；外国重工商，亦能适用。

儒家道术，外王的大部分，含有时代性的居多。到现在抽出一部分不去研究他也可以。还有内圣的全部，外王的一小部分，绝对不含时代性。如智仁勇三者，为天下之达德，不论在何时何国何派，都是适用的。

关于道的方面，可以说含时代性的甚少；关于术的方面，虽有一部分含时代性，还有一部分不含时代性。譬如知行分合问题。朱晦庵讲先知后行，王阳明讲知行合一。此两种方法都可用，研究他们的方法都有益处。儒家道术，大部分不含时代性，不可以为时代古思想旧而抛弃之。

3. 儒家哲学，有人谓为贵族的非平民的，个人的非社会的。不错，儒家道术，诚然偏重私人道德，有点近于非社会的。而且两千年来诵习儒学的人都属于"士大夫"阶级，有点近于非平民的。但是这种现象，是否儒学所专有，是否足为儒学之病，我们还要仔细考察一回。

文化的平等普及，当然是最高理想。但真正的平等普及之实现，恐怕前途还远着哩。美国是最平民的国家，何尝离得了领袖制度？俄国是劳农的国家，还不是一切事由少数委员会人物把持指导吗？因为少数人诵习受持，便说是带有贵族色彩，那么，恐怕无论何国家，无论何派学说，都不能免，何独责诸中国，责诸儒家呢？况且文化这件东西，原不能以普及程度之难易定其价值之高低。李白、杜甫诗的趣味，不能如白居易诗之易于普及享受；白居易诗之趣味，又不能如盲女弹词之易于普及享受。难道我们可以说《天雨花》比《白氏长庆集》好，《白氏长庆集》又比《李杜集》好吗？现代最时髦的平民文学、平民美术，益处虽多，然把文学美术的品格降低的毛病也不小，这是不能否认的事实。何况哲学这样东西，本来是供少数人研究的。主张"平民哲学"，这名词是否能成立，我不能不怀疑。

儒家道术，偏重士大夫个人修养。表面看去，范围似窄，其实不然。天下事都是士大夫或领袖人才造出来的，士大夫的行为关系全国的安危治乱及人民的幸福疾苦最大。孟子说得好："唯仁者宜在高位。不仁而在高位，是播其恶于众也。"今日中国国事之败坏，哪一件不是由在高位的少数个人造出来。假如把许多掌握权力的马弁强盗，都换成多读几卷书的士大夫，至少不至闹到这样糟。假使穿长衫的穿洋服的先生们，真能如儒家理想所谓"人人有士君子之行"，天下事有什么办不好的呢？我们受高等教育的青年，将来都是社会领袖。造福造祸，就看我们现在的个人修养何如。儒家道术专注重此点，能说他错吗？

4. 有人说自汉武帝以来，历代君主，皆以儒家作幌子，暗地里实行高压政策。所以儒家学问，成为拥护专制的学问，成为奴辱人民的学问。

诚然历代帝王，假冒儒家招牌，实行专制，此种情形，在所不免。但是我们要知道,几千年来,最有力的学派,不唯不受帝王的指使,而且常带反抗的精神。儒家开创大师,如孔、孟、荀都带有很激烈的反抗精神,人人知道的,可以不必细讲。东汉为儒学最盛时代,但是《后汉书·党锢传》,皆属儒家大师,最令当时帝王头痛。北宋二程,列在元祐党籍;南宋朱熹,列在庆元党籍。当时有力的人,摧残得很厉害。又如明朝王阳明,在事业上虽曾立下大功,在学问上到处都受摧残。由此看来,儒家哲学也可以说是伸张民权的学问,不是拥护专制的学问;是反抗压迫的学问,不是奴辱人民的学问。所以历代儒学大师,非唯不受君主的指使,而且常受君主的摧残。要把贼民之罪加在儒家身上,那真是冤透了。

5. 近人提倡科学,反对玄学,所以有科学玄学之争。儒家本来不是玄学,误被人认是玄学,一同排斥。这个亦攻击,那个亦攻击,几于体无完肤。

玄学之应排斥与否,那是另一问题。但是因为排斥玄学,于是排斥儒家,这就未免太冤。儒家的朱陆,有无极太极之辩,诚然带点玄学色彩。然这种学说,在儒家道术中地位极其轻微,不能算是儒家的中心论点。自孔孟以至陆王,都把凭空虚构的本体论搁置一边,哪能说是玄学呢?

再说无极太极之辩,实际发生于受了佛道的影响以后,不是儒家本来面目。并且此种讨论,仍由扩大人格出发,乃是方法,不是目的,与西洋之玩弄光景者不同。所以说玄学色彩,最浅最淡,在世界要算中国,在中国要算儒家了。

儒家与科学,不特两不相背,而且异常接近。因为儒家以人作本位,以自己环境作出发点,比较近于科学精神,至少可以说不违反科学精神。所以我们尽管在儒家哲学上力下功夫,仍然不算逆潮流、背时代。

据以上五种理由,所以我认为研究儒家道术,在今日实为有益而且必要。

三 儒家哲学的研究法

哲学的研究法,大概可分三种：

1. 问题的研究法。

2. 时代的研究法。

3. 宗派的研究法。

无论研究东方哲学,或研究西方哲学,这三种方法,皆可适用。各有长处,亦各有短处。儒家哲学的研究,当然亦离不了这三种方法。现在把每一种方法的长处及其短处,先说明一下。

1. 问题的研究法。所谓问题的研究法,就是把哲学中的主要问题,全提出来。每一个问题,其内容是怎样；从古到今,各家的主张是怎样。譬如儒家哲学的问题,就是性善性恶论、知行分合论……等等。

有许多问题,前代没有,后代才发生的；有许多问题,前代很重视,后代看得很轻了；又有许多问题,自发生后几千年始终继续不断,无论哪家,无论东西,都有这种问题。把所有这种问题,分为若干章,将先后学的主张总括起来,加以研究。

譬如性善性恶问题。秦以前,孔子、孟子、荀卿,如何主张？ 到了汉朝,董仲舒、王充又如何主张？ 唐以后,韩愈、李翱如何主张？ 宋明程、朱、陆、王如何主张？ 直到清朝颜习斋、戴东原,又如何主张？ 把所有关于这个问题的议论,全都搜集在一块,然后细细研究,考察各家的异同得失。

这种方法的长处，是对于一个问题，自始至终，有系统的观念，得彻底的了解。从前各家主张的内容若何，现在研究到什么程度，都很明了。不至茫无头绪，亦不至漫无归宿，这是他的优点。这种方法的短处，是对于各个学者的全部学说，不能普遍周衍。凡在哲学上大问题，作有力的解答的人，都是有名学者。但这些学者，不单解答一个问题，旁的方面尚多。而且要了解一个问题，不能不注意其他方面，因为彼此两方往往有连带关系。

譬如性善论是孟子主张的，性恶论是荀子主张的。他们学问的全部系统，与性善性恶都有关系。孟子为什么要主张性善，荀子为什么要主张性恶，牵连很多。因为性善恶的问题，牵到许多问题；不单是牵到许多问题，而且引动全部学说。

要是问题简单，比较尚还容易；问题稍为复杂，那就异常纷乱。单讲本问题，则容易把旁的部分抛弃，不能得一家学说的真相；旁的部分都讲，则头绪未免纷繁，很难捉住要点。

2. 时代的研究法。所谓时代的研究法，专看各代学说的形成、发展、变迁及其流别。把几千年的历史，划分为若干时代。在每时代中，求其特色，求其代表，求其与旁的所发生的交涉。

譬如讲儒家哲学，大概分为孔子一个时代：自春秋到秦，七十子及七十子后学者一并包括在内。两汉为一个时代：自西汉初至东汉末，把董仲舒、刘向、马融、郑玄等一并包括在内。魏晋到唐为一个时代：何晏、王弼到韩愈、李翱都包括在内。宋元明为一个时代：自宋初至明末，把周、程、朱、张及陆九渊、王阳明等一并包括在内。清代为一个时代：自晚明至民国，把顾炎武、黄梨洲、颜习斋、戴东原等，一并包括在内。

这种方法，其长处在于把全部学术，几千年的状况，看得很清楚；一时代的特色，说得很明白；各家的学说，懂得很完全；同源异流，同流交感，我们都把他研究得异常仔细。譬如春秋时代，不单讲儒家，还要讲道家、墨家。又如孟子、荀子，不单看他们的性善恶论，还要看他们旁的方面，其主张若何。所以学问的变迁，或者进化，或者腐败，都可以看得清楚。

这种方法，其短处在全以时代区分，所有各家关于几个重要问题的答案，截为数段。譬如讨论性善恶的问题，最早是孟子、荀卿，一个主张性善，一个主张性恶。过了百多年，到董仲舒、王充，主张性有善有恶。又过千多年，才到程朱，又分为天地之性、气质之性二种。又许多年，才到颜习斋、戴东原，又主张只有气质之性，性即是欲，不可强分为二。

关于这些问题的主张和答案，看得断断续续，不很痛快。哲学不外几个重要问题，一个问题都弄不清楚，也就失却哲学的要义了。而且一个问题，要说几次。譬如论性，讲完孟荀，又讲程朱；讲完程朱，又讲颜戴。说后来的主张时，不能不把前人的主张重述一次，也觉令人讨厌。

3. 宗派的研究法。所谓宗派的研究法，就是在时代之中，稍为划分清楚一点。与前面两法，又自不同。如讲儒家宗派，西汉经学，有所谓今文古文之分。今文学派，内容怎样，西汉如何兴盛，东汉如何衰歇，清代又如何复兴。古文学派，内容怎样，南北朝如何分别，后来如何争辩，清代以后如何消灭。要把两派的渊源流别，追寻出来。

又如程、朱、陆、王，本来同出二程。然自南宋时，已分两派，彼此相持不下。朱子以后，元朝吴草庐、明朝顾泾阳、高宗宪都属此派，清代许多假道学家亦属此派；就是戴东原，虽讲汉学，然仍出自程朱。陆子以后，明朝陈白沙、王阳明都属此派，清初黄梨洲、李穆堂亦属此派。

一个学派，往往历时很久，一线相承，连绵不绝。有许多古代学派，追寻究竟，直影响到后来。有许多后代学派，详彻本原，早伏根于往古。即如程、朱、陆、王，是后代的学派，但往上推去，乃导源于孟荀。程朱学派，出于荀子；清代考据学派，又出自程朱。陆王学派，出于孟子；近人以佛学融通儒学，则又出自陆王。

这种方法，其长处在于把各派的起源变迁流别，上下千古，一线相承，说得极其清楚。这派与那派，有何不同之处，两派交互间又什么影响，也说得很明白。我们研究一种学说，要整个的完全的了解，当然走这条路最好。这种方法，其短处在于不能得时代的背景和问题的真相，第一第二两种研究法的优点完全丧失无遗。一个时代的这一派，我们虽然知道，但这派以外的学说，我们就很茫然。一个问题的这种主张，我们虽然清楚，但这种主张以外的议论，我们也许就模糊了。

上面所说三种研究方法，各有长处，亦各有短处。我们从事研究哲学的人，三法都可适用。诸君要研究儒家哲学，可以分开来做。有几个作时代的研究，有几个作宗派的研究，有几个作问题的研究，各走各的路，不特不是相反，而且是以相成。

此部讲义，不能三种并用。三种之中，比较起来用时代的研究法，稍为便捷一点。因为时代的研究法，最能令人得到概念。所以本讲义以时代的研究法为主。至于问题的研究法、宗派的研究法，在一时代之中，努力加以说明。例如一个问题，在这个时代，讨论得最热闹；本时代中，特别讲得详些，以前以后稍略。一个宗派，发生于这个时代；本时代中，特别讲得细些。价值流别，连类附及。

此次讲演，大概情形如此。我的讲演，因为时间的关系，说得很简单，不过略示模范而已。诸君能够依照所说，分工做去，一定比我的还要详细，还要精密得多。

附带要说的，有两件事情，应当特别注意。就是大学者以外，一时代之政治社会状况，与儒家以外所有各家的重要思想。

1. 大学者外，一时代之政治社会状况。儒家道术（"哲学"二字我实在不爱用）在中国历史上，因缘太久，关系太深。国民心理的大部分，都受此派影响。因此我们将来研究，与研究一般西洋哲学不同。

所谓西洋哲学，那才真是贵族的、少数人爱智娱乐的工具。研究宇宙来源，上帝存否，唯有少数贵族，才能领悟得到。晚近虽力求普遍，渐变平常，但是终未做到。儒家道术，因为笼罩力大，一般民众的心理风俗习惯，无不受其影响。所以研究儒家道术，不单看大学者的著述及其理论，并且要看政治上社会上所受他的影响。

儒家道术，不独讲正心修身，还要讲治国平天下。所以二千年来政治，好的坏的方面，儒家道术至少要占一半。我们研究儒家道术时，一面看他所与政治社会的影响，一面看政治社会所与他的反响。这种地方，一点不能放过，应当常常注意。

还有一层，就是一般风俗习惯，亦与儒家道术关系很深。儒家虽非宗教，但是讲道德、讲实践的时候很多；并且所讲道德实践，与宗教家不同，偏于伦常方面，说明人与人相处之道。一般人的行动，受其影响极大。所以研究儒家道术，可以看出风俗的污隆高下。如顾亭林《日知录》所讲历代风俗那几条，说得很透彻。东汉风俗最好，因为完全受儒家道术的支配；两晋风俗最坏，因为受儒家以外其他学说的影响。一面研究儒家道术，一面看国民心理的趋向、社会风俗的变迁，这一点也应常常注意。

2. 儒家以外，所有各家重要思想。大凡一种学说，不能不受旁种学说的影响。影响的结果，当然发生变化。无论或变好，或变坏，总而言之，因为有旁的学说发生，或冲突，或调和，把本来面目改了。世界上无论哪家学说，都不能逃此公例。

儒家道术，在中国实站在主人翁的地位，势力最强。无论哪家，都比不上。自孔子起到现在，一线相承，始终没有断绝过。研究中国思想，可以儒家道术作为主人翁；但是因为客来得很多，常常影响到主人，所以主人翁的态度，亦随时变迁。

最重要的客人，有下列几个：

在先秦时代，有司马谈所谓六家，刘歆、班固所谓九流。六家九流，大概皆出自孔子以后。而势力最大，几与儒家对抗的要算道家、墨家，以后才发生法家、阴阳家、农家……等。这几家都是对于儒家不满，重新另立门户。最盛的与儒家立于对等地位，甚至于比儒家的势力还要大些，不过为时很暂。能够继续不断，永远作社会思想中心的，还是儒家。因为有这几家的关系，无论他们持赞成的论调，或反对的论调，儒家本身不能不起一种变化。孟荀是儒家大师，但两人都受道墨两家的影响。

汉初道家极盛，魏晋后更由九流之一，一变而为道教。道教的发生，亦受儒家很大的影响。由东汉末至隋唐，佛教从西方输入。因为佛教是一个有组织有信条有团体的学派，势力很大，根基亦很巩固。自从他输入以后，儒家自家，就起很大的变化了。

近世晚明时代，基督教从欧洲传到中国，携带所谓西方哲学，及幼稚的科学；在当时虽未大昌，然实与儒家哲学以极大的刺激。降至最近百余年间,西方的自然科学,大大发达。在中国方面,科学虽属幼稚,而输入的亦很多。儒家哲学,几有被其排斥之势。

西洋的政治理论,亦与儒家哲学有很深的关系。因为儒家讲内圣外王,政治社会在本宗认为重要。凡欧洲新的政治学说、社会主义,皆与儒家以极大的影响。因受外界的刺激,内部发生变化;这几个重要关头,不可轻易放过。我们研究主人翁的态度,至少要看他发展的次第。某时代有什么客来,主人翁如何对付,离开这种方法,不能了解主人翁态度的变迁。

所以研究儒家道术,须得对于诸家有普通的常识。即如先秦时代,有多少学派? 大概情形如何? 对儒家有何影响? 汉魏时代,道教如何成立? 大概情形如何? 对儒家有何影响? 隋唐之交,佛教如何兴盛? 大概情形如何? 对儒家有何影响? 晚明,基督教及西洋哲学如何输入? 大概情形如何? 于儒家有何影响? 最近,自然科学及社会主义如何传播? 其大概情形如何? 于儒家有何影响? 虽然不能有精密的研究,然不能不得普通的常识。

上面所述二事,第一,大学者外,各时代的政治状况、社会情形,受儒家什么影响? 与儒家以什么影响? 第二,儒家以外,所有各家的重要思想,因儒家而如何变迁? 儒家又因各家思想而如何变迁? 此在欲了解儒家道术,欲寻得儒家知识的研究方法,除此以外,全不是正确的路径,全是白费气力。

还有一层,更为重要。就是儒家的特色,不专在知识,最要在力行,在实践。重知不如重行。行的用功,此处用不着说,正所谓"不在多言,顾力行如何耳"。真要学儒者,学孔子之道,不单在知识方面看,更要在实行方面看。从孔子起,历代大师,其人格若何? 其用功若何? 因性之所近,随便学哪一个,只要得几句话,就可以终身受用不尽。真要学儒家道术，是活的，不是死的，只须在此点用功，并不在多，而且用不着多。

四 两千五百年儒学变迁概略（上）

上次讲，研究哲学，有问题的、时代的、宗派的三种方法，各有长处，各有短处。问题的研究法固然好，但本讲演用来不方便，所以先在前论最末一章，专讲儒家哲学之重要问题，以为补充。时代的研究法，固然亦有短处，但用之讲演，最为相宜。所以本论各章，全用这个方法。唯如不先提纲挈领，不能得一个大意，现在要讲两千五百年儒学变迁概略，就是想使诸君先得一个大意。这个题目，讲来很长，打算分作两章。上章从孔子起，到唐代止；下章从北宋起，到现在止。

儒家道术从何时起？孔子以前有无儒学？此类问题留到本论再讲。现在要简单说明的，就是凡一学派，都不是偶然发生，虽以孔子之圣，亦不能前无所承。不过儒家道术至孔子集其大成，所以讲儒学从孔子讲起，未尝不可。孔子学说全部如何，亦留到本论再讲。我们所应当知道的，就是儒家道术，孔子集其大成，以后两千多年，都由孔子分出。在一方面，因为孔子的话，辞句简单，而含义丰富，所以后来研究孔子学说的人，可以生出种种解释；同为儒家，下面又分出许多学派。在他一方面，因为孔子的主张，平庸中正，有许多认为不满意的人创为反动学派；既有反动学派发生，孔子弟子及后学受其影响，对于本派学说或加修正，或全变相。所以从孔子起，分两大支，有因辞句简单而解释不同的，有因受旁的影响而改换面目，不可不加注意。

　　先讲儒家以外的学派,孔子之后,新出的重要学派,可分为二：
（1）墨家,（2）道家,皆起于孔子死后数十年乃至百年。墨家出
于孔后,自是不成问题。道家向来认为出在孔前,或与孔子同
时,依我看来,都不大对。《老子》五千言,历来认为孔子以前的作
品,我一向很怀疑,时间愈长,愈认确实。不是本问题所关,暂不
细讲,但因要说明重要学派的顺序,不妨略讲几句。

　　孔子学说,最主要者为仁。"仁"之一字,孔子以前,无人道及,
《诗》及《尚书》二十八篇,皆不曾提到,以仁为人生观的中心,这是
孔子最大发明,孔子所以伟大,亦全在此。《老子》书中,讲仁的地方
就很多,"失德而后仁,失仁而后义",这全为孔子而发,假使孔子不
先讲仁,老子亦用不着破他了。此外压倒"仁"字的地方还很多,如
"天地不仁,以万物为刍狗","上仁为之而无以为","大道废有仁
义","绝仁弃义,民复孝慈"等语,可知老子之作实在孔子的"仁"
字盛行以后。不唯如此,"义"之一字,孔子所不讲,孔子只讲智、仁、
勇。仁义对举,是孟子的发明。而《老子》书中,讲仁义的地方亦很
多,可知不唯不在孔子之前,还许在孟子以后。孟子辟异端,他书皆
引,未引《老子》一句,其故可想而知。这种地方,离开事迹的考据,
专从文字下手,虽觉甚空,然仍不失为有力的佐证。此外,尚贤,是
墨子所主张的,《墨子》有《尚贤》篇,而老子有"不尚贤使民不争"一
语。天道鬼神,是墨子所信仰的,墨子有《天志》篇、《明鬼》篇,而老
子有"以道莅天下其鬼不神"一语。旁的不问,专从思想系统入手,
《老子》一书似在孔子以后、墨子以后,甚至于孟子以后啊。从前说
九流各家,道家最古,儒家次之,其说非是。应当以儒家为最古,道
家亦儒家盛行后一种反动,为儒家之对敌的学派。

　　墨家方面,出在孔后,更不必辩。《淮南子·要略》称："墨子受

孔子之道,学儒家之术。"这是说从前研究孔子的道理,后来深感繁重,才重新创立一个学派。墨子是孔子后辈,生于邹鲁之间,其地儒学最盛,年轻时不能不有所习染,《淮南子》之说甚是。墨家继儒家而发生,有不以为然的地方,然后独树一帜,因在后辈影响甚深。墨门弟子,亦与儒家有密切关系,如禽滑釐,曾学于子夏,一面为墨家大师,一面为孔门再传弟子。

　　道家方面,既然《老子》一书不在孔子之前,则庄子与老子的先后,亦成为问题了。向称老庄,若使庄子在前,当改称庄老才是。庄子地位,在道家极为重要,比禽滑釐之在墨家,还要重些。庄子学于田子方,田子方学于子夏,所以庄子一面是道家大师,一面是孔门三传弟子。

　　由此看来,道、墨两家,亦可以说是儒家的支派,先是承袭,后才独立,先是附庸,后为大国。唯旁的儒家,无论如何变化,仍称孔子之后。道、墨两家既盛,与儒家立于三分的地位,就不承认是孔子之后了。恰如齐桓、晋文,虽握霸权,仍尊周室,楚庄王、吴夫差,一握霸权,便不承认周室的地位,情形正复相同。我们再看,最初的儒家,因为道、墨二家独立后,倡为反对的论调,与儒家以极大的影响,儒学自身亦有许多变迁。

　　现在再讲孔门直接的学派。《韩非子·显学》篇说:"自孔子之死也,有子张氏之儒,有子思氏之儒,有颜氏之儒,有孟氏之儒,有漆雕氏之儒,有仲良氏之儒,有孙氏之儒,有乐正氏之儒……儒分为八。"韩非生当始皇的时候,离战国最近,其说当甚可靠。此种八家,现在可考者,唯孟、孙二家。自余六家无考,其著作见于《汉书·艺文志》的,有《子思》二十三篇,《漆雕子》十三篇,然后代亦皆丧失,殊可惋惜。此外四家,在汉朝时已经看不着了。

果如韩非所言,战国之末,儒分为八,我们诚然相信,但最初儒家的分裂,恐没有如此复杂。现在姑且假定,孔子死后,最初分为两派,有子是一派,曾子是一派。所以《论语·学而第一》章,先说:"子曰,学而时习之,不亦乐乎!"继说:"有子曰,其为人也孝弟,而好犯上者鲜矣。"又说:"曾子曰,吾日三省吾身。"子是孔子,总观《论语》全书,除孔子外,称子者,唯有若、曾参二人。颜渊称渊而不称子,因颜渊早死,其学不传。子夏、子贡,亦不称子,此中消息,殊耐寻味啊!《孟子·滕文公上》说:"昔者孔子没……他日子夏、子张、子游以有若似圣人,欲以所事孔子事之,强曾子,曾子不可。……"这并不是曾子有意与有子为难,徒争意气,实际是因为两人学派,大不相同,所以就各人走各人的路了。

大概子夏、子游、子张三人,因为孔子死后,门下散落,不能不要一个统率的人,而有若年最高、德最重,故推举他,作孔门领袖。可知子夏、子游、子张,同是一派。这一派大概对于孔子所说的话,所删定的经典,为形式的保守,异常忠实,以有若为其代表。后来荀子说:"其数始于诵经,终于习礼。"可以说是从这一派演出。

曾子另为一派,不注重形式,注重身心修养,对于有若一派,很有些不同的地方。据说曾子的弟子是子思。曾子著作《大戴礼》有十篇,虽未必能包举他学说的全部,也可据以窥见一斑。子思著作,现存者为《中庸》。《汉书·艺文志》有《子思》二十三篇,今原书虽佚,或者《礼记》中还有若干篇是他的作品。后来孟子专讲存心养气,可以说是从这一派演出。照这样的分法,孔子死后,门弟子析为二派:一派注重外观的典章文物,以有若、子夏、子游、子张为代表;一派注重内省的身心修养,以曾参、子思、孟子为代表。春秋战国时代的儒学情形,大概可以了然了。

　　孔子道术方面很多，如前所述，一方面讲内圣，一方面讲外王，可见他不单注重身心修养，并且注重政治社会情形。孔门分四科：一德行，注重修养，后人称为义理之学；二言语，注重发表，后人称为词章之学；三政事，注重政治，后人称为经济之学；四文学，注重文物，后人称为考证之学。这样四科，亦还不能算孔子全部学问，至多不过圣人之一体而已。四科之外，还有许多派别不可考的。如韩非子所说儒分为八，其中孟、孙二派，有书传世，可以明白，前面已经说过；子思一派，由《中庸》及《礼记》可以窥见一斑，也用不着再讲。唯漆雕氏一派，即《论语》上的漆雕开，《汉书·艺文志》有《漆雕子》十三篇，可见得他在孔门中，位置甚高，并有著书，流传极盛，在战国时，俨然一大宗派。至其精神，可于《韩非子·显学》篇所说"不色挠，不目逃，行曲则违于臧获，行直则怒于诸侯，世主以为廉而礼之"几句话中，窥见大概，纯属游侠的性质。孔门智、仁、勇三德中，专讲勇德的一派，孟子书中所称北宫黝养勇、孟施舍养勇，以不动心为最后目的，全是受漆雕开的影响。其余颜氏、子张氏、仲良氏、乐正氏四派，本人的著作既不传世，旁人的著作又没有提到他们，所以无从考见了。这是我们认为很不幸的一件事情。

　　孔子死后，有七十子，七十子后学者，一传再传，门弟子极多，学派亦很复杂。要研究这些人的学说，只有大小戴的《礼记》还有一部分材料可考。其中十之二三是七十子所记，十之七八是七十子后学所记。自孔子至秦约三百年，自秦至二戴又百余年，时间如此的长，派别如此的复杂，而材料如此的短少，研究起来，很觉费事。我们根据《汉书·艺文志》，看孔门弟子的著作，有下列几种：《子思》，二十三篇；《曾子》，十八篇；《漆雕子》，十三篇；《宓子》，十六篇；《景子》，三篇；《世子》，二十一篇；《李克》，七篇；《公孙尼子》，二十八篇;《芈子》,十八篇。可见西汉末年,孔子弟子及再传弟子,著作行世者凡有九家,至此九家的内容如何,可惜得不着正确资料,很难一一考证。大概这几百年间,时代没有多大变化,外来影响亦很少,不能有好大异同,可以附在孔子之后,一同研究。自春秋经战国迄秦,儒家变迁,其大略如此。两汉儒学,下次再讲。

凡一种大学派成立后,必有几种现象:

1. 注解。因为内容丰富,门下加以解释。这种工作的结果,使活动的性质变为固定,好像人的血管硬化一样,由活的变成死的。这是应有现象之一。

2. 分裂。一大学派,内容既然丰富,解释各各不同,有几种解释就可以发生几种派别。往往一大师的门下,分裂为无数几家。这也是应有现象之一。

3. 修正。有一种主张,就有一种反抗。既然有反抗学说发生,本派的人想维持发展固有学说,就发生新努力,因受他派的影响,反而对于本派加以补充或修正。这是应有现象之一。

地不论中外,时不论古今,所有各种学派,都由这几种现象发动出来。儒家哲学,当然不离此例,所以儒家各派亦有注解,有分裂,有修正。

自孔子死后,儒家派别不明,韩非所说儒分为八,亦不过专指战国初年而言,经战国及秦到汉数百年间,派别一定很多。七十子后学者的著作,留传到现在的,以大小《戴记》为主,共八十余篇,其中讲礼仪制度的,约占三分之二。大概自孔子死后,子夏、子游、子张,留传最广。因孔子以礼为教,一般人皆重礼,对于礼的内容,分析及争辩很多,《小戴记》的《檀弓》《曾子问》,都不过小节的辩论。这种解释制度、争论礼仪，就是上面所说的第一第二两种现象。所以子夏、子游、子张以后的儒家，一方面是硬化，一方面是分裂。

同时道家之说，孔子死后，不久发生。老庄的主张，在《论语》中，可以看出一点痕迹，《论语》说："君子质而已矣，何以文为？"又说："或曰，以德报怨，何如？"这类话，很与道家相近。道家在孔子后，然为时甚早，孔子死后，不久即发生，与儒家对抗，对于儒家的繁文缛节，予以很大的打击。因为受敌派的攻击，自己发生变化，就是上面所说的第三种现象，补充或修正前说。

儒家自己发生变化，究竟如何变法呢？我们看《易经》的《系辞》与《文言》，其中有好多话，酷似道家口吻。本来《十翼》这几篇东西，从前人都说是孔子所作，我看亦不见得全对。《系辞》与《文言》中，有许多"子曰"，不应为孔子语。孔子所作，当然不会自称"子曰"，就是没有"子曰"的，是否孔子所作，还是疑问。因为有"子曰"的，皆朴质与《论语》同；无"子曰"的，皆带有西洋哲学气味。大概《系辞》与《文言》，非孔子作，乃孔子学派分出去以后的人所作。其中的问题，从前的儒家不讲，后来的儒家不能不讲了。

头一步所受影响，令我们容易看出者为《系辞》与《文言》，其次则为《礼记》中的《大学》、《中庸》、《乐记》等著作，大抵皆受道家影响以后，才始发生。所以曾子、子思一派讲这类的话就很多，《中庸》一篇，郑玄谓为子思作，我们虽不必遽信，但至少是子思一派所作。孟子受业子思之门人，所受影响更为明显。孟子之生，在孔子后百余年，那个时候，不特道家发生了很久，而且杨朱、墨翟之言盈天下。既然群言淆乱，互相攻击，儒家自身不能不有所补充修正。

孟子这一派的发生，与当时社会状况有极大的关系。因为春秋时代为封建制度一大结束，那时社会很紊乱，一般人的活动往往跑出范围以外，想达一种目的，于是不择手段。孟子的门弟子，就很羡慕那种活动，所以景春有"公孙衍、张仪岂不诚大丈夫哉"的话。可见得当时一般社会都看不起儒家的恬适精神，人群的基础异常摇动，孟子才不惜大声疾呼的，要把当时颓败的风俗人心唤转过来。

孟子与孔子，有许多不同之点。孔子言仁，孟子兼言仁义。什么叫义？义者，应事接物之宜也。孟子认为最大的问题，就是义利之辨，其目的在给人一个立脚点，对于出入进退、辞受取与，一毫不苟。所以孟子说："得志与民由之，不得志独行其道。"又说："一芥不以与人，一芥不以取诸人。"都是教人高尚明哲，无论如何失败，有界限，有范围，出了界限范围以外，就不做去，可以说对于当时的坏习气极力校正。

孔子智仁勇并讲，所以说"知仁勇三者，天下之达德也"。孟子专讲勇，所以说"我四十不动心"，"我知言，我善养吾浩然之气"。以仁弘义，以义辅仁；仁以爱人，义以持我。这种方法，孟子极力提倡，极力讲究。

孔子对于性命，不很多讲，或引而不发，孔子门人常说："子罕言命，性与天道，不可得而闻也。"当孟子的时候，道家对于这部分研究得很深，儒家如果不举出自己的主张，一定站不住脚，所以孟子堂堂正正地讲性与天道，以为是教育的根本。《孟子》七篇中，如《告子上》《告子下》大部分讲性的问题，自有不必说；其余散见各篇的很多，如："大人者，不失其赤子之心者也。""古之人，所以大过人者，无他焉，善推其所为而已矣。""人之所不虑而知者，其良知也；人之所不学而能者，其良能也。""先立乎其大者，则其小者不能夺也。"这类话，对于当时章句之儒咬文嚼字的那种办法，根本认为不对。

孟子以为人类本来是好的，本着良知良能，往前做去，不必用人家帮忙，不必寻章摘句、繁文缛节地讨麻烦，自己认清，便是对的。这种学说，可谓对于孔子学说的一种补充，扫除章句小儒的陋习，高视阔步地来讲微言大义，我们可以说儒家至孟子起一大变。

孟子以后，至战国末年，一方面社会的变迁更为剧烈，一方面道墨两家更为盛行，尤以墨家为最盛。《韩非子·显学》篇说，"今之显学，儒墨也"。战国末年，儒墨并举，两家中分天下。墨家对于知的方面极为注重，以知识作立脚点，为各家所不及。即如《经上》、《经下》、《经说上》、《经说下》诸篇，对于客观事物俱有很精确的见解。所以当时墨学，几遍天下。同时因为社会变迁更大的结果，豪强兼并，诈伪丛生，而儒家严肃的道德观念，被社会上看作迂腐。除了道墨盛行、社会轻视以外，儒家自身亦有江河日下的趋势。孟子道性善，说仁义，有点矜才使气。孟门弟子，愈演愈厉，一味唱高调，讲巨子，末流入于放纵夸大。从这一点看去，后来王学一派，有点近似，阳明本身，尚为严肃，门弟子则光怪陆离，无奇不有。因为孟派末流，有许多荒唐的地方，所以那时儒家，很感觉有补充修正的必要，于是乎荀卿应运而出。

《史记·孟荀列传》称："荀卿嫉浊世之政，亡国乱君相属，不遂大道而营于巫祝，信機祥，鄙儒小拘，如庄周等又滑稽乱俗，于是推儒墨道德之行事，兴坏序列，著数万言。"太史公这几句话，很难说出荀派发生的动机。当时儒家末流，有许多人，专靠孔子吃饭。《非十二子》篇说："……偷儒惮事，无廉耻而者饮食，必曰君子固不用力，是子游氏之贱儒也。"记得某书亦说，人家办丧事，儒者跑去混饭吃，这正是太史公所谓鄙儒小拘。而庄周末流则又滑稽乱俗，很能淆惑视听。庄周是否儒家，尚是问题，庄周出于田子方，田子方是子

夏的门生。孟子出于子思,子思是曾子的门生。庄孟二人,很可以
衔接得起来。在这儒道末流,俱有流弊的时候,荀卿这派,不得不出
头提倡改革了。

前面说墨家长处,在以知识为立脚点。荀子很受他们的影响,
对于知识,以有条理有系统为必要,他的《解蔽》《正名》诸篇,所讨
论都是知识的问题。譬如论理的凭借是什么,知识的来源是什么,
这类问题,孔孟时所不注重,到了荀子就不能不注重了。这是荀子
受墨家的影响,而创为儒家的知识论。此外受墨家影响的地方还
多,墨子有《天志》《明鬼》论,最信鬼神,荀子的《天论》等篇,正是对
墨而发,与墨子持反对的论调。

当时一般人,对于严肃修养的功夫,都认为迂腐,不肯十分注
重。孟子一派,虽提出自己的主张,不特不能救鄙儒小拘的学风,甚
或为作伪者大言欺人的工具。到了荀子,极力注重修养,对于礼字,
重新另下定义。孔子言仁,孟子言义;荀子言礼,以礼为修养的主
要工具。孟子主张内发;荀子主张外范。孟子说性是善的,随着良
知良能做去;荀子说性是恶的,应以严肃规范为修束身心的准绳。
所以荀子的学说,可以说是战国末年,对于儒家的一大修正。

今天所讲孟荀学说,讲得很简单,以下另有专篇,专门讲他二
人。自孔子死后,儒家的变迁,其大概情形如此。还有一种现象,
西汉以前,儒家学派可以地域区分,所谓齐学、鲁学,风气各自不
同。鲁是孔子所居的地方,从地理方面看,在泰山以内,壤地褊小,
风俗谨严;从历史方面看,自周公以来,素称守礼之国,又有孔子
诞生,门弟子极多。鲁派家法,严正呆板狭小,有他的长处,同时亦
有他的短处。齐与鲁接壤,蔚为大国,临海富庶,气象发皇,海国人
民思想异常活泼。直接隶属孔门的时候,齐鲁学风,尚无大别,以

后愈离愈远,两派迥不相同了,若以欧洲学风比之,鲁像罗马,齐像希腊。

齐派学风的特色,可以三邹子作为代表。《史记·孟荀列传》称:"齐有三邹子,其前邹忌……其次邹衍……邹奭。"三邹是否儒家,尚待研究,虽非直接由儒家出,但亦受儒家的影响。邹衍主九州之外,尚有九州,可见其理想力之强,但彼好推言"终始五德之运"这种学说,衍为方士的思想(不是道家),司马谈《六家要指》名之为阴阳家,后代相仍未改。这种人,以儒者自居,社会上亦把他们当作儒者看待。秦始皇坑儒生,人皆以为大罪,其实所坑的儒生七十余人,都是方士阴阳家一派。如卢生、韩生最初替始皇求不死之药,历年不得,又造为种种谎语,始皇才把他们坑杀了。这一派在战国末年颇盛,如果说是由儒家变出,可以说是由齐派演化出来。

自秦以前,同为儒家,有齐鲁两派,其不同之点,既如上述。到汉,两派旗帜,更为显明,甚至于互相攻击。汉人对于儒家的贡献,只是他的整理工作,旁的很少值得注意的地方。凡是一个社会,经过变化之后,秩序渐趋安定,就做整理的功夫,所以汉人发明者少。一部分的精神,用在整理方面;一部分精神,用在实行方面。汉代四百年间,其事业大致如此。

至于思想学术,汉代亦较简单,汉时墨家业已消灭,只剩道、儒两家。道家整理工作的表现,在于《淮南子》。《淮南子》一书,可谓战国以来,总括许多学说,为一极有系统之著述。儒家整理工作的表现,在于治经。汉儒治经分今文古文两派,西汉为今文独盛时代,东汉为今古文互争时代。东汉前半,今文很盛,到了末年,大学者都属古文派,今文纯至消灭。西汉全期,今文家都很盛,古文家不过聊备一格而已。

西汉经学,共立十四博士。计《易》有施、孟、梁丘三家,均出田何,为齐派。《书》有欧阳、大小夏侯三家,均出伏生,为齐派。《诗》有鲁、齐、韩三家,齐诗出于齐派。《礼》有大小戴及庆氏三家,与齐无关,为鲁派。《春秋》有严、颜两家,均出公羊,为齐派。总观十四博士之中,九家出齐。此外《论语》有《齐论语》及《鲁论语》。以此言之,西汉儒学,大部属齐,鲁学很衰。《春秋》之《穀梁》学属鲁派,然西汉时无博士,其学不昌。唯鲁诗极发达,齐诗、韩诗,俱不能及。

齐派学风的特色,在与阴阳家——邹衍一派结合,上文业已提到过了。即如《易》的施、孟、梁丘三家,今无传,当时所讲,占验象数为多;伏生《尚书》,讲中候五行,《大传》亦多与阴阳结合;齐诗讲五际六情;《公羊春秋》,多讲灾异。西汉学风,齐派最盛,其中颇多方士及阴阳家语。

西汉末年,古文始出。古文家自以为孔派真传,斥今文为狂妄;今文家自以为儒学正宗,斥古文为伪作。汉时所谓今文古文之辩,各部经都有,而《周礼》《左传》辩论最烈,其后马融、贾逵、服虔、许慎、刘歆皆从古文,是以古文大盛。今文家专讲微言大义,对于古书的一字褒贬,皆求说明;古文家专讲训诂名物,对于古书的章句制度,皆求了解。古文家法谨严,与鲁派相近;今文家法博大,与齐派相近。所以两汉经学,一方面为今古文之争,一方面即齐鲁派之争。自郑玄杂用今古文,今古学乃复混。

上面说,西汉经学,立十四博士,有今文古文的争执,有齐派鲁派的不同。又说两汉工作,最主要的是解经方法,鲁派即古文家,注重考释,专讲名物训诂;齐派即今文家,颇带哲学气味,讲究阴阳五行。这些都是经生,没有什么特别的地方,可以不讲。经生以外,还有许多大儒,他们的思想学术,自成一家,应当格外注意。以下一个一个地分开来讲。

1. 董仲舒。他是西汉第一个学者，受阴阳家的影响，对于儒学，发生一种变化。荀子反对禨祥，对于迷信，在所排斥。董子迷信的话就很多，书中有求雨止雨之事。孟子主性善，荀子主性恶，董子调和两家，主张兼含善恶。公孙弘治《公羊春秋》，董子亦治《公羊春秋》，而弘不逮仲舒远甚。董子学说，具见于《春秋繁露》。全书分三部，一部分解释《春秋》的微言大义，应用到社会上去；一部分调和孟荀的性说，主张成善抑恶；一部分承阴阳家的余绪，有天人合一的学说。

2. 司马迁。他是一个史家，同时又是一个儒家。《史记》这部著作，初非匡无意义，司马迁在《报任安书》中，自述怀抱说："亦欲以究天人之际，通古今之变，成一家之言。"这是何等的伟大！同时在自序中又说："自周公卒，五百岁而有孔子。孔子卒后，至于今五百岁。有能绍明世，正《易传》，继《春秋》，本《诗》《书》《礼》、《乐》之际，意在斯乎！意在斯乎！小子何敢让焉！"这简直以继承孔子自命了。《史记》这部书，全部目录，许多地方，很有深意，在史部中极有价值。其编制论断，关于儒家道术的地方很多。

3. 扬雄。他是一个完全模仿、不能创作的大文学家，仿《离骚》作《解嘲》，仿《上林》作《长杨》，仿《易》作《太玄》，仿《论语》作《法言》，不过是一个专会模仿的人，在学术界没有多大价值。但是以时代论，他亦有他的地位。当西汉末年，鲁派经生专讲章句训诂，解"粤若稽古帝尧"几个字，长到十余万言，琐碎得讨厌。同时齐派末流，专讲五行生克，亦荒诞得不近情理。扬雄能离开经生习气，不讲训诂五行，直追《周易》《论语》，虽然所说的话，大致不过尔尔，犯不着费力研究，但是别开生面，往新路径上走，这又是他过人的地方。

4. 桓谭。他是一个很有新思想的学者,曾作一部《新论》,可惜丧失了,现存的不过一小部分,看不出全部学说的真相。我们所知道的,就是他很受扬雄的影响。儒家自董仲舒以后,带哲学的气味很浓,桓谭生当东汉初年,自然免不了时下风气。《新论》存留,十停只有一二,讲养生无益及形神分合问题,上承西汉时《淮南子》的遗绪,下开魏晋间何晏、王弼的先声。

5. 张衡。他是一个科学家,对于自然界,有很精密的观察,曾造地震计,造得很灵巧,在天文学上发明颇多。他又是一个大文学家,很佩服扬雄的为人。现在所存的作品中,《两京赋》《思玄赋》等,前者纯为文艺性质,后者可以发表思想。扬雄的功劳在开拓,桓谭的功劳在继续,桓张二人,为汉学魏学的枢纽。

6. 王充。他是一个批评哲学家,不用主观的见解,纯采客观的判断,关于积极方面没有什么主张,而对过去及当时各种学派,下至风俗习惯,无不加以批评。他是儒家,对儒家不好的批评亦很多,虽然所批评的问题或太琐碎,但往往很中肯,扫尽齐派末流的荒诞思想,在儒家算是一种清凉剂。当时儒家,或者寻章摘句,或者滑稽乱俗,他老实不客气地攻击他们的短处,可以说是东汉儒家最重要的一个人。

汉代儒学,除经生外,最重要的有此六家,即董仲舒、司马迁、扬雄、桓谭、张衡、王充。其余刘向、刘歆、仲长统、王符、徐幹等,或者关系较小,或者缺乏特异的主张,所以我们不及一一细述了。

汉以后,是魏晋。魏晋之间,儒家发生一种很大的变动。这个时候,在学术方面,汉儒的整理事业太细密、太呆板,起了硬化作用。在社会方面,经过战国大乱以后,有长时间的太平——战国如像三峡,汉代好比太湖——安定久了,自然腐败。一方面,儒家的呆板工作,有点令人讨厌;一方面,社会既然紊乱,思想亦因而复杂。所以魏晋之间,学术界急转直下,另换一个新方面。

这个时候,道家极为发达,士大夫竞尚清谈。研究儒学的人,亦以道家眼光看儒家书籍,摆脱从前章句训诂的习惯,重新另下解释。这种新解释,虽然根据道家,但亦非完全不是儒家。儒家自身,本来有类似道家的话,两汉时代未能发挥,到了魏晋,因为发生变动,才把从前的话另外估定一番。最主要的经学家,有下列几位。

1. 王弼。他是一个青年著作家,曾注《周易》及《老子》,两部俱传于世。学者成就之早,中外古今,恐怕没有赶得上他的。他死的时候,不过二十四岁,能够有这样大的成绩,真不可及。我们可以说中国文字不消灭一天,王弼的名字保存一天。今《十三经注疏》所用《周易》,即魏王弼、晋韩康伯二人所注。《易》本卜筮之书,末流入于谶纬,王弼乘其敝而攻之,遂能排击汉儒,自标新学。像王弼的解释,是否《周易》本意,我们不得而知,但不失为独创的哲理,在学术史上有相当的地位。

2. 何晏。他同王弼一样,也是一个引道入儒的哲学家,曾注《论语》,在当时很通行。后来朱注出现,何注渐衰,然在经学界仍有很大的权威。何晏以前的《论语》注,尽皆散失,唯何注独受尊崇,其思想支配到程朱一派。朱虽亦注《论语》,但不出何晏范围。王、何二人,都是对汉儒起革命,所作论文极多,可惜皆不传了。何著《圣人无喜怒哀乐论》,王著《驳论》,全篇今失,只剩百余字,见《全上古三代秦汉三国六朝文》。有许多问题,古人所不讲的,喜怒哀乐也就是其中之一,魏晋间人很喜欢提出这类问题。

3. 钟会。他是一个军事家,同时又是一个学者。曾作《四本论》,讲才性的关系,持论极为精核,原文丧失。《世说新语·文学》篇说："钟会撰《四本论》,始毕,甚欲使嵇公一见,置怀中。既定,畏其难,怀不敢出,于户外遥掷便回急走。"注:"《魏志》曰:会论才性同异,传于世。四本者,言才性同、才性异、才性合、才性离也,尚书傅嘏论同,中书令李丰论异,侍郎钟会论合,屯骑校尉王广论离,文多不载。"在当时很流行的,可惜我们看不见了。此类问题,孟子、荀卿以后,久未提及,他们才作翻案,四家各执一说,在学术界上很有光彩。自王、何起,直至南朝的宋、齐、梁、陈,都承继这种学风,喜欢研究才性、形神一类的问题。

4. 嵇康、阮籍。他们同王弼、何晏一样,都是讲虚无、喜清谈,至其著作,见于《汉魏六朝百三家集》的很不少。嵇康好老庄之学,研究养性服食一类的事情,尝著《养生论》《声无哀乐论》,以道家的话,调和儒家。阮籍诗作得很多,从诗里面,可以看出他的见解的一部分;散文有《达庄论》,阐明无为之贵。嵇、阮同当时的山涛、向秀、刘伶、阮咸、王戎号称"竹林七贤",都是调和儒老、蔑弃礼法一流的人物,彼此互相标榜,衍为一时风气。

5. 陶渊明。他是一个大诗人,思想极其恬静,人格极其高尚,同时他又是一个儒家,崇法孔子的话很多。他的论文有《归去来辞》《桃花源记》等,可以看出他厌恶当时的污浊社会,游心于世外的理想生活。他的诗很多,做得都很好。关于讨论哲学问题的,有《形神问答诗》,可见其个人思想所在,又可以见社会风尚所在。

6. 潘尼、顾荣。他们两人,是宋学很远的源泉。潘尼作《安身论》,根据老子的哲理,大讲无欲,并以无欲解释儒家经典。顾荣作《太极论》,亦根据道家哲理,大讲阴阳消长,并以太极解释宇宙万物。后来周濂溪一派,即从潘、顾二人而出,无极太极之辩亦成为宋代一大问题,可见得宋学渊源之远了。

魏晋儒学，最主要的大致有此八家，即王弼、何晏、钟会、阮籍、嵇康、陶渊明、潘尼、顾荣。此外如葛洪的《神仙论》，鲍敬言的《无君说》，纪瞻的《太极说》，亦皆各有各的见解，蔚为魏晋哲学的大观。现在因为时间的关系，只得从略。

大概说起来，魏晋南北朝学风，都以老、《易》并举，或以黄、老并举，将儒、道两家，混合为一。所以魏晋学者，在在带点调和色彩，而道家哲理成为儒家哲理的一部分。同时自东汉末叶以来，佛教已渐输入，三国因为书少，未能全盛，东晋则大发达。梁武帝时，势力尤巨。一般学者，往往认儒、佛为同源，不加排斥。如沈约作《均圣论》，即谓孔、佛一样。孔绰作《喻道篇》，谓"周孔即佛，佛即周孔"。张融作《门论》，周颙作《难张长史门论》，都主张三教一致。顾欢作《夷夏论》，亦称道、佛二教，同体异用。当时大部分儒者，不以老庄释儒，即以佛教释儒，三教同源，成为一时的通论了。

对于这种三教调和论，作有力反抗的，据我们所知，有两个人。一个是裴頠，东晋时人，作《崇有论》，反对虚无主义。王衍他们，极力攻诘他，但是没有把他攻倒。一个是范缜，梁武帝时人，作《神灭论》，反对明鬼主义。梁武帝敕曹思文等六十三人攻诘他，亦没有把他攻倒。像这种有无的争辩，神灭神不灭的争辩，在六朝学术界很有光彩，与前几年科学与玄学之战差不多。我们看王衍、梁武帝，虽然反驳，然不压迫言论自由，这种态度是很对的。又看裴頠、范缜，在清谈玄妙的六朝居然敢作这种反时代的主张，亦可谓豪杰之士了。

南北朝的儒家，对于经学亦很重视，而南北色彩不同。南朝另辟门径，王弼、何晏这派很有势力。北朝则仍受汉儒家法，马融、郑康成这派很有势力。《北史·儒林传》总论里面，有这两句话："南学简洁,得其精华;北学深芜,穷其枝叶。"这个话,虽然偏袒南学,然可见南北学风,迥不相同了。

南朝的学风,专从几部经中求其哲理,对于汉儒家法极端反对。如《南史·儒林传》所称何承天、周弘正、刘瓛、沈麟士、明山宾、皇侃、伏曼容一流,十分之九皆信仰老庄,或崇拜佛法。《南史》常用"缁素并听若干人"等字,可见得每次讲演,和尚道士前往听讲的很多。所以南朝经学家,大多数以道佛的哲理,解释儒家的学说。北朝的学风,带点保守性,专从名物训诂上着手,一依马郑以来旧法。如《北史·儒林传》所称卢玄、刁柔、刘兰、张吾贵、李同轨、徐遵明、熊安生、刘焯、刘炫一流,大体皆墨守汉儒家法,释经极其谨严。后来,唐代陆德明作《经典释文》,孔颖达作《五经正义》,贾公彦作《周礼仪礼疏》,以及徐彦的《春秋公羊传疏》、杨士勋的《春秋穀梁传疏》,皆有底本,出自本人者极少。徐遵明、熊安生、刘焯他们的底本,由孔颖达、贾公彦等整理一番,成为现在的《十三经注疏》。

总之,南朝富流动性,受佛道的影响;北朝富保守性,守汉儒的支配。这是南北学派的大概情形。唯北朝末年,稍起变动。徐遵明为北朝第一学者,后人注疏,多本其说。他最初从许多人为师,皆不以为然。有人告诉他说,这样下去,绝对不会成功,后来他才改换方针,专以本心为师,上承孟子,下开象山。北朝前期,虽极保守,到了末年,徐遵明以后,已经有很大的变迁了。

隋朝统一天下,南北混同,车马往还,络绎不绝。因政治上交通上的统一,全部文化亦带调和色彩,即文艺美术亦在在有调和之倾向。最足以代表时代学风的,有两个人,一个是颜之推,一个是王通。

1. 颜之推。他是南方人,后来迁往北方,受南方的影响不少,受北方的影响亦很大。他作《颜氏家训》,对于北方严正的章句训诂非常注意,对于北方保守的风俗习惯亦很赞成。他的《归心篇》主张内外一体,儒佛一体,是想把两教调和起来的。

2. 王通。他是北方人,亦受南方的影响。这个人,事事模仿,很像扬雄一样。生平以孔子自命,曾作《礼论》二十五篇、《乐论》二十篇、《续书》百五十篇、《诗》三百六十篇、《元经》五十篇、《赞易》七十篇,谓为《王氏六经》,后来门弟子尊称他叫文中子。他的著作,有人说是博洽,有人说是荒唐,现在暂且搁下不讲。但他不同徐、刘一派专做名物训诂的工夫,而能另辟蹊径,直接孔子,这是他独到的地方。他对于佛教,一点不排斥,并且主张调和,亦持儒佛一体的论调。

隋代儒家,不论南北,都主调和儒佛。即如徐遵明、刘焯诸大经师,对佛教不大理会,要是理会,必定站在调和的地位,颜之推、王通就是很好的代表。自两汉至六朝,儒学变迁,其大概情形如此。

唐朝一代,头等人物都站在佛教及文学方面,纯粹讲儒家哲学的人,不过是二三等脚色。专就儒学而论,唐代最无光彩。初唐时有名经师,如陆德明、孔颖达、贾公彦等,仍遵汉学家法。《十三经注疏》中重要之疏,皆为所作,在经学界很有名,但是实际上都不能算是他们作的,不过根据前人成绩加以整理而已。唐人所讲各经正义及义疏,大半采自熊安生、刘炫、刘焯等著作。这一派北朝学者,对于各经的疏,考据得很有成绩,唐人把他聚集起来加以整理,不能说是独创。其中稍值得注意的,就是因政治的南北统一,而学术上(经学)的南北混合亦随而成立。北派所宗之马融、郑玄、贾逵、服虔,与南派所宗之王弼、王肃、杜预,从前取对立的形势,至此便趋到调和的形势。

中唐以后，所谓经学家，如啖助、赵匡一流，尚能开点新局面，对于汉魏六朝以来那种烦碎支离的解经方法认为不满，要脱去陈旧束缚，专凭自己聪明，另求新意。韩愈送卢仝的诗说道"春秋三传束高阁，独抱遗经究终始"这两句话，很可以代表当时的一般精神。

他们虽有另求新意的倾向，可惜没有把门路创出来，不如近人研究经学这样的切实、精密。清朝像王念孙，是很革命的，在小学上、文法上，另外找根据。近人如王国维，亦是很革命的，在钟鼎上、龟甲上，另外找根据。这种精神，很合科学。啖助、赵匡等，没有好的工具，但凭主观见解，意思不合，随意删改。这样方法，容易武断，在经学上占不到很高的位置。

汉人解经，注重训诂名物。宋人解经，专讲义理。这两派学风截然不同，啖、赵等在中间正好作一枢纽。一方面把从前那种沿袭的解经方法推翻了去，一方面把后来那种独断的解经方法开发出来。啖、赵等传授上与宋人无大关系，但见解上很有关系，承先启后，他们的功劳亦自不可埋没啊！

唐代头等人才，都站在佛教方面。佛教在唐代亦起很大的变迁，其变迁直接间接影响于儒学者不少，所以我们欲明白儒学嬗蜕的来历，不能不把当时的佛教略加说明。佛教的发达，在南朝从东晋末年到梁武帝时代，在北朝从苻秦、姚秦到魏、齐，都占思想界极重要地位。到隋及初唐，遂达全盛。此前的佛教，概自印度传入，用印度方法解释佛经，很忠实，很细密，这是他们的长处。但是逐字逐句的疏释，落了熊、刘、孔、贾一派的窠臼，很拘牵，很繁琐，这又是他们的短处。

唐以前，全为印度佛教，不失本来面目。唐中叶——约在武后时代，佛教起很大的变化，渐渐离开印度佛教，创立中国佛教，主要的有三派：慧能的禅宗是一派，六朝时已具端倪，至唐始盛；澄观的华严宗是一派，华严大师并在唐代；智颛的天台宗是一派，自隋以来，业已大大发达。

1. 禅宗。从前学佛，要诵经典。现在的《大藏经》有七千卷，在唐时约六千卷。经典既浩繁，解释又琐碎，后来许多人厌恶读经典。禅宗六祖慧能出，主张顿悟，不落言诠，很投合一般人的心理。据说慧能不识字，在五祖弘忍门下，充当打杂。五祖门下有许多弟子，天天讲经守律，五祖没有看重他们，独于把他的衣钵传给这个打杂的。

到底慧能识字与否，此层尚属问题，但是他主张摆脱一切语言文字，亦可成佛，这是禅宗的特色。自六朝隋唐以来，佛家经典浩如烟海，本来难读，慧能的"即心是佛"，这种主张算是一种大革命。从前学佛，守律读经，毫无生气。禅宗学佛，不必识字，乃至不必严守戒律，佛教的门庭大大地打开了。不过真的固然多，假的亦不少。从前还要读书，还讲说经，须得有真学问，下苦功夫；现在不必读，不必说，当头棒喝，立地觉悟，自然可容假托的余地。

因为佛教这样，儒家亦受影响，儒佛之界破了许多。在佛教方面从事研究的人，不必读经，不必守戒，所以佛教因为禅宗之起，势力大增。在儒家方面，亦沾染禅宗气息，治经方法、研究内容完全改变。儒家在北朝时专讲注疏，中唐以后要把春秋三传束之高阁，这是方法的改变。儒家在北朝时，专讲训诂名物，中唐以后主张明心见性，这是内容的改变。所谓去传穷经，明心见性，与佛教禅宗大致相同。

2. 华严宗。华严这派同禅宗那派，普通都说是自印度来，其实不对。禅宗，绝对不出自印度。华严，亦许来自于阗，不是中国所创。华严最主要的教义,就是"事理无碍"。这句话,有三面:"事理无碍,事事无碍,理理无碍。"佛教讲出世法,离开这个社会,另寻一种乐土。华严讲世法与出世法不相冲突,现象界与真如界一致。华严要想缓和儒佛之争,儒家讲世法,过现实的生活;佛教讲出世,求极乐的世界,二种主张相反,要想调和,只好讲事理无碍了。

这一派的创始者,为澄观,即清凉国师。其自著及释佛,俱引儒家的话,所谓儒佛融通。后来宗密即圭峰就是承继这派学说,而融通儒佛的色彩更为显著。宗密著《原人论》,综合古来论性诸家,而自下心性本原的定义,可以谓之宋学根本。宋儒讲心性,皆由原人论及理事无碍观推演而来。

3. 天台宗。这一派,在隋末,智颛即智者大师初创时,尚与儒家无大关系。唐中叶以后这派的湛然即荆溪,与华严宗的澄观,所持态度相同。大抵以儒释佛,两教才始沟通。但是天台与华严又不一样,天台讲修养身心的方法,华严讲世法与出世无碍,一个偏于方法,一个偏于理论,这是不同的地方。

中唐有一个梁肃,他是唐代的大文学家,没有作和尚,但实际上却是天台宗的健将。数天台宗的人物,当然离不了他。可是他确未落发,表面是一个儒者,骨子里是一个佛徒。湛然以儒释佛,梁肃以佛释儒。有唐一代,这类人很多,儒佛两家天天接近,其痕迹如此。所以我们讲儒家哲学,不能不把佛教这三宗,简单地说一下。

话说回头,再讲儒家方面。前所谓啖助、赵匡一派,算是经学家,然唐代(除初唐外)纯粹经学家实甚少,以文学家带点学者色彩,这类人多。最主要的有三位,一个是韩愈,一个是柳宗元,一个是李翱。

1. 韩愈。他是一个文学家,同时又是一个儒家。所著《原道》、

《原性》诸文，都是站在儒家方面，攻击佛教，竟因谏迎佛骨，谪贬潮州。但他是纯文学家，对于佛教知识固然很少，对于儒家道术造诣亦不甚深。汉魏六朝的注解功夫，宋以后的修养功夫，他都没有做多少，所以对于儒家，在建设方面，说不上什么贡献。但是他离开旧时的训诂方法，想于诸经之中另得义理，所谓"独抱遗经究终始"，这是他见解高超处。

2. 柳宗元。他亦是一个文学家，但是他在学问方面的地位，比韩愈高。除研究儒家道术以外，对于周秦诸子（自汉以后，无人注意）都看都读，有批评，有鉴别力。他所著关于讨论诸子的文章，篇篇都有价值。他对于传统的旧观念，很能努力破除，譬如封建制度，儒家向极推崇，他作《封建论》，斥以为非先王之意。

韩柳二人，对于宋学都有很大的影响。韩愈主张"因文见道"，要把先王的法言法行，放在文字里面。后来宋朝的欧阳修、王安石、苏东坡一派，都从韩愈出，同往一条路上走。柳宗元的直接影响不大，但是有胆有识，对于以前的传统观念求解放，治经方法求解放。韩是一个反对佛教论者，柳是一个调和儒佛教论者。子厚于佛教，较有心得，不特不毁，且极推崇，颇主张三教同源。直到现在，这类文字还很多。

3. 李翱。唐末，有一个很重要的人，为宋学开山祖师，就是李翱，字习之。他在文章方面是韩愈的门生，在学问方面确比韩愈高明多了。他的言论很彻底，很少模糊笼统的话。他于佛教，很有心得，引用佛教思想创设自己哲学，这种事业至宋代才成功，但是最初发动，往创作的路子上走，还是靠他。他最主要的文章，是《复性书》，分上中下三篇，很有许多独到的见解。

欲知宋学渊源，可以看这两篇文章，一篇是《原人论》，佛徒宗密所作；一篇是《复性书》，儒家李翱所作。前者有单行本，金陵刻经处可买；后者很普通，见于《唐文粹》，及其他唐人文钞。在唐时，为宋学之先驱者，这两篇最重要，宋学思想大半由此出。这两篇的思想，相同之处颇多，最主要的为性二元论。性善性恶，历来讨论很盛，至宋朱熹，调和孟荀学说，分为理气二元。但是这种思想，《原人论》及《复性书》早已有之，于后来影响极大。

自唐末起，历宋、金、元、明，在全国思想界最占势力，为这一派调和儒佛论。佛教方面的澄观、湛然，莫不皆然，而宗密最得菁萃。儒家方面的梁肃、柳宗元，莫不皆然，而李翱最集大成。诚然，以宋代学术同他们比较，觉得幼稚肤浅，但是宋学根源，完全在此。不懂他们的论调，就不知宋学的来源。

五代自梁太祖开平元年至周世宗显德六年，不过五十二年的时间，天下大乱，文化消沉，无甚可述，我们可以不讲。以下讲宋代，儒家道术，很有光彩，可谓之三教融通时代，亦可谓儒学成熟时代，我们可以另作一章来讨论。

五 两千五百年儒学变迁概略（下）

上次讲，研究哲学，有问题的、时代的、宗派的三种方法，各有长处，各有短处。问题的研究法固然好，但本讲演用来不方便，所以先在前论最末一章，专讲儒家哲学之重要问题，以为补充。时代的研究法，固然亦有短处，但用之讲演，最为相宜。所以本论各章，全用这个方法。唯如不先提纲挈领，不能得一个大意，现在要讲两千五百年儒学变迁概略，就是想使诸君先得一个大意。

晚唐及五代，经过长时间的内乱，军阀专横，人民不得休息。宋初，承这种丧乱凋敝之后，极力设法补救，右文轻武，引用贤才。所以各种学术，均极发达；儒家道术，尤能独放异彩。后世言学问者，总以汉学宋学并称，不入于彼，则入于此。可以见得宋学的发达，及其重要了。

《宋元学案》把孙复及胡瑗，作为宋学祖师。其实他们二人，在宋朝初叶，不过开始讲学，与宋代学风相去甚远。真正与宋学有密切关系的人，乃是几个道士或文人，如陈抟、种放、穆修、李之才、刘牧等，后来的儒家都受他们的影响。孙、胡二人，比较平正通达，提倡躬行实践，私人讲学之风自他们以后而大盛。陈、种等，纯以道教《黄庭经》及练气炼丹之说，附会《易经》，太极图说即由他们而出。但是陈、种与王、何不同，王弼、何晏以先秦的道家哲学附会儒家，陈抟、种放以晚出的道教修炼法附会儒家。

由此看来，宋初思想界，可以说有两条路，孙复、胡瑗是一派，陈抟、种放又是一派。北宋五子：周濂溪、邵康节、张横渠、程明道、程伊川，就是混合这两派的主张，另创一种新说。宋人所谓儒学正宗，专指五子一派。宋人喜欢争正统，最是讨厌政治上有正统偏安的争执，学问上有正统与异端的争执。儒学如此，佛教亦然。天台宗分为山内山外两派互争正统，禅宗分为临济、云门、曹洞、沩仰、法眼五宗互争正统。

这种正统的争执，是宋人一种习气，暂且搁下不讲。单讲所谓五子，自濂溪到二程，传到后来，为南宋朱学一派。濂溪为二程的先辈，朱派谓二程出于濂溪。横渠为二程表叔，年龄相若，互相师友，朱派谓横渠为二程弟子。平心而论，五家独立，各各不同。泛泛地指为一派，替他们造出个道统来，其实不对。

"五子"这个名词，不过程朱派所标榜而已（后来亦除出邵子加上朱子,谓之五子)。北宋学术,不能以五子尽之。当时为学问复兴时代,儒佛融通以后,社会思想起很大的变迁,有新创作的要求,各自努力,不谋而合,遂发生周邵张程这些派别。此外欧阳修、王安石、司马光、苏轼那般人,虽然是政治文章之士,但是他们都在儒学思想界占有相当位置,不可忽视。

1. 欧阳修。他是宋代文学的开创者,诗文皆开一代风气。但他在思想界有很大的贡献,在勇于疑古,他不信《系辞》,对于《诗》、《书》及其他诸经,亦多所疑难。所疑难对不对,另一问题,但这种读经法,确能给后学以一种解放。他著有《本论》一篇,继承韩愈《原道》那一派辟佛论调,亦宋儒学术渊源所自。

2. 王安石。他是一个大政治家,同时又是一个大学者。所著各经《新义》,颇能破除从前汉唐人的讲经方法,自出心裁。他的文章精神酣畅,元气蓬勃。文集中,关于心性的文章很多,其见地,直影响到二程。(例如"不偏之谓中,不易之谓庸"。朱子引作程子说,其实此二语出于荆公。)

3. 司马光。温公全部精力,都用在史学方面,所著《资治通鉴》,贯串诸史,为编年体中一大创作。文集中,关于讨论哲学问题的文章很多,可见得他在儒学方面,亦是异常的努力。他著有《疑孟》一书,对孟子学说颇多不满。这也难怪,其实温公学术有点近于荀子。

4. 苏轼。苏氏父子,都是大文学家,有《战国策》纵横驰骤之风。在学问上,亦能创立门户,后来蜀学与洛学立于对抗的地位。东坡对于佛教不客气地承认,禅宗尤其接近,所作诗文往往有禅宗思想。他对于道教,亦不排斥,晚年生活完全变为道家的气味。

大抵这四家,欧阳最活泼,王最深刻,苏最博杂,司马最切实。

南宋浙东一派,即由司马而出,对于哲理讲者不多,门下生徒注重躬行实践,所受他方影响尚不算深。程朱以外的学派,其约略情形如此。

再回头说到北宋五子。

1. 周濂溪。周子《通书》,与程朱一派有相当的关系,但极简单,可以有种种解释。《太极图说》,与程朱关系很深,在南宋时曾因此起激烈的辩论。朱子赞成《太极图说》,且认为濂溪所作;陆子反对《太极图说》,且认为非濂溪所作。依我看来,许是周子所作,但是对于内容,我持反对论调,与象山同。象山以为《太极图说》无甚道理,定非周子所作,想把这篇划开,周仍不失其为伟大。晦翁以为《太极图说》极其精微,周之所以令人崇拜,完全在此。

然则《太极图说》是怎样一个来历呢?向来研究宋学的人,不知所本,以为周子所独创。清初学者,才完全考订它由陈抟、种放而出,这原是道教的主张。周子从道教学《太极图说》,究竟对不对,那另是一个问题,但是他的影响很大,为构成宋学的主要成分。要是周子除了《太极图说》,专讲《通书》,倒看不出在学术史上有多大关系了。朱派以为二程出于濂溪,其实不然。二程但称周子,不称先生,先后同时,差十余岁,关系异常浅薄。

2. 邵康节。康节从道教的李之才,得图书先天象数之学,探赜索隐,妙悟神契,环堵萧然,不改其乐。其治学,直欲上追汉的五行,战国的阴阳家、邹衍一派。但他所讲阴阳五行,又与汉人不同,专凭空想,构造一种独创的宇宙观。他认为宇宙万有,皆生于心,所以说:"先天之学,心也;后天之学,迹也;出入有无死生者,道也。"又说:"先天学,心法也,图皆从中起,万化万事生于心。"我们看邵子这种主张,实际上不是儒家,亦不是道家,自成一派。

邵子言性,亦主性善,以为仁义礼智,性中固有,所以说:"性者,道之形体也。道妙而无形,性则仁义礼智具而体著矣。"但是他的主张,又与孟子不同,凡孔孟所讲治学方法,他都没有遵行。他不是和尚,亦不是道士,事事凭空创作,后来的人没有他聪明的,抄袭他的语言,不能传他的学问,所以影响不大。邵子在学术界,是一个彗星,虽没有顶大的价值,但不失为豪杰之士而已。

3. 张横渠。横渠为宋代大师,在学术界开辟力极强大。哲学方面,他与二程同时,互相师友,互相发明,不能说谁出于谁。朱派把他认为二程门下,是不对的。横渠不靠二程,二程不靠横渠,关洛各自发达,可以算得一时豪杰之士。他对于自然界,用力观察,想从此等处建设他的哲学的基础,但立论比二程高。二程为主观的冥想,很带玄学色彩;他是客观的观察,很富于科学精神。他主张气一元论,由虚空即气的作用,解释宇宙的本体及现象,与周子的《太极图说》、邵子的先天论,皆不相同。修养方面,他直追荀卿,专讲礼,并以礼为修养身心的唯一工具。《理窟气质》篇说:"居仁由义,自然心和而体正;更要约时,但拂去旧日所为,使动作皆中礼,则气质自然全好。"宋代学者,于开发后来学派最有力的人,当推横渠及二程,其重要约略相等。横渠死得早,门弟子不多,流传未广。南宋的朱子,受其影响极大。朱自命继承二程,其实兼承横渠,朱子的居敬格物,皆从横渠的方法模仿得来。

4. 二程子。向来的人,都把二程混作一块说,其实两人学风,全不一样。明道是高明的人,秉赋纯美,不用苦功,所得甚深。伊川是沉潜的人,困知勉行,死用苦功,所得亦深。以古代的人比之,大程近孟,小程近荀,所走的路完全不同。大程可以解释孟子,小程可以解释荀子。明道的学问,每以综合为体;伊川的学问,每以分析立说。伊川的宇宙观,是理气二元论;明道的宇宙观,是气一元论。这是他们弟兄不同的地方。

程朱自来认为一派,其实朱子学说,得之小程者深,得之大程者浅。明道言仁,尝说:"学者须先识仁,仁者浑然与物同体。"言致良知,又说:"良知良能,皆无所由,乃出于天,不系于人。"开后来象山一派。伊川言涵养须用敬,尝说:"人敬之道始于威仪,而进于主一。"言进学在致知,又说:"穷理即是格物,格物即是致知。"开后来晦翁一派。其详情,下面另有专章再讲,此处可以不说。

大概北宋学派,可以分此九家。纯粹的"哲学派"有五家,即周濂溪、邵康节、张横渠、程明道、程伊川。此外,尚有四家,即欧阳修、王安石、司马光、苏轼。最重要的为横渠及二程。横渠不寿,弟子无多,所以关系不大。二程一派,由谢上蔡、杨龟山、游鹰山、吕蓝田程门四先生,传衍下来,成为朱子一派。朱子学问,出于李延平,李延平学于罗豫章,罗豫章出于杨龟山。陆子学问,虽非直接出于明道,然其蹊径,很像上蔡,上蔡又是明道的得意门生。我们可以说大程传谢,谢传陆;小程传杨,杨传朱。北宋学派及其传授大概情形,约略如此。

上面说北宋最著名的学者有五家,号称北宋"五子"。南宋最著名的学者,亦有四家,号称南宋"四子"。

1. 朱熹字晦翁。

2. 张栻字南轩。

3. 陆九渊字象山。

4. 吕祖谦字东莱。

这四家中,朱陆最关重要,宋代的新的儒家哲学,他们二人集其大成。张吕皆非高寿,五十岁前后死,所以他们的门生弟子,不如朱陆之盛。南轩的学风，同朱子最相近，没有多大出入。东莱的学风，想要调和各家的异同。最有名的鹅湖之会，即由东莱发起，约好朱陆同旁的几家，在鹅湖开讲学大会，前后七天。这件事，在中国学术史上，极有光彩，极有意义。吕是主人，朱陆是客，原想彼此交换意见，化异求同，后来朱陆互驳，不肯相让，所以毫无结果。虽说没有调和成功，但两家经此一度的切磋，彼此学风都有一点改变，这次会总算不白开了。由鹅湖之会，可以看出朱陆两家根本反对之点，更可以看出东莱的态度及地位如何。

至于朱陆学说的详细情形，留到本论再讲，此刻不过提出两家要点，稍为解释几句。朱子学派，祖述程子——二程子中之小程，即伊川。伊川有两句很要紧的话："涵养须用敬，进学在致知。"他教人做学问的方法如此。用敬，关于人格方面，下功夫收摄精神，收摄身体，一切言语动作都持谨严态度，坚苦卓绝，可以把德性涵养起来。什么叫"用敬"？就是主一无适之谓。以今语释之，即精神集中，凡做一件事，专心致志，没有做完时，不往旁的想。致知，关于知识方面，不单要人格健全，还要知识丰富。什么叫"致知"？朱子释为穷理，《补大学格致传》说："所谓致知在格物者，言欲致吾之知，在即物而穷其理也。盖人心之灵，莫不有知，而天下之物，莫不有理。唯于理有未穷，故其知有不尽也。是以《大学》始教，必使学者，即凡天下之物，莫不因其已知之理，而益穷之，以求致乎其极。"朱子学问具见于文集、语录及《性理大全》，不过简单地说，可以把上面这两句话概括之。

陆子学派，有点像大程，即明道。最主要的，就是立大、义利之辨和发明本心。孟子说："先立乎其大者，则其小者不能夺也。"陆子将此二语极力发挥。何谓立大？就是眼光大的人，把小事看不起,譬如两个小孩,争夺半边苹果,大打一架,大哭一场。在我们绝对不会如此,因为我们至少还看见比苹果大的东西,就不为小物而争夺了。明人尝说:"尧舜事业,不过空中半点浮云。"就是因为他能立大。所以汉高祖、唐太宗的事业,从孔子、释迦、基督看来,亦不过半边苹果而已。立大,是陆学根本。至于他用功的方法,第一是义利之辨。何谓义利之辨?就是董仲舒所谓:"正其谊不谋其利,明其道不计其功。"这个话,从前人目为迂阔,其实不然。做学问就是为学问,为自己人格的扩大崇高,不是为稿费,不是为名誉,更不为旁人的恭维。譬如说捐躯爱国,要是为高爵,为厚禄,为名誉,那全不对,一定要专为国家才行。朱子知南康军事时,修复白鹿书院,请陆子讲演,陆子为讲"君子喻于义,小人喻于利"一章。那天天气微暖,听众异常感动,遂不觉汗流浃背。于此可见陆学的门径了。第二是发明本心。何谓发明本心?就是孟子所说"不失其赤子之心"。陆子亦相信人性皆善,只要恢复本心,自然是义不是利,自然能够立大。做学问的方法无他,"求其放心而已"。本心放失,精神便衰颓,本心提起,志气立刻振作。好像一座大火炉,纵然飞下几块雪片,绝不能减其热烈。陆子这个话,从大程子出,大程子的"识得仁体",就是陆子的"发明本心"。以现在的话来说,又叫着认识自我。人的本心,极其纯洁,只要认识他、恢复他,一切零碎坏事俱不能摇动。人看事理不明,因本心为利害所蒙蔽了。

知识方面,朱子以为"天下之物,莫不有理"。而其精蕴,则已具于圣贤之书,故必由是以求之。陆子以为学问在书本上找,没有多大用处,如果神气清明,观察外界事物自然能够清楚。修养方面,朱子教人用敬,谨严拘束,随时随事检点。陆子教人立大,不须仔细考察,只要人格提高,事物即难摇动。所以朱谓陆为空疏,陆谓朱为支离,二家异同,其要点如此。陆不重书本,本身学问虽博,而门弟子多束书不观,袖手清谈,空疏之弊,在所难免。朱子重书本,并且要"即凡天下之物,莫不因其已知之理,而益穷之,以求至乎其极",但天下事物如此之多,几十年精力,一件都不能穷,又安能即凡物而穷之呢?

两家主张不同,彼此辩论,互不相服。后来有许多人,专讲调和,或引朱入陆,或引陆入朱,而两家门下则彼此对抗。引陆入朱的人,以为自经鹅湖之会以后,象山领悟朱子,子寿尤为敬服。引朱入陆的人,如王阳明,作《朱子晚年定论》,李穆堂又作《朱子晚年全论》,证明朱子晚年与陆子同走一条路。然站在朱子方面的人,则目王、李为荒唐。平心而论,两派各走各路,各有好处,都不失为治学的一种好方法,互相攻击,异常的无聊。最好各随性之所近,择一条路走去,不必合而为一,更不必援引那个,依附这个。

南宋学派,主要的是朱陆两家,历元明清三代,两派互为消长,直至现在,仍然分立。两派之外,还有两个人应当注意。一个是张南轩,可以说他是朱学的附庸,死得很早,没有多大成就,与朱子并为一派无妨。南轩生在湖南,湖湘学派,与朱子学派,实在没有什么区别。

一个是吕东莱。吕家世代都是有学问的人,所以吕家所传中原文献之学,一面讲身心修养,一面讲经世致用,就是我们前次所说内圣外王的学问。朱陆偏于内圣,东莱偏于外王。东莱自己,家学渊源,很好很有名,虽然早死,而门弟子甚多,后来变为永嘉学派。永嘉学派,最主要的有这几个:(1)薛季宣号艮斋。(2)陈傅良号止斋。(3)陈亮号同甫。(4)叶适号水心。他们都是温州一带的人。艮斋、止斋,专讲学以致用,对于北宋周程一派,很多不满的批评。以

为只是内心修养,拘谨呆板,变为迂腐,应当极力提倡学以致用,才
不会偏。同甫气魄更大,颇有游侠之风,他的旗号是"王霸杂用,义
利双行"。对于朱子的穷理格物固然反对,对于陆子的义利之辨亦
很反对。论年代,薛稍早,与朱陆差不多,二陈稍晚。论主张,艮斋
和止斋相同,同甫走到极端。东莱本来是浙人,浙江学者大半属东
莱门下。东莱死,兄弟子侄门生,全走一条路,就是薛陈所走这条
路,以后成为浙派。

朱子自信甚坚,对于旁的学派,辩得很起劲。朱子在学问上的
两大敌,一派是金溪(即象山),一派是永嘉(即薛、叶、二陈)。朱子
很痛心,本来东莱门下全都和他要好,后来都跑到永嘉一派去了。
文集中,与象山和止斋辩论的信很多;语录中,批评陆派和永嘉的
话亦很多。朱陆在当时都很盛,朱子门下最得意的是黄勉斋、蔡元
定,没有多大气魄,不能够把他的学问开拓出来。其后一变再变,成
为考证之学。朱子涵养用敬的工作,以后没有多大发展;进学致知
的工作,开后来考证一派。朱派最有光彩的是黄震(东发)、王应麟
(伯厚)二人,黄的《黄氏日钞》,王的《困学纪闻》,为朱派最有价值
之书。清代考证学者,就走他们这一条路。

象山门下,气象比朱派大。朱子对于象山虽不满,而谓其门下
光明俊伟,为自己门下所不及。象山是江西人,在本地讲学最久,但
是几个大弟子都是浙东人,所谓甬上(宁波)四先生,即杨简、袁燮、
舒磷、沈焕,得象山的正统。江浙二省,在学术上有密切关系。象山
是江西人,其学不传于江西而传于浙东。阳明是浙东人,其学不传
于浙东而传于江西。杨、袁、舒、沈是浙东,吕、薛、陈、叶亦是浙东,
后来陆派同永嘉结合,清代的黄梨洲、万季野、邵念鲁、章实斋,他们
就是两派结合的表现。

　　南宋四子，实际上只有三派，即朱派、陆派及永嘉派，这三派在当时尚未合一。南宋末年，几乎握手，可惜没有成功。元明以后，朱学自为一派，陆永合为一派，其势力直笼照到现在。

　　南宋时代，南方的情形如此，北方的情形又怎么样呢？北方自金人入主后，中原残破，衣冠之属相继南迁。所以在宋金对峙时，南方的文化比北方高。但金至世宗一朝——约与孝宗同时，四五十年间，太平安乐，极力模仿汉化，文运大昌。金方所流行者，为三苏一派，因为模仿东坡父子的文章，连带模仿他们的学术。所以那政治上宋金对峙，学术上洛蜀对峙。北方的人，事事幼稚，文学不振，哲学更差。惟有一人，应当注意，即李纯甫号屏山。宋儒无论哪一家，与佛都有因缘，但是表面排斥。宋儒道学，非纯儒学，亦非纯佛学，乃儒佛混合后，另创的新学派。屏山是宋人，自然要带点佛学气味，不过他很爽快，所著的《鸣道集》，直接承认是由佛学出来，对洛派二程异常反对，指为阳儒阴佛，表里不一。他所讲的内容，好像李翱的《复性书》，发挥得更透彻明白。

　　朱子到晚年，一方面学派日昌，弟子遍于天下，一方面抵触当道，颇干朝廷厉禁。其中如宋宁宗的宰相韩侂胄执政时，在朝的朱子，及在野的同党，俱持反对态度。侂胄亦指朱子为伪学，排斥不遗余力。北宋的元祐党人、南宋的庆元党人，俱以正士为朝廷所不容。朱子死后，弟子不敢会葬，可见当时朱学所受压迫的程度了。又经几十年，到理宗中叶及度宗初叶，伪学之禁既开，而当时讲学大师，朱陆两家门下（陆派亦在伪学禁中），俱在社会上很有声誉。朝野两方，对宋学异常尊崇，其势复振。不久，宋室灭亡，蒙古代兴。

　　元朝以外族入主中国，文化不高，时间又短，在学术史上占不了重要位置。内中只有戏曲的文学差可撑持,天文数学亦放异彩,至于哲学方面则衰微已极。元朝学者,唯许衡(鲁斋)、刘因(静修)、吴澄(草庐)三人,稍露头角。这几位在元朝为大师,在全部学术史上,比前比后,俱算不了什么。固然朱学在元朝很发达,但朱学在宋末已为社会上所公认,元人不过保守权威,敷衍门面,无功可述,现在只好略去不讲。

明太祖初年,规模全属草创,对于文化,未能十分提倡。到永乐时,始渐注意,《性理大全》即于是时修成,以五子(周、程、张、朱)学术为主。此书编得很坏,纯属官书,专供科举取士之用,使学者考八股时,辨黑白而定一尊,除五子外,旁的俱所排斥。明人编修《性理大全》,用以取士,号尊宋学,尤其是程朱一派;实则把宋学精神完全丧失,宋学注重修养,何尝计及功名呢!

中间有几个著名大师,为明学启蒙期的代表,如方孝孺(正学)、吴与弼(康斋)、薛瑄(敬轩)、曹端(月川)、胡居仁(敬斋),俱在科举盛行时代一心研究学问,不图猎取功名。这种精神,极可佩服,而方孝孺风烈尤著,仗义不屈,为成祖诛其十族。他们几个人的学问,都出于程朱。薛胡诸人,比较平正通达。吴康斋的学问,由朱到陆,明代陆学之盛自康斋起。

明代中叶,新学派起,气象异常光大。有两个大师,可以代表,一个是陈献章(白沙),一个是王守仁(阳明)。陈白沙是广东新会的学者,离吾家不过十余里。他是吴康斋的弟子,他的学问,在宋代几位大师中,有点像大程子,又有点像邵康节。那种萧然自得的景象,与其谓之为学者,毋宁谓之为文学家。古代的陶渊明,与之类似,文章相仿佛,学问亦相仿佛。再远一点,道家与之类似——老、庄之道,非陈、种之道,他的学风很像庄子。孔门弟子中,曾点与之类似。"莫春者,春服既成,冠者五六人,童子六七人,浴乎沂,风乎舞雩,咏而归"。这种恬淡精神,两人一样。

白沙叫人用功的方法,就在"静中养出端倪"一句话。"端倪"二字太玄妙,我们知道他的下手功夫在用静就得了。白沙方法,与程朱不同,与象山亦不同。程朱努力收敛身心,象山努力发扬志气,俱要努力;白沙心境与自然契合,一点不费劲。"端倪"二字实在不易解,或者可以说是老庄的明自然,常常脱离尘俗,与大自然一致。其自处永远是一种鸢飞鱼跃、光风霁月的景象,人格是高尚极了,感化力伟大极了,可惜不易效法,不易捉摸。所以一时虽很光明,后来终不如阳明学派的发达。

白沙在家时多,出外时少。总计生平,只到过北京两次,旁的地方都未曾去,交游总算简单。他有一个弟子湛若水,号甘泉,亦是广东人,与他齐名。当时称陈湛之学,或称湛王之学。甘泉做的官很大(礼部尚书),去的地方亦很多,所到之处就修白沙书院,陈学的光大算是靠他。甘泉比阳明稍长,甘泉三十余岁,阳明二十余岁,同在北京做小京官,一块研究学问。阳明很受甘泉的影响,亦可以说很受白沙的影响。

王阳明,浙江余姚人,他在近代学术界中,极其伟大;军事上政治上,亦有很大的勋业。以他的事功而论,若换给别个人,只这一点,已经可以在历史占很重要地位了;阳明这么大的事功,完全为他的学术所掩,变成附属品,其伟大可想而知。阳明的学问,得力于龙场一悟。刘瑾当国,阳明弹劾他,位卑言高,谪贬龙场驿丞。在驿三年,备受艰难困苦,回想到从前所读的书、所做的事,切实体验一番,于是恍然大悟。这种悟法,是否与禅宗参禅有点相类,我们也不必强为辩护,但是他的方法,确能应时代的需要。其时《性理大全》一派，变为迂腐凋敝，把人心弄得暮气沉沉的，大多数士大夫尽管读宋代五子的著作，然不过以为猎取声名利禄的工具，其实心口是不一致的。阳明起来，大刀阔斧地矫正他们，所以能起衰救敝，风靡全国。

阳明的主要学说，即"致良知"与"知行合一"二事。前者为对于《大学》格物致知的问题。朱子讲格物，教人"即凡天下之物，莫不因其已知之理而益穷之，以求至乎其极"这种办法。朱子认为：《大学》所谓"明明德"的张本，从"大学之道"起至"未之有也"止，是经，以下是传。"诚意、正心、修身、齐家、治国、平天下"都有传，唯有"格物致知"无传，文有颠倒断节。朱子替他补上，其学说的要点，即由此出。阳明以为：读古人书，有些地方加添，有些地方补正，这种方法固有价值，但是《大学》这篇，绝对不应如此解释。所以他发表古本，不从朱子改订本。主张格物致知，即是诚意，因为原文说："欲诚其意者，先致其知。"下面又说："故君子必慎其独也。"慎独，即是致知，致知的解释，不是客观的知识，乃孟子所谓"人之所不学而知者其良知也"的良知。"致"的意思，是扩充它，诚意功夫如此。拿现在的话解释，就是服从良心的第一命令，很有点像康德的学说，事到临头，良知自能判断。如像杀人，头一念叫你不要做。又像职分上的牺牲，头一念叫你尽管做去。这就是良知；第二念、第三念，便又坏了。或者打算做好事，头一念叫你做去，第二念觉得辛苦，第三念又怕危险，于是歇手不做。这种就是致良知没有透彻。为人做学问，入手第一关键在此。

阳明既然主张致良知，更不能不主张知行合一。如恶恶臭，如好好色；见恶臭是知，恶恶臭是行；见好色是知，好好色是行。知、行两个字，原是一件东西，事到临头，良知自有主宰，善使知善，恶使知恶,丝毫瞒他不得。世未有知而不行的,知而不行,不是真知。如小孩看见火,伸手去摸,成人决不会摸,因为成人知道烫人,小孩不知道烫人。又如桌上放好臭鸭蛋、臭豆腐,不恶恶臭的人吃,恶恶臭的人就不吃。只需你一知道,要吃或不吃,立刻可以决定,这便是知行合一。朱子以为先要致知,然后实行,把做学问的功夫分成两橛。阳明主张,方说一个知,已自有行在;方说一个行,已自有知在,只是一件,决不可分。阳明教人下手方法,与朱子教人下手方法不同。

阳明寿虽不长,但是一面做事,一面讲学,虽当军事倥偬,弦诵仍不绝声,所以门生弟子遍于天下。明中叶后,全国学术界,让阳明一人支配了。王学的昌大,可分两处。一是浙江,是他生长的地方;一是江西,是他宦游的地方。所以阳明门下,可分为浙江及江西两派。前次讲象山生在江西而其学盛于浙江,阳明生在浙江而其学却盛于江西,赣浙文化有密切的关系。传阳明的正统,为江西几位大师,如邹守益号东廓,罗洪先号念庵,欧阳德号南野,颇能代表江西王学。阳明死后,就是这几个人,最得阳明真谛。但是王学的扩充光大,仍靠家乡浙派几位大师,有早年的,有晚年的。最初是徐爱号曰仁,钱德洪号绪山,他们二人,得阳明正宗。徐早死,《传习录》有一部分是他作的。钱寿较长,其传颇盛。稍后是王畿号龙溪,他是阳明的老门生,年寿最长,阳明的学派的光大自他起,阳明学派的变态亦自他起。当初阳明教人,有四句话:"无善无恶心之体,有善有恶意之动,知善知恶是良知,为善去恶是格物。"钱绪山以为这四句是阳明教人定本,王龙溪以为这四句是阳明教人权法,归根结底,性无善无恶,意无善无恶,知无善无恶,物无善无恶。阳明的话,没有多大玄学气味;龙溪的话,玄味很深,无下手处。所以王学末流,与禅宗末流混在一起,读他们的书,可以看出来,并不是阳明真面目。

阳明学派,另有几个重要人物,一个是罗汝芳号近溪,一个是王艮号心斋,都于王学有莫大的功劳。世或以王艮与王畿并称二王,或以近溪与龙溪并称二溪。心斋是一个倜傥不羁之士,本传称阳明做巡抚时,会徒讲学,心斋那时三十八岁,跑去见他,分庭抗礼辩难几点钟后,始大折服,执弟子礼。回去想想,似乎尚有不妥处,跑去收回门生帖子,彼此又辩,又折服了,才做阳明的门人。阳明说:"吾曩擒宸濠,一无所动,乃为斯人所动,是真学圣人者。"心斋言动奇矫,时戴古冠,穿异服,传达先生之道,阳明很骂他几回,但是他始终不改。心斋才气极高,门下尤多奇怪特出之士。何心隐就是一个,本姓梁,改姓何,以一个布衣用种种的方法把严嵩弄倒了,我们不能不佩服他有真本事。阳明死后,最接近的是二王或二溪,但是他们所走的路,与阳明很不一样。结果江西学派虽得正统,但是一传再传,渐渐衰微下去了。

最有力推行王学的,还是浙派(龙溪)和泰州派(心斋)。在晚明时候,有这样几个人:周汝登号海门,陶望龄号石篑,李贽号卓吾。周陶变为禅宗,李更狂肆,他们主张的"酒色财气,不碍菩提路",阳明学派愈变愈狂妄。到晚明时,本身起很大的变化,又可分为两派:第一派,参酌程朱学说,纠正末流的偏激,东林二大师顾宪成(泾阳)、高攀龙(景逸)就是代表。他们觉得周、李、陶一派太放肆了,须以朱学补充之,他们的学问仍从王出,带点调和色彩。第二派,根据王学的本身,恢复阳明的真相,刘宗周(蕺山)就是代表。他排斥二王二溪甚力,专提慎独,代替良知,以为做慎独的功夫,可以去不善而继于至善。顾高以程朱修正王学,蕺山以王学本身恢复王学，主张虽有出入，都不失为阳明的忠臣。

此外因王学末流的离奇，社会上起一种很大的反动，亦可分为两派：第一派，以程朱攻击阳明，与顾、高等不同，陈建（清澜）就是代表。他著一部《学蔀通辩》，一味谩骂，甚觉无聊，自称程朱，实于程朱没有什么研究。有时捏造事实，攻击人身，看去令人讨厌，然在学术史上不能不讲。因为明目张胆攻击王学，总算他有魄力。清初假程朱一派侈言道学，随声附和，用陈建的口吻攻击王学者颇多。第二派，主张读书，带点考证气味，焦竑、王世贞、杨慎就是代表。他们不唯攻击王学，连宋学根本推翻，周程张朱皆所反对，攻击程朱的话恐怕比阳明还多。几个人学问都很渊博。唯杨升庵较不忠实，造假书，造假话骗人。这一派，因为对于宋元明以来的道学下总攻击，在晚明时，虽看不出有多大力量，但有清初至乾隆中叶，极其盛行，旧学风的推翻，新学风的建设，都由他们导引出来。

清代学术，是宋元明以后，一大转关，性质和前几代俱不相同。汉唐学者，偏于声音训诂的追求，马、郑、服、杜、陆、孔、贾以后没有多大发展的余地；宋儒嫌他们太琐碎了，另往新方面进行。宋明学者，偏于理气心性的讨论，程朱陆王以后，也没有多大发展的余地；清儒嫌他们太空虚了，另往新方面开拓。清代学者，承性理学烂熟的反动，以"汉学"相标榜，至乾嘉中叶，而汉学号称全盛。清代学风，固然偏在考证，对于儒家哲学亦有很大影响，可分建设及破坏两面观察。前者对于整理国故，用力最勤，与儒学只有间接关系；后者对于推翻宋学，成效颇大，与儒学有直接关系。

甲　破坏方面

先从破坏方面观察。清代学者，对于宋元明以来七百年间所成就的学派，认为已到过度成熟、发生流弊的时期，非用革命手段摧陷廓清，不能有新的建设。这种破坏的工作，不自清始，晚明已然。焦竑、王世贞、杨慎，都是反动派的健将，不过革命的气焰至清代而极盛罢了。分开来讲，又分两种：一种是破坏王学，阳明这派，时代最晚，发达最盛，有些人专门与他为难。一种是破坏宋学，不单反对阳明，连周程张朱一律在所排斥。这两种中，破坏的工作及程度，亦有种种的不同，大概可以举出五派人作为代表。

1. 用程朱作后盾，破坏陆王，可以陆陇其（稼书）作为代表。他同上次所讲做《学蔀通辩》的陈建，一样的主张，认程朱为正统，陆王为异端，所以破坏王学，完全为拥护朱学。这一派范围最狭窄，理由最浅薄，然在社会上最有力量。不是因为系统学者多，乃是倚仗八股文人多，拿朱注作考试的工具，自然拥护朱学。有学问的人，尽管瞧不起他们，但是一般流俗，非常羡慕他们，不知不觉地，势力便大起来了。

2. 有一种博杂而无系统的学问，利用好奇心，打倒前人，猎取名誉，可以毛奇龄（西河）作为代表。这派的话，尖酸刻薄，挑剔附会，舞文弄墨的地方很多，其所攻击，不单是王学，乃在宋学全部。（西河比较的尚拥护王学，但也不是王学真相。）西河学问渊博，方面多，寿命长，后来许多人跟他学，在学术界很占势力，大致都带一点轻薄口吻，学问博杂，颇为后来考证学派辟出一种新路径。考证家不直接出自西河，但是他们所受西河的影响，很是不小。

上面两种破坏法，都不算十分正当：前者范围过于狭隘，门户之见太重；后者手段不对，专门骂人，自己亦无所得。不过他们这两派，在社会上势力确是不小，一般俗儒随声附和，非常崇拜他们。

3. 没有成见，并不是以程朱作后盾，比较对于朱学稍为接近，对于王学末流加以攻击,可以顾炎武(亭林)、朱之瑜(舜水)二人作为代表。朱舜水当明亡以后,不愿受清朝的辖治,亡走日本,在中国影响不大,而在日本影响极大。明治维新以前,德川氏二百年,真以儒学致太平,这完全受舜水之赐,所以他在本国无地位,而在全局中地位极高,可与顾亭林并列。顾氏为清代学术的开创者,其学问的大部分俱在建设方面,下节再讲。至于破坏方面,见地极其高明,他不唯不满意王学末流,且不满意阳明本身,赞成阳明人格,反对他的学风。陆稼书二派,所讲朱学,其实是"八股家言",算不得什么学问。顾、朱不是墨守朱学,另外自有心得,比较起来,对王破坏,对朱敬礼。不能说是以朱攻王,然于破坏王学,很有力量。

4. 对于宋学全部,不管程朱陆王,根本认为不对,施行猛烈的总攻击,可以费密(燕峰)、颜元(习斋)二人作代表。这两人,在从前,大家都不十分注意,一向讲清代学术的人,都没有提到他们。颜氏近二三十年来,渐渐复活,费氏著作从前没有刻出,人不知道,近几年作品出版,了解的人比较多了。费燕峰,四川人,晚年侨寓扬州,从前人只知他会作诗,《池北偶谈》称他极为王渔洋所推服。他的哲学思想,具载他的遗著中,新近才刻出来,但是在建设方面没有什么贡献。颜习斋,直隶杨村人,以前没有铁路,很少人知道这个地方,他终身亦未同士大夫接触过。但是他比费燕峰强,费氏几个儿子,虽亦能作诗,活动力很小,颜氏的门生李塨(刚主)活动力异常之大,到处宣传他老师的学说,所以早几十年复活了。

费颜二人,对于宋元明七百年来的学说根本上不承认,下总攻击,斥为与孔孟门庭不同。攻击之点有三:头一件,是不赞成宋儒主静。他们以为做学问要动,主静不是做学问的方法,根本与儒家道术相反。第二件,不赞成宋儒以道统自居。程朱本人还没有说什么，他们的门下，常说得不传之学。《原道》所谓尧传舜，舜传禹，禹传汤，汤传文武周公，文武周公传孔子，孔子传孟轲，轲之死，未得其传。何以隔一千多年，传到河南程夫子，这岂不是造谣？第三件，偏于内圣，不讲外王，把政治社会都抛弃了。程、朱、阳明，虽非抛去外王不问，但是偏重内圣一些，末流愈走极端，知其一不知其二，颇足授人口实。这种话搔得着痒处，对于宋学末流攻击得很对。不过在社会上没有多大势力，远不如前述三派的受人注意，直到近二三十年，才渐渐发扬光大起来。

前三派，带这一派，都在道术本身上着眼，或专破王学，或兼破宋明，辩争之点不离道术，可谓主流，为造成破坏势力的中坚。

5. 还有一派，不在道术本身下手，而在著作及解经方面挑剔，可以惠栋（定宇）作为代表。惠氏年代较迟，而力量很大。他攻击不到陆王，陆王对于各经都不曾作注，他攻击的主要对象就是程朱。前回讲，朱学启蒙时代，专门做注疏的功夫，到全盛时代，所有各经都重新另注一回。他们注经的方法，与汉唐学者迥异，汉唐注重训诂，他们注重义理。自南宋末年起至明洪武的《性理大全》出版止，几百年间，解经俱以朱注为主，汉唐注疏完全束之高阁了。惠栋一派出，朱注渐衰，而汉唐注疏复活。

清初学者，一面反对宋儒道术本身，一面反对宋儒解经方法。结果，宋人的总不对，汉人的总对，愈古愈好，愈近愈不行。乾嘉的考证学，以这派为先导，毛西河如此主张，陈启源亦如此主张，但是认真打旗号，拥戴汉学，推翻宋学，还是要算惠定宇。上面所述五种学派，联合起来，努力破坏，所以清代学术，对于宋元明学术，起很大的变化。最近三百年，在学术史上划一新纪元，秦汉学术复兴，宋明学术几乎全部消沉下去了。

乙 建设方面

次从建设方面观察。清代学者的建设事业，大部分在考证方面，以现在的话来解释，就叫做整理国故。这种工作，于儒家道术只有间接关系，直接关系很少，可以略去不讲，我们且要知道这种工作很勤劳、威信也很伟大就是了。考证以外，对于儒家道术，有直接关系的建设事业，可以分好几派，一方面根据王学朱学，加以修正或发明，他方面更能一空依傍，自树一帜。他们所处的时间，先先后后不同，他们所在的地方，南北东西各异。现在我们举出六个人，简单地说明一下。

1. 继承王学，加以修正，当推孙奇逢（夏峰）。王学末流，变得很多，处处受社会上的非难。要想维持王学，不能不加以修正，孙夏峰、李二曲都是如此主张，而夏峰推衍流派较盛。夏峰生于晚明，人格高尚，豪侠好义，最能济朋友之难，寿命又很长，直活到九十三岁才死。清师入关，他的家乡让满人圈去了，跑到河南苏门躬耕讲学，门弟子从之游者极多，所以他这一派，在清初算是很盛。他是王派，但并不墨守王学，对程朱都不攻击，有人把他编入调和派。清初学者，以朱攻王者有之，以王攻朱者觉少，顶多为阳明作辩护而已，夏峰即是如此。他在河南，躬行力践，用工坚苦，其学问虽得力于阳明，然对于王学末流禅宗顿悟的学风，深所不取。后来汤斌（潜庵）的学问，就得力于夏峰。他们二人的工作，专在恢复王学本来面目，对于二溪以后的王学予以相当的排斥，以恢复阳明真相，使得有保存的价值，可谓王学的修正派。

2. 发明王学，使之愈益光大，当推黄宗羲（梨洲）。明末王学后殿，就是刘蕺山。他生于浙东，浙东王学很盛，但是变相，非本来面目,他因为末流太猖狂了,设法校正他们。清初浙中王学,分为两派:二溪一派,以姚江书院为中心。蕺山一派,以证人书院为中心。《明儒学案》称明代大师二人,前有阳明,后有蕺山。梨洲是蕺山的门生,学问上继续的修正王学,修养上亦全本蕺山遗绪。但他另向一方面发展,即史学及经世之学。阳明本有六经皆史之说,而且本身事功极盛,梨洲循着这一点发挥光大,颇能改正王学末流空疏置悟之弊。梨洲一方面承蕺山遗绪,发明王学,于清代学风上,其开辟的功劳与顾亭林等;一方面建设新学派,努力史学,后来万季野、邵念鲁、全谢山、章实斋这一般人,都完全受他的影响。关于史学方面,这是后话,且不用讲。专讲他在儒家道术方面,真不愧王学大师,二百多年来,感化力的宏大,规模的深远,还没有超过他的啊!

承继孙夏峰学说的,是汤潜庵;承继黄梨洲学说的,是李穆堂。两位都是乾隆时人,为陆王学派的结束者。汤作巡抚,李作侍郎,皆光明俊伟,规模宏大。汤纯为实行家,纸面上的学问不多;李为著作家,有全集行于世。他们都是结束陆王学派的人,做的事业算是结束。同时不能不算是一种建设,令陆王学派经时代变迁,仍能立脚得住,有价值,有光彩,这是他们的功劳。

在王学方面,有这几个人,支持残垒,遗绪尚可不坠。在朱学方面,人才就很难得。大抵有清一代,学者态度,阳奉阴违,表面是宋学,骨子里是汉学,对于朱子直接攻击者少,敷衍面子者多。其间拥护程朱的,多半是阔老,一面骂陆王派为狂禅,一面骂汉学家为破碎,反抗程朱便是大逆不道。"宁说周孔错,不说程朱非"。这类人,多从八股出身,在学者社会中没有多大势力;在普通社会,很能耸动视听。可以略去不讲。勉强要在程朱派找出一个人来,只好还数陆稼书,清代最初从祀孔庙的是他。他于程朱学术的全体无多大发明,只能说他持身甚严,卫道甚力而已。清代程朱派人数虽多,人才很少,与其求之于陆稼书一派,不如求之于汉学家。汉学家训诂之学,实际上是从厚斋东发一派衍生出来。章实斋说过戴东原尽管骂朱子,实际上走的是朱子那条路。这个话,两方都不承认,但是事实,给我们一种很好的证明。

3. 尊敬程朱,而能建设新学说,当推顾炎武（亭林）。顾氏,大家公认为清学开山祖师,然绝不像宋学派之以道统自任。他对程朱表示相当敬意,在山西时,曾修朱子祠堂,可谓之准朱学派。然而亭林对于朱学的修正,比梨洲对于王学的修正还多。黄氏根本上以王学为主；顾氏对朱学,不过敬礼而已。亭林方面很多,经世之学,有《天下郡国利病书》；考证之学,有《日知录》。好几个清代的学派,都由他开发出来。他治学自立门庭,反对讲空话,不轻言义理性命,专从实际的方面下手。他对于儒家道术,不单讲内圣,兼讲外王。宋明学者,都只一偏,并非儒家真相,他想恢复儒家本来面目,专提《论语》所谓"行己有耻,博学于文"两句话,用来涵盖一切。修养的方法很多,最扼要是行己有耻,即自律甚严之谓,对于晚明放佚颓废的学风根本上施以校正。一个人要方正,要廉隅,不要像球那样滚,日夜自己检束,归根结底是"知耻"二字。不耻恶衣恶食,而耻匹夫之不被其泽；不耻地位不如人,而耻品格不清。他专在廉隅、名节、出处、进退、辞受、取予方面注意,以为要如此才可以完成人格。这种有耻之教,比蕺山慎独之教还要鞭辟近里些。治学的方法很多,最扼要是博学于文。"文"有几种解释,书本知识是文,自然现象是文,社会现象亦是文,要随时观察研究。所以说他的学问,不单是内圣方面,而且兼外王方面。至于要明白他对于耻及文的详细解释,可以在他的《日知录》及文集里边找去。他本人人格崇高,才气伟大，为明代忠贞不二的遗老，很得力于他母亲（非亲生母）的教训。他的父亲早死，母亲未婚守节，十七岁到顾家，过继他作养子，慢慢地抚育成人。满洲入关，义不事二姓，绝食二十七日而死。这样的节妇，真是难能可贵了！顾母死时，嘱咐亭林，不得在清朝作官。他平时所受教育很深，临终又有这样大的刺激，所以他一身行为，完全受顾母的支配。亭林初非明室官吏，然念念不忘恢复，到处观察形势，预为地步。到事功绝望时，乃另创一种学风，直影响到现在，其成就不在恢复明室之下。他人格高尚，无论哪派，不能不佩服。他学问渊博，开出来的门庭很多，说到清学的建设，自然不能不数他了。

4. 非朱非王，独立自成一派，当推王夫之（船山）。船山是湖南人，他这一派，叫做湖湘学派。在北宋时为周濂溪，在南宋时为张南轩，中间很消沉，至船山而复盛。他独居讲学，并无师承，居在乡间，很少出来，生平只到过武昌一次，北京一次，可以说是个乡下人。清师入关，他抵死不肯剃头，所以怕人看见，藏在山洞里，穷到没有纸笔，然仍好学不厌。他的学风，与程朱比较接近，不过谓之程朱，毋宁谓之横渠。横渠作《正蒙》，船山的中心著作为《正蒙注》。横渠于书本外，注重观察自然界现象，船山也受他的影响，其精神比较近于科学的。张学自南宋断后几百年，至清初又算继续起来了。船山坚苦卓绝，人格感化极强，学问尤为渊博。他的《读通鉴论》《宋论》，不愧为一史评家，对于历史上事实另用新的眼光观察。所以他除自己身体力行外，学问方面，在史学界贡献甚大。这两部史论，专作翻案，为后来读史的人思想开放许多。船山对于佛学很有研究，而且学的是法相宗，作有《相宗络索》。近二十年法相宗复活，研究的人很多，并不算稀奇；但是在那时，佛教方面，完全为禅宗及净土宗所占领,没有人作学理的研究,他独在二百年前,祖述玄奘以后中断了的坠绪,可谓有独到的见解了。并且当时儒学末流,养成狂禅,分明是学佛教,抵死不肯承认与佛教有关;他独明目张胆,研究儒学,同时又研究佛教,一点不掩饰,这是何等的爽快!船山在清初湮没不彰,咸同以后,因为刊行遗书,其学渐广。近世的曾文正、胡文忠都受他的熏陶,最近的谭嗣同、黄兴亦都受他的影响。清末民初之际,智识阶级没有不知道王船山的人,并且有许多青年作很热烈的研究,亦可谓潜德幽光,久而愈昌了。

5.　尊崇程朱,传其学于海外,当推朱之瑜(舜水)。舜水在本国没有什么影响,史家多不能举其名,他后半生都在日本过活,日本最近二百年的学风完全由他开出。明亡后,他屡屡欲作光复的事业,初到日本,后到安南、暹罗,在海外密谋起义,赤手空拳地经过多少艰难困苦,到底毫无成就。后来郑成功、张苍水大举北伐,攻下镇江,几乎克复南京,他在苍水军中规划一切,曾经走到芜湖,结果,还是失败了。自是之后,光复事业完全绝望,他便打定主意,在满清统治之下,绝对不回中国。那时日本人还抱闭关主义,外国人只能在长崎租界停顿些时,旁的地方一律不让住。所以他很困难,住些时走了,走了又来,往返许多次。长崎的日本人,知道他学问渊博,人格高尚,异常敬礼。后来让大将军德川氏听见了,请到东京去,待以宾师之礼。他亦以师道自居,德川光国的儿子,亦作他的门生,他于是住在东京,又几十年才死。因为德川氏的敬礼,全国靡然从风,对于他的起居言动,都很恭敬。他在日本学术界,算是很有势力。日本从前受中国文化最深是唐代,派遣学生、学僧,来唐留学,唐时佛教甚盛,儒学衰微,学去的都是佛教。宋明儒学复兴,但其时中日关系浅薄,所以日本对于儒学,根本上不明了。舜水是程朱派的健将,自他去后,朱学大昌。朱子之学,在国内靠陆稼书一般人的提倡,不过成绩很有限;在国外靠朱舜水一个人的传播,真是效力大极了。自然舜水是程朱一派的人,但是本事很大,书本上的知识很好,实际上的事情一点亦不放松。他在日本,学风上很有贡献,诗(各家的诗)同画(小李将军的山水)亦很有影响。他带去的东西,至今还归日本帝国博物院保存。他又懂建筑,日本之有孔庙,即由他起。孔庙中的房屋栋宇、衣服器具,完全摹仿中国,都由他打图样,起稿子。连他自己的棺材,亦属亲手造成,要能耐久不坏,清朝之后,好运回中国。辛亥革命时,还在日本保存,我们可以设法交涉,运回国来。固然他们尊重朱夫子,不愿运走,但本人的志愿,死后非运回来不可,应以尊重本人志愿为是。日本博物院,还有朱舜水手造模型,确是当年遗物。由此可以知道,他不单讲身心性命,还讲各种技术。他又教日本人读《资治通鉴》,以为最有益人神智。他在日本,前后十几年,人格感化力大,方面又多,可以说自遣唐留学以后,与中国文化真正接触就是这一回。德川氏二百多年,以文治国,就是继承他的遗绪;维新以前,一般元老,都很受影响。他是朱学,中国王学亦输入,到维新时,两派都有了。维新时一切改革,王派力量很多,朱派力量亦不少,把朱学由中国传到日本,就是靠他。

6. 反朱反王,而能独立自成一派,要算颜元(习斋)。习斋的学说,很有点像实验派的杜威。他完全是一个乡下佬,境遇非常可怜。他的父亲在崇祯十二年,满洲人大掠直隶、山东,掳去为奴去了,后来死在那里。习斋伶仃孤苦,父亡母嫁,成为一个无依无靠的孤儿,由旁人把他抚育长大。所以意志坚苦卓绝,虽然无师无友,而能独立自成一家。他反对宋学,主张根本推翻,以为孔孟都是动的,宋学独是静的,与孔孟相反。他尤其厌恶的是谈玄,儒家本不谈玄，宋以来玄味日趋浓厚，大非古意。他想复古，复到孔门所学，只谈礼、乐、射、御、书、数，不谈身、心、性、命。知识由何而来？由于做。譬如我们想到南京，不知怎样走法，问路径，买地图，可以知道大概；但要知道实在情形，还得亲身走去。他说宋以后的学问，只是问路径买地图，不曾亲身走路；真的儒家道术，不应如此。习斋对于周程以下，原想根本推翻，另外建设新的学派。那时虽未成功，其思想行事，很带科学精神，若使生于今日，必定是一个纯粹的科学家。他立志做书本以外的学问，礼、乐、射、御、书、数，样样都去实行，自己打靶，自己赶车，乐要学古乐，礼要依《仪礼》。但是所做这些事还是离不开书本，很难说是成功，不过精神可取就是了。他的话，很有许多合于科学，前两年科玄战争，就有许多人引用其中一部分，到现在看来，还是对的。这些地方，很可以令人佩服。他因为太古板，没有开辟什么。他的门生李恕谷，活动力很大，文章好，学问又渊博，常到北京。那时北京士大夫喜欢讲学，有一次，请万季野主讲，大家去听，季野见恕谷，异常佩服，就介绍恕谷讲。以季野的声名学问，很能震动一时，达官贵人拜倒门下者不少，但是对于这个无声无臭而且又年轻的李恕谷，居然客气谦逊起来，不能不说是异样的举动。由此北京人才知道有李塨，又才知道有颜元。恕谷极其活动，曾到陕西，又到江南，到处宣传他老师的学说，所以这派学问，在当时很有力量。戴东原的见解，与颜李相同之点颇多，虽不敢说直接发生关系，然间接总受影响。恕谷死后，汉学派盛行，对于他的学问，大不谓然；而假程朱一派，尤为恨入骨髓。在两种势力压迫之下，颜李这派自然日就消沉了。道光末，戴望子高，很提倡颜氏学说。近二三十年来，颇有复活的趋势，大家都承认颜氏为一个大师，很佩服他的不说空话，专讲实行的精神。但是他的学问究竟能复活与否,我尚怀疑,因为太刻苦了,很难做到。他最反对以孔门的话作为口头禅,我们但学他的话,不能实行他的主张,算不得真颜李派。往后青年,果能用极坚苦的精神去实行,自然可以复活。

清代初叶,在建设方面,可以这六派作为代表。虽然他们的学说各有短长,然俱能自树一帜,而且持之有故,言之成理,有的于当时影响很大,有的于后代影响很大。而且这几个大师,方面都很多,不像宋儒,单讲身心性命,所以开辟力格外来得强大。后来各种学说,都由他们启个端绪,由后人集其大成。清代学术所以能大放异彩,大部分靠他们。

丙　清中叶以后四大潮流

上面所说破坏方面的五派,建设方面的六派,都是清代初叶同中叶的事情。中叶以后到乾嘉之间,这许多学说暂时各归沉寂,另有四大潮流出现,而考证学不在内。在前面已经说过了,考证学与儒家道术无大关系,可以不讲,有关系的就是这四大潮流。

1. 皖南学派,以戴震(东原)为代表。东原本来受他乡先辈江永(慎修)的影响。(有人说他是慎修的学生,这个话靠不住,恐怕是私淑弟子。)慎修的学问,有点像顾亭林,对于经学及音韵学很有研究,对于程朱的学问亦能实行。他的《近思录续考》,可谓朱门正传。朱派自王厚斋、黄东发以后,就是顾亭林;亭林以后,就是江慎修。东原自幼便受慎修的影响。清代考证学,东原集其大成,本人著作很多,段玉裁、王念孙皆出其门下。在当时惠戴齐名,但是定宇成就小,东原开辟多,在清代中,他算第一流的学者。与他同时的人,推重他的训诂考证。其实东原所得,尚不止此,他之所以伟大,还是在儒家道术方面,《孟子字义疏证》及《原善》、《原性》,俱有独到的见解。他死后，门生洪榜为作行状，以他所作《与彭进士书》嵌入，亲友哗然。结果，戴家所发行状，把那一段删去，而洪榜文集中则将原文留下。旁的为他作传作行状的人，都没有提到他的儒学，这是很不对的。《孟子字义疏证》将原书一字一字地解释，把儒家道术大部分放在里边，可算得孟氏功臣。他一方面发挥性善之说，一方面反对宋儒分性为天理、气质二种，认定宋儒矫正性欲，全属过分，与颜习斋、费燕峰相呼应。他对于费书，绝对没有看见，对于颜的学说，或者间接受李恕谷、程绵庄的影响。他这一派，对于宋儒谈玄一部分，如无极、太极之说，根本上攻击。对于宋儒谈性一部分，如存天理、去人欲之说，亦很反对。空空洞洞，专凭主观的理，不能有好结果，必定要根据客观的事实。东原自命为孟子功臣，我们看来，与其说他是孟子的功臣，毋宁说他是荀子的功臣。他的学说，与孟不同，与荀相近。他虽反对程朱，实际上得力于程朱者很多，与程朱走的是一条路（看《文史通义·朱陆》篇）。帮助孟子，然而不像孟子；反对朱子，然而近似朱子。清代程朱学派，陆稼书不算正统，戴东原才是正统；最少他对于朱学修正补充，使有光彩，有价值，功劳还在稼书之上。因为他生的北方，在皖之南，可以称为皖南学派。《四库全书》，大部分由他编定。他在清代中叶，算是一个中坚人物。门生多传他的考订、训诂、校勘之学，但他关于儒学道术的话，亦有很大的影响。凌廷堪（次仲）、焦循（理堂）、阮元（芸台），都是一方面研究考订，一方面研究儒术。焦循作《孟子正义》，对于儒学，有相当的发明。阮元为焦循内弟，同在一块研究学问，著述中关系儒学的话尤多。到阮元时，清代汉学已达全盛，自然有流弊发生，所以他自己就提倡汉宋并重，以图挽救。阮做官很大，到的地方亦很多，学问不如东原，而推广力过之。即如广东，他经手创学海堂，只取四十个学生,大多积学之士,在学问上贡献极大;广东近百年的学风,由他一手开出。广东近代几位大师,都主张调和汉宋,可以陈兰甫、朱九江作为代表。兰甫比九江声名更大,考证学亦很好,他作《东塾读书记》《孟子》一卷、《诸子》一卷、《程朱》一卷,联合贯通发明处颇多。又作《汉儒通义》,以为宋儒并不是不讲考据,汉儒并不是不讲义理。这种学风,也可以说是清末粤学的特色。即以我自己而论,对于各家都很尊重,朱程的儒学固然喜欢,考据学亦有兴趣,就是受陈朱两先生的教训。更由陈朱推到阮,由阮推到戴,可见戴派影响之大。

2. 浙东学派,以章学诚(实斋)为代表。自宋以来,浙东学术很发达,吕东莱而后是陈同甫、叶水心,再后是甬上四先生杨、袁、舒、沈,又后是王阳明、刘蕺山,都是浙东人。浙东在学术界,占很高的地位。陈、叶的文献经世之学,与阳明的身心性命之学混合起来,头一个承受的人,便是黄梨洲。前面讲他对于阳明学派的建设,只算一部分;还有一部分——最重大的部分,是文献之学,即史学。梨洲是清初大师,他的门生,为万充宗及万季野。季野较渊博伟大,《明史稿》由其一手作成。二万是直接的门生,还有一个私淑弟子,即邵廷采(念鲁)。念鲁的祖父,为阳明门生,属姚江书院派,与证人书院派相对抗,到念鲁又受业梨洲之门,对于史学异常注重。浙东最有名的学者,都是史学大师,万、邵为史学界开山鼻祖。稍晚一点,为全祖望(谢山),学问方面很多,但是主要工作仍在文献方面。由黄梨洲而万季野、邵念鲁,由万、邵而全谢山,渐渐成为一种特有的学风。致用方面,远绍宋代吕东莱一派文献之学;修养方面,仍主阳明。到乾隆末,出一位大师,曰章实斋,集浙东学派之大成。实斋全部工作,皆在史学;然单以史学,看不出整个的章实斋,好像单以经学，看不出整个的戴东原一样。二人于本行之外，在儒家道术上，亦有相当地位。二人交情不好，彼此相轻，学风则有一点相同，俱不主张空谈性命，对于带玄学的心性论异常反对，要往实际方面下死功夫。实斋讲道外无器，器外无道，此二语出自《易经》。《易经》说："形而上者谓之道，形而下者谓之器。"东原主张相同，亦有近似这类的话。实斋讲六经皆史，要求儒家道术顶好在历史上求去，道起三人居室，在古代为书本学问，在近代为社会事物，所以他自己用力的工作全在史学上。实斋这一派虽为第二大潮流，然在当时不很显著；他看不起东原，东原门下又看不起他，而东原声气广远，他的势力抵抗不过，自然在当时难于风行。他的价值，最近二三十年，才被人认出来。

3. 桐城学派，以方东树（植之）为代表。我讲桐城人物，不举方苞，不举姚鼐，因为他们仅能作点文章，没有真实学问，所谓桐城文学，不过纸上谈兵而已。自明末以来，桐城很出人才，最初是方以智，明清之间的第二流学者。其次是方苞（望溪）、戴名世（南山），康雍之间，颇负盛名。南山以文章出名，所谓因文见道，自他起，后遭文字狱死，大家引以为戒。望溪属于程朱派，其地位远在稼书之下，稼书尚不过尔尔，他的学问更不必说。桐城学派，以前实无可讲。嘉庆末年，出了一个伟大人物，即方植之。他生当惠戴学派最盛行的时候，而能自出主张，不随流俗所尚，可谓特出之士了。汉学全盛之后，渐渐支离破碎，轻薄地攻击程朱，自己毫无卓见。方承这种流弊，起一极大反动，作《汉学商兑》《书林扬觯》，对汉学为猛烈的攻击，主张恢复程朱。他对于程朱究竟有多少心得，我不敢说，但在汉学全盛时代，作反抗运动，流弊深了，与他们一副清凉散吃，在思想界应有重要的地位。他很穷，跟随阮元，充当幕府。阮开学海堂，其中学长,初用外省人,本堂有成就后,才用本省人,他便做了第一任的学长。广东学风,采调和态度,不攻宋学,是受他的影响;此犹其小焉者。还有更大的影响,就是曾文正一派。曾文正很尊敬他,为他刻文集,曾一面提倡桐城文学,一面研究朱学,有《圣哲画像赞》,自伏羲、文王、周公、孔子起,一直传到姚姬传止,姚为方的先生,因为尊敬方,才尊敬姚。曾派及其朋友门下,靠儒学作根底,居然能做出如许的功业,人格亦极其伟大,在学术界很增光彩。而他们与桐城派关系极深,渊源有自,所以我们不能不认桐城为很大的学派。

4. 常州派,可以庄存与(方耕)、刘逢禄(申受)为代表。常州在有清一代,无论哪一门学问,都有与人不同的地方。古文有阳湖派,词有阳湖派,诗亦有阳湖派,尤其在学问上,另外成为一潮流,有极大的光彩。这一派在经学方面,主张今文学。今古文的争执,东汉以后,已渐消灭。直到清代中叶,又将旧案重提,提案的人就是庄、刘。他们反对东汉以后的古文,恢复西汉以前的今文,研究《公羊传》,专求微言大义。以为东汉以后解经的人,都在训诂名物上作功夫,忘却了主要的部分。这派的主张,牵连到孔子的政治论,都说孔子作《春秋》的来意,就是内圣外王。自他们专提今文以后,今文在学术界很有极大的势力。继他们而起的,有两种人,籍贯虽然不是常州,然不能不说是常州一派。一个是魏源(默深),著有《海国图志》《皇朝经世文编》,颇努力于经世致用之学。一个是龚自珍(定庵),著有《定庵文集》,关于政治上的论调极多。反抗专制政体的话,创自黄梨洲、王夫之,至龚、魏更为明显。他们一面讲今文,一面讲经世,对于新学家刺激力极大。我们年轻时,读他二人的著作,往往发烧。南海康先生的学风,纯是从这一派演出。我们一方面赞成今文家的政治论,一方面反对旧有的传统思想,就是受常州派的影响。我年轻时，认为他们的主张，便是孔子的真相。近来才觉得那种话，不过一种手段，乃是令思想变化的桥梁。

上述四派，为乾、嘉、道、咸之间学术上四个大潮流，主张都很精彩，能集前人所已成，能开前人所未发，所有重要的学者和主张都让他们包括尽净了。还有一派，附带要讲的，就是佛学。自宋学兴起以后，儒者对于佛学，骨子里受用，口内不敢说。前清中叶以后，有一派人，不客气地讲佛，由阳明转一转手，最主要的是罗有高（台山）、彭绍升（尺木）、汪缙（大绅）。他们对于净土宗很实行，对于禅宗很排斥。虽然留着辫子，实际上是几个未受戒的和尚，文章很好，儒学亦好；他们的地位，很像唐代的李翱和梁肃。自从他们把真面目揭开以后，大家才觉得讲佛不是一件对不起人的事情，用不着藏藏躲躲。魏默深、龚定庵都很讲佛，不过没有实行；罗、彭、汪等，有纯洁的信仰，言行又能一致，所以在社会上很能站得住脚。龚、魏等虽是佛徒，但没有他们的纯粹，不能编入此派。清末常佛两派，结合得很坚固。我的朋友中，如戊戌死难的谭嗣同，即由常州派及佛派的结合，再加上一点王船山的思想，以自成其学问。清代主要的学派及潮流，大致如此。

六　儒家哲学的重要问题

以前讲研究法有三种：时代的研究法、宗派的研究法、问题的研究法。本讲义以时代为主，一时代中讲可以代表全部学术的人物同潮流。但是问题散在各处，一个一个地讲去，几千年重要学说的变迁，重要问题的讨论，先后的时代完全隔开了，很不容易看清楚。添这一章，说明儒家道术究竟有多少问题，各家对于某问题抱定何种主张,某个问题讨论到什么程度,还有讨论的余地没有,先得一个简明的概念,往后要容易懂些。以后各家,对于某问题讨论得详细的,特别提出来讲;讨论得略的,可以省掉了去。

真讲儒家道术,实在没有多少问题。因为儒家精神不重知识——问题多属于知识方面的。儒家精神重在力行,最忌讳说空话。提出几个问题,彼此互相辩论,这是后来的事;孔子时代原始的儒家根本没有这种东西。近人批评西洋哲学说:"哲学这门学问不过播弄名词而已。"语虽过火,但事实确是如此。哲学书籍虽多,要之仅是解释名词的不同。标出几个名词来,甲看见这部分,乙看见那部分;甲如此解释,乙如彼解释,所以搅作一团无法分辨。专就这一点看,问题固不必多,多之徒乱人意。许多过去大师都不愿讨论问题,即如陆象山、顾亭林,乃至颜习斋,大概少谈此类事,以为彼此争辩,究竟有什么用处呢? 颜习斋有个很好的譬喻:譬如事父母曰孝,应该研究如何去冬温、夏清、昏定、晨省,才算是孝。乃历代谈孝的人,都不如此研究,以为细谨小节,反而追问男女如何媾精,母亲如何怀胎,离去孝道不知几万里。像这类问题,不但无益,而且妨害实行的功夫。

理论上虽以不谈问题为佳,实际上,大凡建立一门学说,总有根本所在。为什么会发生这种学说? 如何才有存在的价值? 当然有多少原理藏在里边。所以不讨论学说则已,讨论学说便有问题。无论何国,无论何派,都是一样。中国儒家哲学,所讨论的问题虽然很少,但比外国的古代或近代,乃至本国的道家或墨家,都不相同。即如希腊哲学由于爱智,由于好奇心,如何解释宇宙,如何说明万象,完全为是一种高尚娱乐,为满足自己的欲望。至于实际上有益无益,在所不管。西洋哲学,大抵同实际发生关系很少。古代如此,近代亦复如此。中国的道家和墨家,认为现实的事物都很粗俗,没有研究的价值;要离开社会,找一个超现实的地方,以为安身立命之所。虽比专求知识较切近些,但离日常生活还是去得很远。唯有儒家,或为自己修养的应用,或为改良社会的应用,对于处世接物的方法,要在学理上求出一个根据来。研究问题,已陷于空;不过比各国及各家终归要切实点。儒家问题与其他哲学问题不同就在于此。儒家的问题别家也许不注重,别家的问题儒家或不注重,或研究而未精。看明了这一点,才能认识他的价值。

现在把几个重要问题分别来讲。

(一)性善恶的问题

"性"字在孔子以前,乃至孔子本身,都讲得很少。孔子以前的,在《书经》上除伪古文讲得很多可以不管外,真的只有两处:《西伯戡黎》有"不虞天性,不迪率典",《召诰》有"节性唯日其迈"。"不虞天性"的"虞"字,郑康成释为"审度"。说纣王不审度天性,即不节制天性之谓。我们看"节性唯日其迈",意思就很清楚。依郑氏的说法,"虞"字当作"节"字解;那么《书经》上所说的性,都不是一个好东西,应当节制它才不会生出乱子来。

《诗经·卷阿》篇"岂弟君子,俾尔弥尔性",语凡三见。朱《诗集传》根据郑《笺》说:"弥,终也;性,犹命也。"然则性即生命,可以勉强作为性善解。其实"性"字,造字的本意原来如此,性即"生"加"小",表示生命的心理。照这样讲,《诗经》所说"性"字,绝对不含好坏的意思。《书经》所说"性"字,亦属中性,比较偏恶一点。

孔子以前对于"性"字的观念如此,至于孔子本身亦讲得很少。子贡尝说:"夫子之言性与天道,不可得而闻也。"《论语》算是可靠了，里面有很简的两句："性相近也，习相远也。"下面紧跟着是："唯上智与下愚不移。"分开来讲，各皆成理，可以说得通。补上去讲，就是说中人之性，可以往上往下；上智下愚生出来便固定的，亦可以说得通。贾谊《陈政事疏》引孔子语，"少成若天性，习惯成自然"。这两句话好像性相近习相远的注脚。贾谊用汉人语翻译出来的，意味稍为不同一点。

假使《周易》的《系辞》《文言》是孔子作，里面讲性的地方倒很多。《乾彖传》说："乾道变化，各尽性命。"《乾卦·文言传》说："乾元者，始而亨者也。利贞者，性情也。"《系辞上传》说："一阴一阳之谓道，继之者善也，成之者性也。"又说："成性存存，道义之门。"《说卦传》说："和顺于道德而理于义，穷理尽性以至于命。"诸如此类很多，但是《系辞》里边互相冲突的地方亦不少。第三句与第四句冲突，第四句与第五句亦不一样，我们只能用作参考。假使拿他们当根据，反把性相近习相远的本义弄不清楚了。

子贡说："性与天道，不可得而闻。"可见得孔子乃至孔子以前，谈性的很少。以后为什么特别重要了呢？因为性的问题，偏于教育方面。为什么要教育？为的是人性可以受教育；如何实施教育？以人性善恶作标准。无论教人或教自己，非先把人性问题解决，教育问题没有法子进行。一个人意志自由的有无，以及为善为恶的责任是否自己担负，都与性有关系。性的问题解决，旁的就好办了。孔子教人以身作则，门弟子把他当做模范人格，一言一动都依他的榜样。但是孔子死后，没有人及得他的伟大教育的规范，不能不在"性"字方面下手，性的问题因此发生。我看发生的时候，一定去孔子之死不久。

王充《论衡》的《本性篇》说："……周人世硕以为人性有善有

恶。举人之善性,养而致之,则善长;性恶,养而致之,则恶长。如此性各有阴阳善恶,在所养焉。故世子作《养性书》一篇。宓子贱、漆雕开、公孙尼子之徒,亦论情性,与世子相出入,皆言性有善有恶。……"世子,王充以为周人,《汉书·艺文志》以为孔子再传弟子。主张性有善恶,有阴阳,要去养他,所以作《养性书》。可惜现在没有了。宓子贱、漆雕开、公孙尼子俱仲尼弟子,其著作具载于《汉书·艺文志》,王充曾看见过。

宓子贱、漆雕开以后,释性的著作有《中庸》。《中庸》这篇东西,究竟在孟子之前,还是在孟子之后,尚未十分决定。崔东壁认为出在孟子之后,而向来学者都认为子思所作。子思是孔子之孙,曾子弟子,属于七十子后学者。如《中庸》真为子思所作,应在宓、漆之后,孟子之前。而性善一说,《中庸》实开其端。《中庸》起首几句,便说:"天命之谓性,率性之谓道,修道之谓教。""率性",另有旁的解法。若专从字面看,朱子释为:"率",循也。"率"与"节"不同,"节"讲抑制,含有性恶的意味。"率"讲顺从,含有性善的意味。又说:"唯天下至诚,为能尽其性;能尽其性,则能尽人之性;能尽人之性,则能尽物之性;能尽物之性,则可以赞天地之化育;可以赞天地之化育,则可以与天地参矣。"这段话,可以作"率性之谓道"的解释。"率性",为孟子性善说的导端。"尽性",成为孟子扩充说的根据,就是依照我们本来的性,放大之,充满之。《中庸》思想很有点同孟子相近。《荀子·非十二子篇》把子思、孟子一块骂,说道,"略法先王,而不知其统。犹然而材剧志大,闻见杂博。……子思唱之,孟轲和之,世俗之沟犹瞀儒,讙讙然不知其所非也"。这个话,不为无因。孟子学说,造端于《中庸》地方总不会少。

一面看《中庸》的主张,颇有趋于性善说的倾向;一面看《系辞》《说卦》说，"一阴一阳之谓道，继之者善也，成之者性也"，"穷理尽性，以至于命"，亦是近于性善说的话。如《系辞》为七十子后学者所作，至少当为子思一派。或者子思的学说，与孟子确有很大的影响。《系辞》《文言》非孔子所作，因为里面称"子曰"的地方很多，前回已经说过了。《彖辞》《象辞》，先儒以为孔子所作，更无异论。其中所谓"乾道变化，各尽性命"，与《系辞》中所讲性，很有点不同，不过生之谓性的意思。此外《彖辞》《象辞》不知道还有论性的地方没有，应该聚起来，细细加以研究。

大概孔子死后，弟子及再传弟子，俱讨论性的问题。主张有善有恶，在于所养，拿来解释孔子的"性相近，习相远"两句话。自孔子以后，至孟子以前，儒家的见解都是如此。到孟子时代，性的问题愈见重要。与孟子同时，比较稍早一点的有告子。《告子》上下篇，记告、孟辩论的话很多。告子生在孟前，孟子书中有"告子先我不动心"的话。墨子书中，亦有告子。不知只是一人抑是二人。勉强凑合，可以说上见墨子，下见孟子。

这种考据的话，暂且不讲。单讲告子论性，主张颇与宓子贱及世子相同。告子说："生之谓性。"造字的本义，性就是人所以生者。既承认生之谓性，那么，善恶都说不上，不过人所以生而已。又说："食色性也。"这个性完全讲人，专从血气身体上看性，更没有多少玄妙的地方。赤裸裸的，一点不带色彩。他的结论是："性无善无不善也。"由告子看来，性完全属于中性，这是一说。

同时公都子所问还有两说。或曰："性可以为善，可以为不善。"或曰："有性善，有性不善。"第一说同告子之说，可以会通。因为性无善无不善，所以性可以为善，可以为不善。再切实一点讲，因为性有善有不善，所以可以为善，可以为不善。第二说，有性善有性不善，与性有善有不善不同。前者为人的差异，后者为同在一人身中，部分的差异。所以说"文武兴则民好善，幽厉兴则民好暴"。只要有人领着群众往善方面走，全社会都跟着往善走。又说"以尧为君而有象，以瞽瞍为父而有舜"。瞽瞍的性恶不碍于舜的性善。这三说都可以谓之离孔子原意最近。拿去解释性相近习相远的话，都可以说得通。

　　孔子所说的话极概括，极含浑。后来偏到两极端，是孟子与荀子。孟子极力主张性善。公都子说他"今日性善，然则彼皆非欤"。孟子所主的性善，乃是说："君子所性仁、义、礼、智，根于心。"这句话如何解释呢？《公孙丑上》说："恻隐之心，仁之端也；羞恶之心，义之端也；辞让之心，礼之端也；是非之心，智之端也。人之有是四端也，犹其有四体也。"这几种心都是随着有生以后来的。《告子上》又说："口之于味也，有同嗜焉；耳之于声也，有同听焉；目之于色也，有同美焉。至于心，独无所同然乎？心之所同然者何也？谓礼也，义也。圣人先得我心之所同然耳。故理义之悦我心，犹刍豢之悦我口。"这类话讲得很多。他说仁义礼智，或说性是随着有生就来的。人的善性，本来就有好像口之于美味，目之于美色一样，尧舜与吾同耳。

　　人性本善，然则恶是如何来的呢？孟子说是习惯，是人为，不是原来面目。凡儒家总有解释孔子的话，"心之所同然"，"圣人与我同类"，这是善，是性相近；为什么有恶，是习相远。《告子上》又说："牛山之木尝美矣，以其郊于大国也，斧斤伐之，可以为美乎？是其日夜之所息，雨露之所润，非无萌蘖之生焉，牛羊又从而牧之，是以若彼濯濯也。人见其濯濯也，以为未尝有材焉，此岂山之性也哉？虽存乎人者，岂无仁义之心哉？其所以放其良心者，亦犹斧斤之于木也，旦旦而伐之，可以为美乎？其日夜之所息，平旦之气，其好恶与人相近也者几希，则其旦昼之所为有梏亡之矣。梏之反覆则其夜气不足以存，夜气不足以存，则其违禽兽不远矣。人见其禽兽也，而以为未尝有才焉者，是岂人之情也哉？”这是用树林譬喻到人。树林所以濯濯，因为斩伐过甚。人所以恶，因为失其本性。所以说“若夫为不善，非才之罪也”。人性，本是善的；失去本性，为习染所误，才会作恶。好像水本是清的，流入许多泥沙，这才逐渐转浊。水把泥沙淘净，便清了；人把坏习惯去掉，便好了。自己修养的功夫以此为极点，教育旁人的方法，亦以此为极点。

孟子本身对于“性”字，没有简单的定义。从全部看来，绝对主张性善。性善的本原只在人身上，有仁义礼智四端，而且四端亦就是四本。《公孙丑上》讲：“无恻隐之心非人也。无羞恶之心非人也。无辞让之心非人也。无是非之心非人也。”说明人皆有恻隐之心。以乍见孺子将入于井为例，下面说，“非所以内交于孺子之父母也，非所以要誉于乡党朋友也，非恶其声而然也”。赤裸裸的只是恻隐，不杂一点私见。这个例确是引得好，令我们不能不承认，恻隐之心，人皆有之。可惜羞恶之心、辞让之心、是非之心，就没有举出例来。我们觉得有些地方，即如辞让之心，便很难解答。若能起孟子而问之，倒是一件很有趣的事情。孟子专看见善的方面，没有看见恶的方面，似乎不大圆满。荀子主张与之相反。要说争夺之心，人皆有之，倒还对些。那时的人如此，现在的人亦然。后来王充《本性篇》所引如商纣羊舌食我一般人，仿佛生来就是恶的，不能不承认他们有一部分的理由。孟子主张无论什么人，生来都是善的；要靠这种绝对的性善论作后盾，才树得起这派普遍广大的教育原理。不过单作为教育手段，那是对的。离开教育方面，旁的地方有的说不通，无论何人亦不能为他作辩护。

因为孟子太高调，太极端，引起反动，所以有荀子出来主张性恶。《性恶篇》起头一句便说："人之性恶，其善者伪也。"要是不通训诂，这两句话很有点骇人听闻。后人攻击他，就因为这两句。荀子比孟子晚百多年，学风变得很厉害。讲性不能笼统地发议论，要根据论理学，先把名词的定义弄清楚。在这个定义的范围内，再讨论其性质若何。"性恶"是荀子的结论。为什么得这个结论，必先分析"性"是什么东西，再分析"伪"是什么东西；"性"、"伪"都弄明白了，自然结论也就明白了。什么是性？《正名篇》说："生之所以然者谓之性。"与告子"生之谓性"含义正同。底下一句说："性之和所生，精合感应，不事而自然谓之性。"便是说自然而然如此，一点不加人力。性之外，还讲情。紧跟着说："性之好恶喜怒哀乐谓之情。"这是说情是性之发动出来的，不是另外一个东西，即性中所含的喜怒哀乐，往外发泄出来的一种表现。什么是伪？下面又说："情然而心为之择，谓之虑；心虑而能为之动，谓之伪。""能"字，荀子用作"态"字，由思想表现到耳目手足。紧跟着说："虑积焉能习焉而后成，谓之伪。"这几段话，简单地说，就是天生之谓性，人为之谓伪。天生本质是恶的，人为陶冶，逐渐变善。所以他的结论是："人之性恶，其善者伪也。"

荀子对于性解释的方法与孟子相同，唯意义正相反。《性恶篇》说："今人之性生而有好利焉，顺是故争夺生而辞让亡焉；生而有疾恶焉，顺是故残贼生而忠信亡焉；生而有耳目之欲，有好声色焉，顺是故淫乱生而礼义文理亡焉。然则从人之性，顺人之情，必出于争夺，合于犯分乱理而归于暴。故必将有师法之化，礼义之道，然后出于辞让，合于文理，而归于治。用此观之，然则人之性恶明矣，其善者伪也。故枸木必将待隐括蒸矫然后直,钝金必将待砻厉然后利,人之性恶必将待师法然后正,得礼义然后治。"这段话是说,顺着人的本性,只有争夺、残贼、淫乱,应当用师法礼义去矫正他。犹之乎以树木作器具,要经过一番人力一样。《性恶篇》还有两句说:"不可学不可事之在天者,谓之性。可学而能,可事而成之在人者,谓之伪。是性伪之分也。"这两句话,说得好极了。性、伪所以不同之点,讲得清清楚楚的。《礼论篇》还有两句说:"性者,本始材朴也;伪者,文理隆盛也。无性则伪之无所加,无伪则性不能自美。"这是说专靠原来的样子,一定是恶的,要经过人为,才变得好。

荀子为什么主张性恶? 亦是拿来作教育的手段。孟子讲教育之可能,荀子讲教育之必要。对于人性若不施以教育,听其自由,一定堕落。好像枸木钝金,若不施以蒸矫砻厉,一定变坏。因为提倡教育之必要,所以主张性恶说。一方面如孟子的极端性善论,我们不能认为真理;一方面如荀子的极端性恶论,我们亦不完全满意。不过他们二人,都从教育方面着眼:或主性善,或主性恶,都是拿来作教育的手段,所以都是对的。孟子以水为喻,荀子以矿为喻。采得一种矿苗,如果不淘、不炼、不铸,断不能成为美的金器。要认性是善的,不须教育,好像认矿是纯粹的,不须锻炼。这个话,一定说不通。对于矿要加功夫,对于人亦要加功夫;非但加功夫,而且要常常加功夫。这种主张,在教育上有极大的价值。但是离开教育,专门讲性,不见得全是真理。我们开矿的时候,本来是金矿,才可以得金;本来是锡矿,绝对不能成金。

孟荀以前,论性的意义,大概包括情性并讲,把情认为性的一部分。孟子主性善。《告子上》论情说:"乃若其情,则可以为善矣,乃所谓善也。"性善所包括的情亦善。荀子主性恶。《正名

篇》论情说："不事而自然谓之性,性之好恶喜怒哀乐谓之情。"性
恶所包括的情亦恶。笼统地兼言性情,把情作为性的附属品,汉
以前学者如此。

至汉,学者主张分析较为精密。一面讲性的善恶,一面讲情的
善恶。头一个是董仲舒,最先提出情性问题。《春秋繁露·深察名
号》篇说:"……天地之所生,谓之性情。性情相与,为一瞑,情亦性
也。谓性已善,奈其情何? 故圣人莫谓性善,累其名也;身之有性
情也,若天之有阴阳也。言人之质而无其情,犹言天之阳而无其阴
也。"董子于性以外,专提情讲。虽未把情撇在性外,然渐定性情对
立的趋势。王充《论衡·本性篇》说:"董仲舒览孙孟之书,作情性
之说曰:'天之大经,一阴一阳;人之大经,一情一性。性生于阳,
情生于阴。阴气鄙,阳气仁。曰性善者,是见其阳也;谓恶者,是见
其阴者也。'"人有性同情,与天地的阴阳相配,颇近于玄学的色彩。
而谓情是不好的东西,这几句话《春秋繁露》上没有,想系节其大
意。董子虽以阴阳对举,而阳可包阴;好像易以乾坤对举,而乾可
包坤一样。《春秋繁露》的话,情不离性而独立。《论衡》加以解释,便
截然离为二事了。大概董子论性有善有恶。《深察名号》篇说:"人
之诚,有贪有仁。仁贪之气,两在一身。"这个话,比较近于真相。孟
子见仁而不见贪,谓之善。荀子见贪不见仁,谓之恶。董子调和两
说谓:"仁贪之气,两在一身。"所以有善有恶。王充批评董子,说他
"览孙孟之书,作情性之说"。这个话有语病。他并不是祖述哪一
个的学说,不过他的结论,与荀子大致相同。《深察名号》篇说:"天
生民性,有善质而未能善。""今万民之性,待外教然后能善。"《实
性》篇又说:"名性者,中民之性。中民之性,如茧如卵。卵待覆
二十日而后能为雏,茧待缫以涫汤而后能为丝,性待渐于教训而后

能为善。善教训之所然也。"孟子主张性无有不善,他不赞成。荀子主张人之性恶,他亦不赞成。但是他的结论,偏于荀子方面居多。董子虽主情包括于性中,说"情亦性也",但情性二者,几乎立于对等的地位。后来情性分阴阳,阴阳分善恶,逐渐变为善恶二元论了。汉朝一代的学者,大概都如此主张。《白虎通》乃东汉聚集许多学者讨论经典问题,将其结果编撰而成一部书,其中许多话可以代表当时大部分人的思想。《白虎通·情性》篇说:"情性者,何谓也? 性者阳之施,情者阴之化也。人禀阴阳气而生,故内怀五性六情。情者静也,性者生也。此人所禀天气以生者也。故《钩命决》曰:'情生于阴,欲以时念也。性生于阳,以理也。阳气者仁,阴气者贪。故情有利欲,性有仁也。'"这些话,祖述董仲舒之说,董未划分,《白虎通》已分为二。王充时,已全部对立了。许慎《说文》说:"性,人之阳气有善者也。""情,人之阴气有欲者。"此书成于东汉中叶,以阴阳分配性情,性是善的,情是恶的。此种见地,在当时已成定论。王充罗列各家学说,归纳到情性二元,善恶对立,为论性者树立一种新见解。

情性分家,东汉如此,到了三国讨论得更为热烈。前回讲儒学变迁,说钟会作《四本论》,讨论才性同,才性异;才性合,才性离的问题。"才"大概即所谓情。孟子说:"乃若其情,则可以为善矣,乃所谓善也。若夫为不善,非才之罪也。"情才有密切关系,情指喜怒哀乐,才指耳目心思,都是人的器官。《四本论》这部书,可惜丧失了。内中所说的才是否即情,尚是问题,亦许才即是情。董尚以为附属,东汉时,已对立。三国时,更有同异离合之辩。后来程朱颜戴所讲,亦许他们早说过了。大家对于情的观念,认为才是好东西。这种思想的发生,与道家有关系,与佛教亦有关系。何晏著《圣人无喜怒哀乐论》主张把情去干净了，便可以成圣人，这完全受汉儒以阴阳善恶分性情的影响。

到唐朝，韩昌黎出，又重新恢复到董仲舒原性说："性也者，与生俱生者也；情也者，接于物而生也。性之品有三，而其所以为性者五。情之品有三，而其所以为情者七。……性之品有上中下三……其所以为性者有五：曰仁，曰礼，曰信，曰义，曰智。性之于情视其品。情之品有上中下三，其所以为情者七：曰喜，曰怒，曰哀，曰惧，曰爱，曰恶，曰欲。……情之于性视其品。"这是性有善中恶的区别，情亦有善中恶的区别。韩愈的意思，亦想调和孟荀，能直接追到董仲舒；只是发挥未透，在学界上地位不高。他的学生李翱就比他说得透彻多了。李翱这个人，与其谓之为儒家，毋宁谓之为佛徒。他用佛教教义拿来解释儒书，并且明目张胆地把情划在性之外，认情是绝对恶的。《复性书》上说："人之所以为圣人者，性也。人之所以惑其性者，情也。喜、怒、哀、乐、爱、恶、欲七者，皆情之所为也。情既昏，性斯匿矣，非性之过也。七者循环而交来，故性不能充也。……性之动静弗息，则不能复其性。"这是说要保持本性，须得把情去掉了。若让情尽量发挥，本性便要丧失。《复性书》中紧跟着说："将复其性者，必有渐也。敢问其方，曰：'弗虑弗思，情则不生，情即不生，乃为正思。正思者，无虑无思也。'"照习之的说法，完全成为圣人，要没有喜、怒、哀、乐、爱、恶、欲，真是同槁木死灰一样。他所主张的复性，是把情欲铲除干净，恢复性的本原。可谓儒家情性论的一种大革命。从前讲节性、率性、尽性，是把性的本身抑制他，顺从他，或者扩充他。没有人讲复性，复性含有光复之意。如像打倒清朝，恢复汉人的天下，这就叫复。假使没有李翱这篇，一般人论性，都让情字占领了去，反为失却原样。如何恢复？就是去情。习之这派话，不是孔子，不是孟子，不是荀子，不是董子，更不是汉代各家学说，完全用佛教的思想和方法，拿来解释儒家的问题。自从《复性书》起，后来许多宋儒的主张，无形之中受了此篇的暗示。所以宋儒的论性，起一种很大的变化，与从前的性论完全不同。

　　宋儒论性，最初的是王荆公。他不是周、程、朱、张一派，理学家将他排斥在外。荆公讲性，见于本集性情论中。他说："性情一也。七情之未发于外，而存于心者，性也；七情之发于外者，情也。性者，情之本；情者，性之用。情而当于理，则圣贤；不当于理，则小人。"此说在古代中，颇有点像告子。告子讲"生之谓性"，"食色性也"，"性，可以为善，可以为不善"，与"当于理则君子，不当于理则小人"之说相同。荆公在宋儒中，最为特别，极力反对李翱一派的学说。

　　以下就到周濂溪、张载、程颢、程颐、朱熹，算是一个系统。他们几个人，虽然根本的主张出自李翱，不过亦有多少变化。其始甚粗，其后甚精。自孔子至李翱，论性的人都没有用玄学作根据。中间只有董仲舒以天的阴阳，配人的性情讲，颇带玄学气味。到周、程、张、朱一派，玄学气味更浓。濂溪的话，简单而费解。《通书·诚几德》章说："诚无为，几善恶。"这是解性的话。他主张人性二元，有善有恶。《太极图说》又云："无极而太极，太极动而生阳。动极而静，静而生阴。"他以为有一个超绝的东西，无善无恶，即诚无为。动而生阴，即几善恶。几者，动之微也。动了过后，由超绝的一元变为阴阳善恶的二元。董子所谓天，即周子所谓太极。周子这种诚无为、几善恶的话，很简单。究竟对不对，另是一个问题。我们应知道的就是，二程、张、朱，后来都走的这条路。张横渠的《正蒙·诚明》篇说："形而后有气质之性，善反之则天地之性存焉。故气质之性，君子有弗性者。"形状尚未显著以前,为天理之性。形状显著以后,成为气质之性。天理之性,是一个超绝的东西。气质之性,便有着落,有边际。李翱以前,情性对举是两个分别的东西;横渠知道割开来说不通,要把喜怒哀乐去掉,万难自圆其说,所以在性的本身分成两种,一善一恶,并且承认气质之性是恶的。比李翱又进一步了。

明道亦是个善恶二元论者。《二程全书》卷二说:"论性不论气,不备;论气不论性,不明。"他所谓气,到底与孟子所谓情和才,是全相合,或小有不同,应当另外研究。他所谓性,大概即董子所谓情,论情要带着气讲。又说:"生之谓性,性即气,气即性。人生气禀,理有善恶,然不是性中元有此;两两相对而生,有自幼而善,有自幼而恶,气禀有然也。善,固性也;然恶亦不可不谓之性。"他一面主张孟子的性善说——宋儒多自命为孟子之徒——一面又主张告子的性有善有恶说。生之谓性一语,即出自告子。最少他是承认人之性善恶混,如像董仲舒、扬雄一样。后来觉得不能自圆其说了,所以发为遁词。又说:"人生而静以上不容说,才说性时,便已不是性也。"这好像禅宗的派头,才一开口,即便喝住。从前儒家论性,极其平实,到明道时,变成不可捉摸,持论异常玄妙,结果生之谓性是善不用说,有了形体以后,到底怎么样,他又不曾说清楚,弄得莫名其妙了。伊川的论调,又自不同,虽亦主张二元,但比周、张、大程都具体得多。《近思录·道体》类说:"性出于天,才出于气。气清则才清,气浊则才浊。气则有善有不善,才则无善无不善。"这种话与横渠所谓天理之性,气质之性,立论的根据很相接近。《全书》卷十九又说:"性无不善,而有善有不善者才也。性即是理,理则自尧舜至于途人一也。才,禀于气,气有清浊,清者为贤,浊者为愚。"名义上说是宗法孟子,实际上同孟子不一样。孟子说:"若夫为不善,非才之罪也。"主张性、情、才全是善的。伊川说:"有善有不善者,才也。"两人对于才的见解,相差多了。伊川看见绝对一元论讲不通,所以主张二元。但他同习之不一样。习之很极端,完全认定情为恶的。他认定性全善,情有善有不善。才,即孟荀所谓性,性才并举,性即是理,理是形而上物,这是言性的一大革命。人生而近于善,在娘胎的时候,未有形式之前为性,那是善的,一落到形而下为才,便有善有不善。二程对于性的见解,实主性有善有不善,不过在上面加上一顶帽子,叫做性之理,他们所谓性,与汉代以前所谓性不同,另外是一个超绝的东西。

朱熹的学问完全出于伊川、横渠,他论性,即由伊川、横渠的性论引申出来。《学》的上篇说:"论天地之性,则专主理;论气质之性,则以理与气离而言之。"这完全是解释张横渠的话。《语类一》又说:"性者,人之所得于天之理;生者,人之所得于天之气。"他把性同生分为两件事,与从前生之谓性的论调不一样。从大体看,晦翁与二程主张相似,一面讲天之理,一面讲天之气。单就气质看,则又微有不同。二程谓气质之性,有善有不善,属于董子一派。晦翁以为纯粹是恶的,属于荀子一派。因为天地之性是超绝的,另外是一件事,可以不讲。气质之性是恶的,所以主张变化气质。朱子与李翱差不多,朱主变化气质,李主消灭情欲。朱子与张载差不多,张分天地之性、气质之性,朱亦分天地之性、气质之性。气质是不好的,要设法变化他,以复本来之性。《大学章句》说:"明德者,人之所得乎天而虚灵不昧,以具众理,而应万事者也。但为气禀所拘,人欲所蔽,则有时而昏。然本体之明,则有未尝息者。故学者当因其所发而遂明之,以复其初也。"恢复从前的样子,这完全是李翱的话,亦即荀子的话。周、程、张、朱这派,其主张都从李翱脱胎出来,不过理论更较完善精密而已。

与朱熹同时的陆象山就不大十分讲性，《象山语录》及文集讲性的地方很少。《朱子语录》有这样一段："问子静不喜人论性，曰，怕只是自己理会不曾分晓，怕人问难，又长大了，不肯与人商量，故一截截断。然学而不论性，不知所学何事？"朱子以为陆子不讲这个问题，只是学问空疏。陆子以为朱子常讲这个问题，只是方法支离。不单训诂、考据，认为支离；形而上学，亦认为支离。朱陆辩《太极图说》，朱子抵死说是真的，陆子绝对指为伪的，可见九渊生平不喜谈玄。平常人说陆派谈玄，近于狂禅，这个话很冤枉。其实朱派才谈玄，才近于狂禅。性的问题，陆子以为根本上用不着讲。这种主张，固然有相当的理由，不过我们认为还有商酌的余地。如像大程子所谓"才说性时，便已不是性"，那真不必讨论。但是孟荀的性善性恶说，确有讨论的必要，在教育方面、其他方面俱有必要。总之，宋代的人性论是程朱一派的问题，陆派不大理会，永嘉派亦不大理会。

明人论性，不如宋人热闹。阳明虽不像子静绝对不讲，但所讲并不甚多，最简单的，是他的四句之教："无善无恶性之体，有善有恶意之动，知善知恶是良知，为善去恶是格物。"据我们看，阳明这个话说得很对。从前讲性善性恶都没有定范围，所以说来说去莫衷一是。认真说，所讨论的那么多，只能以"无善无恶性之体"七字了之。程朱讲性，形而上是善，形而下是恶。阳明讲性，只是中性，无善无恶；其他才、情、气都是一样，本身没有善恶。用功的方法，在末后二句。孟荀论性很平易切实，不带玄味。程朱论性，说得玄妙超脱，令人糊涂。陆王这派，根本上不大十分讲性，所以明朝关于这个问题的论调很少，可以从略。

　　清代学者对于程朱起反动，以为人性的解释要恢复到董仲舒以前，更进一步，要恢复到孟荀以前。最大胆、最爽快地推倒程朱，自立一说，要算颜习斋了。习斋以为宋儒论性，分义理气质二种，义理之性与人无关，气质之性又全是恶，这种讲法在道理上说不通。他在《颜氏学记》中主张："不唯气质非吾性之累，而且舍气质无以存养心性。"他不唯反对程朱，而且连孟子杞柳杯棬之喻亦认为不对，又说："孔孟以前责之习，使人去其所本无。程朱以后责之气，使人憎其所本有。"他以为历来论性都不对，特别是程朱尤其不对。程子分性气为二，朱子主气恶，都是受佛氏六贼之说的影响。《颜氏学记》卷二说："……若谓气恶，则理亦恶；若谓理善，则气亦善。盖气即理之气，理即气之理，乌得谓理纯一善，而气质偏有恶哉？譬之目矣，眶疱睛气质也，其中光明，能见物者性也。将谓光明之理，专视正色，眶疱睛乃视邪色乎？余谓光明之理，固是天命，眶疱睛皆是天命，更不必分何者是天命之性，何者是气质之性，只宜言天命人以目之性光明。能视即目之性善，其视之也，则情之善，其视之详略远近，则才之强弱，皆不可以恶言。盖详且远者固善，即略且近亦善，第不精耳，恶于何加？唯因有邪色引动，障蔽其明，然后有淫视而恶始名焉。然其为之引动者，性之咎乎？气质之咎乎？若归咎于气质，是必无此目而后可全目之性矣，非佛氏六贼之说而何？"他极力攻击李习之的话亦很多，不过没有攻击程朱的话那样明显，以为依李之说，要不发动，才算是性；依程朱之说，非挖目不可了。这种攻击法，未免过火，但是程朱末流流弊所及，最少有这种可能性。他根本反对程朱把性分为两橛，想恢复到孟子的原样，这是他中心的主张，所有议论俱不过反复阐明此理而已。

　　戴东原受颜氏的影响很深，他的议论与颜氏多相吻合，最攻击宋儒的理欲二元说,以为理是条理,即存于欲中,无欲也就无由见理。他说:"理者,察之而几微,必区以别之名也,是故谓之'分理'。在物之质曰'肌理',曰'腠理',曰'文理',得其分有条而不紊,谓之'条理'。"理存于欲,宋儒虽开人生,渺渺茫茫地另找一个超绝的理,把人性变成超绝的东西,这是一大错误。东原所谓性,根据《乐记》几句话:"人生而静,天之性也;感于物而动,性之欲也;不能反躬,天理灭矣。"由这几句话引申出来,以成立他的理欲一元、性气一元说。《孟子字义疏证》说:"人之精爽,能进于神明,岂求诸气禀之外哉?"又说:"理也者,情之不爽失者也。无过情,无不及情,谓之性。"《答彭进士书》又说:"情欲未动,湛然无失,是为天性。非天性自天性,情欲自情欲,天理自天理也。"大概东原论性,一部分是心理,一部分是血气。吾人做学问要把这两部分同时发展,所谓存性尽性,不外乎此。习斋、东原都替孟子作辩护,打倒程朱。习斋已经很爽快了,而东原更为完密。

中国几千年来,关于性的讨论,其前后变迁,大致如此。以前没有拿生性学、心理学作根据,不免有悬空肤泛的毛病。东原以后,多少受了心理学的影响,主张又自不同。往后再研究这个问题必定更要精密得多,变迁一定是很大的,这就在后人的努力了。

参考书目:

1. 孟子《告子》《尽心》两篇

2. 荀子《性恶》《正名》《劝学》三篇

3. 董仲舒《春秋繁露》:《深察名号》及《实性》两篇

4. 王充《论衡》:《率性》《不性》两篇

5. 韩愈《原性》一篇

6. 《白虎通义·情性》篇

7. 李翱《复性书》

8. 《朱子语录》讲"性"的一章

9. 《近思录·心性》两条

10. 颜习斋《存性》篇

11. 戴东原《孟子字义疏证》

12. 孙星衍《原性》一篇

（二）天命的问题

前次所讲，不过把研究的方法说一个大概。认真说儒家哲学到底有多少问题，每个问题的始末何如，要详细讲，话就长了。一则讲义体，不能适用，再则养病中，预备很难充分，所以只得从略。不过这种方法，我认为很好，大家来着手研究，一定更有心得。要不研究，专门批评亦可以。现在连续着讲几个问题，因时间关系，不能十分详细，仅略引端绪而已。

今天讲天同命的问题。这两个问题有密切的关系，为便利起见，略分先后，先讲天，后讲命。"天"之一字，见于《书经》《诗经》中者颇多，如果一一细加考察，觉得孔子以前的人对于天的观念，与孔子以后的人对于天的观念不同。古代的"天"，纯为"有意识的人格神"，直接监督一切政治，如《商书·汤誓》："非台小子，敢行称乱，有夏多罪，天命殛之。"《盘庚》"先王有命，恪谨天服"，"予迓续乃命于天"。《高宗肜日》："唯天监下民，典厥义，降年有永有不永，非天夭民，民中绝命。"《西伯戡黎》："天既讫我殷命。……故天弃我，不有康食。不虞天性，不迪率典。"《微子》："天毒降灾荒殷邦。"这几处，都讲天是超越的，另为主宰，有知觉情感与人同，但是只有一个。大致愈古这种观念愈发达，稍近则渐变为抽象的。

《夏书》几篇，大致不能信为很古。其中讲天的，譬如《尧典》"乃命羲和，钦若昊天……敬授民时"，"钦哉唯时亮天功"。《皋陶谟》："天工人其代之？天叙有典，敕我五典五惇哉。天秩有礼，自我五礼有庸哉。……天命有德，五服五章哉。天讨有罪，五刑五用哉。……"《益稷》："唯动王应溪志，以昭受上帝，天其申命用休。"假使这几篇是唐虞时代所作，则那时对于天的观念，与孔子很接近了。我们认为周代作品在孔子之前不多，可以与孔子衔接。其中的话虽然比较抽象，但仍认为有主宰，能视听言动，与基督教所谓上帝相同。

周初见于《书经》的，有《康诰》："我西土唯时怙冒，闻于上帝，帝休，天乃大命文王，殪戎殷。"《酒诰》："唯天降命，肇我民。"《梓材》："皇天既付中国民，越厥疆土于先王。"《洛诰》："王如弗敢及天，基命定命……公不敢不敬天之休。"《君奭》："在昔上帝割，申劝宁王之德，其集大命于厥功。……乃唯时昭文王，迪见冒闻于上帝，唯时受有殷命哉。"见于《诗经》的有《节南山》："昊天不佣，降此鞠凶。""昊天不惠，降此大戾。"《小明》："明明上天，照临下土。"《文王》："上天之载，无声无臭。仪刑文王，万邦作孚。""文王在上，於昭于天。"《维天之命》："维天之命，於穆不已。於乎丕显，文王之德之纯。"这个时代的天道观念，已经很抽象，不像基督教所谓全知全能的上帝了。天命是有的，不过不具体而已。把天叙、天秩、天命、天讨那种超自然观念，变为於穆不已、无声无臭的自然法则，在周初已经成熟，至孔子而大进步，离开了拟人的观念，而为自然的观念。

孔子少有说天。子贡说："夫子之言性与天道，不可得而闻也。"但是孔子曾经讲过这个话："天何言哉？四时行焉，百物生焉，天何言哉？"这是把天认为自然界一种运动流行，并不是超人以外，另有主宰。不唯如此，《易经》、《彖辞》、《象辞》也有。《乾卦彖》说："大哉乾元，万物资始，乃统天。……"《象》曰："天行健，君子以自强不息。"乾元，是行健自强的体，这个东西可以统天，天在其下。《文言》是否孔子所作，虽说尚有疑问，但不失为孔门重要的著作。乾卦的《文言》说："……先天而天弗违，后天而奉天时，而况于人乎？而况于鬼神乎？"能自强不息，便可以统天，可见得孔子时代对于天的观念，已不认为超绝万物的人。按照《易经》的解释，不过是自然界的运动流行，人可以主宰自然界。

这种观念，后来儒家发挥得最透彻的要算荀子。《荀子·天论篇》说："天行有常，不为尧存，不为桀亡。"天按照一定的自然法则运行，没有知觉感情，我们人对于天的态度应当拿作万物之一，设法制他，所以《天论篇》又说："大天而思之，孰与物畜而制之？从天而颂之，孰与制天命而用之？"荀子认天不是另有主宰，不过一种自然现象，而且人能左右他。这些话，从"乾元统天"、"先天而天弗违"推衍出来的，但是比较更说得透彻些。儒家对于天的正统思想，本来如此。中间有墨子一派，比儒家后起，而与儒家相对抗，对于天道，另外是一种主张。

《墨子》的《天志》篇主张天有意志知觉，能观察人的行为，是万物的主宰。当时儒家的话一部分太玄妙，对于一般人的刺激不如墨家之深，所以墨家旧观念大大的发挥，在社会上很有势力。此外还有阴阳家，为儒家的别派，深感觉自然界力量的伟大，人类无如之何。他们专讲阴阳五行，终始五德之运，在社会上亦有相当的势力，虽不如墨家之大，亦能左右人心。此两种思想，后来互相结合，在社会上根深蒂固，一般学者很受影响。汉代大儒董仲舒，他就是受影响极深的一个人。《春秋繁露》中以天名篇的，有《天容》《天辨》、《循天之道》《天地之行》《如天之为》《天地阴阳》《天道施》等共多处。《为人者天》第四十一说："为生不能为人，为人者天也。人之人，本于天。天亦人之曾祖父也。此人之所以乃上类天也。人之形体，化天数而成。人之血气，化天志而仁。人之德行，化天理而义。人之好恶，化天之暖晴。人之喜怒，化天之寒暑。人之受命，化天之四时。人生有喜怒哀乐之答，春秋冬夏之类也。"这种主张，说人是本于天而生，与《旧约·创世记》所称上帝于七天之中造就万物，最后一天造人一样。推就其来源，确是受墨家的影响。董子是西汉时代的学者，他的学说影响到全部分，全部分的思想亦影响到他。可见汉人的天道观念退化到周秦以上。董子讲天人之道，《贤良对》说："……春秋之中，视前世已行之事，以观天人相与之际，甚可畏也。"又讲五行灾异，《汉书·本传》称："……以春秋灾异之变，推阴阳所以错行，故求雨闭诸阳纵诸阴，其止雨，则反是。"汉儒讲灾异的人很多，朝野上下，都异常重视，固不仅仲舒为然。刘向是鲁派正宗，亦讲五行灾异。《洪范·五行传》差不多全都是。董子《天人三策》，句句像墨家的话，《春秋繁露》所讲更多。其他汉儒大半如此。孔子讲天道，即自然界，是一个抽象的东西；董子讲天道，有主宰，一切都由他命令出来。《天人三策》说："道之大原出于天，天不变，道亦不变。"这种说法同基督教所谓上帝一样了。

真正的儒家，不是董子这种说法。儒家讲"人能弘道，非道弘人"。此类主张，就是乾元统天，先天而天弗违的思想。道之大原出于天，那另外是一种思想。汉人很失掉儒家的本意，宋代以后渐渐恢复到原样，唯太支离玄妙一些。如濂溪的太极图说，横渠的气一元论,明道的乾元一气论,伊川的天地化育论,晦翁的理气二元论,大概以天为自然法则,与孔子的见解尚不十分悖谬。明代王阳明所讲更为机械,先讲心物一元,天不过物中之一;一切万物,皆由心造,各种自然法则,全由心出,可谓纯粹的唯心论。阳明对天的观念恢复到荀子、孔子,他说:"天若是没有我,谁去仰他的高?地若是没有我,谁去看他的深?"这无异说是没有我就没有天,天地存在,依我而存在。王学末流,扩充得更厉害。王心斋说:"天我亦不做他,地我亦不做他,圣人我亦不做他。"把自我看得清洁,一切事物都没有到我的观念下面。宋元明对于儒家的观念,大概是恢复到孔门思想,比较上,宋儒稍为支离,明儒稍为简切。几千年来,对于天的主张和学说,大概如此。

现在再讲命的问题。"命"之一字,最早见于《书经》的,有《高宗肜曰》:"降年有永有不永,非天夭民,民中绝命。"《西伯戡黎》:"天既讫我殷命。……王曰:我生不有命在天。"《召诰》:"天既遐终大邦殷之命,兹殷多先哲王在天。""若生子,罔不在厥初生,自贻哲命。……王其德之用,祈天永命。"《洛诰》:"王如弗敢及天,基命定命。"见于《诗经》的有《文王》:"周虽旧邦,其命维新。有周不显,帝命不时。"《荡》:"疾成上帝,其命多辟。天生烝民,其命匪谌。"《维天之命》:"维天之命,於穆不已。"《思文》:"贻我来牟,帝命率育。"《敬之》:"敬之敬之,天维显思,命不易哉。"其他散见于各处的还很多,大致都说天有命,人民国家亦都有命。因古代人信天,自然不能不联带地信命了。

孔子很少说命。门弟子尝说:"子罕言利与命。"不过《论语》中亦有几处,如"五十而知天命","不知命,无以为君子也"。命是儒家主要观念,不易知,但又不可不知。墨子在在与儒家立于反对的地位,所以非命。依我们看来,儒家不信天,应亦不信命;墨家讲天志,应亦讲命定,可是结果适得其反,这是一件很有趣的事情。孔子既然不多讲命,要五十然后能知,那么他心目中所谓的命是怎样一种东西,没有法子了解。不过他曾说:"道之将行也欤,命也。道之将废也欤,亦命也。"这样看来,人仿佛要受命的支配,命一定了,无如之何。孔子以后,《易·彖辞》讲:"乾道变化各正性命。"《系辞》讲:"穷理尽性,以至于命。"《中庸》讲:"君子居易以俟命。"《孟子》尤其讲得多:"莫非命也,顺受其正。""夭寿不贰,修身以俟之,所以立命也。""知命者,不立乎岩墙之下。"历来儒家都主张俟命,即站在合理的地位,等命来,却不是白白地坐着等,要修身以俟之,最后是立命,即造出新命来。俟命是静的,立命便是动的了。

　　《孟子》有一章书,向来难解:"孟子曰,口之于味也,目之于色也,耳之于声也,鼻之于臭也,四肢之于安佚也,性也。有命焉,君子不谓性也。仁之于父子也,义之于君臣也,礼之于宾主也,智之于贤者也,圣人之于天道也,命也。有性焉,君子不谓命也。"这段话各家的解法不同,最后戴东原出,把"不谓"作为"不借口"讲。他说:"君子不借口于性以逞其欲,不借口于命之限而不尽其材。"《孟子》这章书,头一段的意思,是一个人想吃好的,看好的,听好的,这是性,不过有分际,没有力做不到,只好听天安命,并不是非吃大菜,非坐汽车不可。肉体的欲望,人世的虚荣,谁都愿意,但切不要借口于性,以纵其欲。第二段的意思,是说有些人生而有父母,有些人生而无父母;从前有君臣,现在无君臣;颜子闻一知十,子贡闻一知二;我们闻二才知一,或闻十才知一,这都是命,天生来就如此。不过有性,人应该求知识,向上进,不可借口聪明才力不如人,就不往前做。这两段话,很可以解释儒家使命立命之说。

　　命是儒家的重要观念，这个观念不大好，墨家很非难之。假使命由前定，人类就无向上心了。八字生来如此，又何必往前努力？这个话，于人类进步上很有妨害，并且使为恶的人有所假托。吾人生来如此，行为受命运的支配，很可以不负责任。儒家言命的毛病在此，墨家所以非之亦在此。一个人虽尽管不信命，但是遗传及环境无论如何摆脱不开，譬如许多同学中，有的身体强，有的身体弱，生来便是如此；身体弱的人，虽不一概放下，仍然讲求卫生，但是只能稍好一点，旁人生来身体好的，没有法子赶上。

　　荀子讲命，又是一种解释，他说："节遇谓之命。"他虽然不多言命，但是讲得很好。偶然碰上，就叫节遇，就叫命。遗传是节遇，环境亦是节遇。生来身体弱不如旁人，生在中国不如外国，无论如何没有法子改变。庄子讲命很有点像儒家，他说："知其不可奈何，而安之若命。"天下无可奈何的事情很多，身体是一种，教育也是一种。许多人同我们一般年龄，因为没有钱念书，早晚在街上拉洋车，又有什么法子呢？儒家看遗传及环境很能支配人，但是没有办法，只好逆来顺受，听天安命。身体不好，天天骂老太爷老太太无用；没有钱念书，天天骂社会骂国家，亦没有用。坏遗传环境，亦只好安之。人们受遗传及环境的支配，无可如何的事情很多。好有好的无可如何，坏有坏的无可如何；贫有贫的无可如何，富有富的无可如何。自己贫，不要羡慕人家富；自己坏，不要羡慕人家好。定命说虽有许多毛病，安命说却有很大的价值。个人的修养，社会的发达，国家的安宁，都有密切关系。若是大家不安命，对于已得限制绝对不安，自己固然不舒服，而社会亦日趋纷乱。

　　安命这种思想，儒家很看重。不仅如此，儒家还讲立命，自己创造出新命来。孟子讲："夭寿不贰,修身以俟之,所以立命也。"这是说要死只得死,阎王要你三更死,谁肯留人到五更? 但不去寻死。知命者,不立乎岩墙之下。身体有病,就去就医,自己又讲卫生,好一分,算一分,不求重病,更不求速死。小之一人一家如此,大之国家社会亦复如此。譬如万一彗星要与地球相碰,任你有多少英雄豪杰,亦只得坐而待毙。但是如果可以想法避去,还是要想法子,做一分算一分,做不到没法子,只好安之,不把努力工作停了。孔子所谓"知其不可为而为之",就是这个意思。孔子知命,所以很快乐。"发愤忘食,乐以忘忧,不知老之将至云耳"。一面要安命,君子不怨天,不尤人;一面要立命,知其不可为而为之,这是吾人处世应当取的态度。普通讲征服自然,其实并没有征服多少。日本自明治维新以后,几十年的经营努力,所造成的光华灿烂的东京,前年地震,几分钟的功夫,便给毁掉了。所谓文明,所谓征服,又在哪里? 不过人的力量虽小,终不能不工作。地震没有法子止住,然有法可以预防,防一分算一分。儒家言命的真谛就是如此。

宋儒明儒都很虚无缥缈,说话不落实际,可以略去不讲。清代学者言命的人颇多,只有两家最说得好。一个是戴东原。《孟子字义疏证》卷中解释"口之于味也……"一段说:"……'谓'犹云借口耳,君子不借口于性以逞其欲,不借口于命之限而不尽其材。'不谓性',非不谓之为性;'不谓命',非不谓之为命。"这几句话把安命、立命的道理说得异常透彻,而且异常恰当。一个是李穆堂。《穆堂初稿》卷十之八说:"是故有定之命,则居易以俟之,所以息怨尤;无定之命,则修身以立之,所以扶人极也。"这是讲安命说、立命说的功用。又说:"有定之命有四:曰天下之命,曰一国之命,曰一家之命,曰一身之命。……无定之命亦有四……"这是讲小至一身一家,大至国家天下，其理都是一样。数千年来言命，孟荀得其精粹，戴李集其大成，此外无可说，此后亦无可说了。

（三）心体问题

这个问题，孔子时代不十分讲。孔子教人，根本上就很少离开耳目手足专讲心。本来心理作用很有许多起于外界的刺激，离开耳目手足专讲心，事实上不可能。孔子教人"非礼勿视，非礼勿听，非礼勿言，非礼勿动"。视听言动还是起于五官的感觉，没有五官，又从哪里视听言动起？《论语》称颜子"其心三月不违仁"，为儒家后来讲心的起点。仁为儒家旧说，心为后起新说，心仁合一，颜子实开端绪。

因为《论语》有这个话，引起道家的形神论。除开体魄以外，另有所谓灵魂。而附会道家解释儒家的人，渐渐发生一种离五官专讲心的学说。《庄子·人间世》称颜子讲心斋，他说："回之家贫，唯不饮酒不茹荤者数月矣。若此则可以为斋乎？"孔子说："是祭祀之斋，非心斋也。"颜子问道："敢问心斋。"孔子说："若一志，无听之以耳而听之以心；无听之以心而听之以气。听止于耳，心止于符。气也者，虚而待物者也。唯道集虚，虚者，心斋也。"这类话都是由于"其心三月不违仁"而起，离开耳目口鼻之官，专门讲心。

孔子之后，孟子之前，有《系辞》及《大学》。《系辞》究竟是否孔子作，《大学》是否在孟子前，尚是问题，现在姑且作为中间的过渡学说。《系辞》说："寂然不动，感而遂通天下之故。"《大学》说："欲修其身者，先正其心。欲正其心者，先诚其意。欲诚其意者，先致其知，致知在格物。"这还单注重动机，没有讲到心的作用。

至孟子，便大讲其心学了。孟子有一段话说："耳目之官不思而蔽于物。物交物,则引之而已矣。心之官则思,思则得之,不思则不得也。"这几句话从心理学上看,不甚通。他离开耳目之官,专门讲心,谓耳目不好,受外界的引诱,因为耳目不能思;心是好的,能够辨别是非,因心能思。孔子没有这类的话,虽孔子亦曾说"学而不思则罔,思而不学则殆",但非把心同耳目离开来讲,与孟子大不相同。我们觉得既然肉体的耳目不能思,难道肉体的心脏又能思吗?佛家讲六识,眼识,耳识,心识……心所以能识,还是靠有肉体的器官呀。

上面那段话,从科学眼光看是不对的。但孟子在性善说中立了一个系统,自然会有这种推论。孟子既经主张性善,不能不于四肢五官以外,另求一种超然的东西,所以他说四肢五官冥顽不灵,或者是恶,或者是可善可恶,唯中间一点心,虚灵不昧,超然而善。《告子》篇说:"口之于味也,有同嗜焉。耳之于声也,有同听焉。目之于色也,有同美焉。至于心,独无所同然乎? 心之所同然者,何也?谓理也、义也。圣人先得我心之所同然耳。……"又说:"君子所性,仁义礼智根于心。"这都是在肉体的四肢五官以外,另有一种超然的善的心。人与动物不同,就在这种地方。所以他说:"人之所以异于禽兽者几希,庶民去之,君子存之。"大概的意思是说,四肢五官人与动物所同,唯心灵为人所独有,所以人性是善的。何以有恶? 由于物交物,则引之而已矣。

因为物交物的引诱,所以人性一天天地变恶。孟子名之为失其本心。他说:"……是亦不可以已乎? 此之谓失其本心。"并以牛山之木为喻,说道:"虽存乎人者,岂无仁义之心哉? 其所以放其良心者,亦犹斧斤之于木也,旦旦而伐之,可以为美乎? "结果,他教人用功下手的方法,就是求其放心。他说:"学问之道无他,求其放心而已矣。"人类的心，本来是良的，一经放出去，就不好了，做学问的方法要把为物交物所引出的心收回来，并且时时操存他。孟子引孔子的话说："'操则存，舍则亡；出入无时，莫知其乡。'唯心之谓与？"专从心一方面拿来作学问的基础，从孟子起。

后来陆象山讲"圣贤之学，心学而已"。这个话指孟子学说是对的，谓孟本于孔亦对的。不过孔子那个时代，原始儒家不是这个样子。孟子除讲放心、操心以外，还讲养心。他说："养心莫善于寡欲。"又讲存心，他说："君子以仁存心，以礼存心。"以养、存的功夫，扩大自己人格，这是儒家得力处。《孟子》全书，讲心的地方极多，可谓心学鼻祖。陆象山解释孟子以为只是"求放心"一句话。后来宋儒大谈心学，都是宗法孟子。

荀子虽主性恶，反对孟子学说，然亦注重心学，唯两家所走的道路不同而已。《荀子》全书讲心学的有好几篇，最前《修身篇》讲治气养心之术，他说："血气刚强，则柔之以调和。知虑渐深，则一之以易良。勇胆猛戾，则辅之以道顺。齐给便利，则节之以动止。狭隘褊小，则廓之以广大。卑湿重迟贪利，则抗之以高志。庸众驽散，则劫之以师友。怠慢僄弃，则照之以祸灾。愚款端悫，则合之以礼乐。凡治气养心之术，莫径由礼，莫要得师，莫神一好。夫是之谓治气养心之术也。"这一套完全是变化气质，校正各人的弱点，与孟子所谓将良心存养起来，再下扩大功夫不同。孟子主性善，故要"求其放心"；荀子主性恶，故要"化性起伪"。

上面所说，还不是荀子最重要的话。重要的话，在《解蔽》及《正名》两篇中。荀子的主张比孟子毛病少点。孟子把心与耳目之官分为二，荀子则把它们连合起来。《正名篇》说："然则何缘而以同异？曰缘天官。凡同类同情者，其天官之意物也同，故比方之，疑似而通,是所以共其约名以相期也。"一个人为什么能分别客观事物,由于天与我们的五官。下面紧跟着说:"形体色理以目异,声音清浊调竽奇声以耳异,甘苦咸淡辛酸奇味以口异,香臭芬郁腥臊洒酸奇臭以鼻异,疾养沧热滑铍轻重以形体异,说故喜怒哀乐爱恶欲以心异。"他把目、耳、口、鼻、形体加上心为六官,不曾把心提在外面,与佛家六根、六尘正同。但是心亦有点特别的地方:"心有征知,征知则缘耳而知声可也,缘目而知形可也。"心与其他五官稍不同,除自外界得来感觉分别之外,自己能动,可以征求东西。下面一大段讲心的作用,比孟子稍为合理。孟子注重内发,对于知识不十分讲。荀子注重外范,对于知识十分注重,但是要得健全知识,又须在养心上用功夫。

《解蔽篇》说得更透彻,他问:"人何以知道?曰心。心何以知?曰虚一而静。"这是讲人类就靠这虚一而静的心可以知道,可以周察一切事物。底下解释心的性质,他说:"心未尝不臧也,然而有所谓虚。心未尝不两也,然而有所谓一。心未尝不动也,然而有所谓静。"这是讲心之为物,极有伸缩余地,尽管收藏,尽管复杂,尽管活动,仍无害于其虚一而静的本来面目。又精密,又周到,中国最早讲心理学的人,没有及得上他的了。下面说:"人生而有知,知而有志。志也者臧也,然而有所谓虚。不以所已臧害所将受,谓之虚。"这是讲养心的目的,要做到虚一而静,而用功的方法,在不以所已臧害所将受。紧跟着又说:"心生而有知,知而有异。异也者,同时兼知之。同时兼知之两也,然有所谓一。不以夫一害此一,谓之一。"这是讲人类的心同时发几种感想,有几种动作,但养心求一。只要不以夫一害此一,纵然一面听讲,一心以为鸿鹄将至,亦无不可。又说:"心卧则梦,偷则自行,使之则谋,故心未尝不动也。然而有所谓静,不以梦剧乱知,谓之静。"这是讲心之为物,变化万端,不可端倪,但治心求静。只要能静,就是梦亦好,行亦好,谋亦好,都没有妨碍。荀子的养心治心,其目的大半为求得知识。不虚,不一,不静,便不能求得知识。孟子专重内部的修养,求其放心,操之则存,只须一点便醒;荀子专重外部的陶冶,养心治心,非下刻苦功夫不可。两家不同之点在此。然两家俱注重心体的研究,认为是做学问的主要阶级。最初儒家两大师皆讲心,后来一派的宋学,以为圣学即心学,此话确有一部分真理,我们也相当地承认他。

汉以后的儒者,对于这类问题不大讲,就讲亦不十分清楚。董仲舒《深察名号》篇说:"桎众恶于内,弗使得发于外者,心也。故心之为名桎也。"董子全部学说,虽调和孟荀,实则偏于荀。他对于心的解释至少与孟子不同。六朝时徐遵明主张"本心是我师",上面追到孟荀,下面开出陆王。可以说陆王这派的主要点,六朝时已经有了,不过董仲舒、徐遵明的主张不十分精深光大而已。

隋唐以后,禅宗大盛。禅宗有一句很有名的口号"即心是佛",可谓对于心学发挥得透彻极了。禅宗论心,与唯识宗论不同。唯识宗主张"三界唯心,万法唯识",这类话不承认心是好的。所谓八识:(1)眼识,(2)耳识,(3)鼻识,(4)舌识,(5)身识,(6)意识,(7)末那识,(8)阿赖耶识。末那即意根,阿赖耶即心亡,两样都不好,佛家要消灭他。唯识宗认为世界种种罪恶都由七八两识而出,所以主张转识成智,完全不把心当作好东西。禅宗主张"即心是佛",这都是承认心是好的,一点醒,立刻与旁人不同,与孟子所谓"万物皆备于我,反身而诚,乐莫大焉"立论的根据相同。

禅宗的思想影响到儒家,后来宋儒即根据"即心是佛"的主张解释孔孟的话,研究的对象就是身体状况,修养的功夫首在弄明白心的本体,心明白了,什么都明白了。宋儒喜欢拿佛家的话解释《系辞》、《大学》及《孟子》。程子《定性书》说:"所谓定者,动亦定、静亦定,无将近乎内外。……故君子学莫若廓然大公,物来顺应。"这类话与禅宗同一鼻孔出气。禅宗五祖弘忍传衣钵时,叫门下把各人见解写出来,神秀上座提笔在墙上写道:"身是菩提树,心如明镜台。时时勤拂拭,莫使惹尘埃。"大家都称赞不绝,不敢再写。六祖慧能不识字,请旁人念给他听,听罢作偈和之曰:"菩提本无树,明镜亦非台。本来无一物,何处惹尘埃?"晚上五祖把他叫进去,就把衣钵传给他了。这类神话真否可以不管,但实开后来心学的路径。我们把他内容分拆起来,已非孟荀之旧了。程子讲"物来顺应",禅宗讲"心如明镜",这岂不是一鼻孔出气吗?

朱陆两家都受禅宗影响。朱子释"明德"说:"明德者,人之所得乎天,而虚灵不昧,以具众理而应万事者也。"所谓虚灵不昧,以应万事,即明镜拂拭之说。陆子称"圣贤之学,心学而已矣",又即禅宗"即心是佛"之说。据我看来,禅宗气味,陆子免不了,不过朱子更多。陆子尝说"心即理"、"明本心"、"立其大者",大部分还是祖述孟子"求其本心"、"放其良心"的话。所以说孟子同孔子相近,象山是孟子嫡传。象山不谈玄,讲实行,没有多少哲学上的根据。

阳明路数同象山一样,而哲学上的根据比较多些。阳明"知行合一"之说在心理学上很有根据。他解释《大学》根本和朱子不同。《大学》的讲格物、致知、诚意、正心、修身五事,朱子以为古人为学次第,先格物,再致知,三诚意,四正心,五修身,循序渐进;阳明以为这些都是一件事,内容虽有区别,实际确不可分。阳明最主要的解释见《语录》卷二"先生曰:'只要知身心意知物是一件。'九川疑曰:'物在外,如何与身心意知是一件?' 先生曰:'耳目口鼻四肢亦不能，故无心则无身，无身则无心。但指其充塞处言之，谓之身；指其主宰处言之，谓之心；指心之发动处，谓之意；指意之灵明处，谓之知；指意之涉着处，谓之物。只是一件。意未有悬空的，必着事物。"这是绝对的唯心论。心物相对，物若无心不可以，外心求物，物又在哪里哩？

《阳明文集·答罗整庵书》又说："……理一而已。以其理之凝聚而言，则谓之性；以其凝聚之主宰而言，则谓之心；以其主宰之发动而言，则谓之意；以其发动之明觉而言，则谓之知；以其明觉之感应而言，则谓之物。"阳明一生最讲心外无理，心外无事，心外无物，物外无心。他的知行合一说即由心物合一说而出。致良知就是孟子所谓良心，不过要把心应用到事物上去。阳明这种主张确是心学。他下手的功夫同象山差不多，主要之点不外诚意，不外服从良心的第一命令。下手的功夫既然平易切实，不涉玄妙，又有哲学上的心物合一说以为根据，所以阳明的知行合一说能够成立，能够实行。而知行合一说又是阳明学说的中心点。他思想接近原始儒家，比程朱好；他根据十分踏实圆满，比象山素朴，但只讲方法而已，后面缺少哲学的根据。

心体问题，到王阳明真到发挥透彻，成一家言，可谓集大成的学者。以前的议论，没有他精辟；以后的议论，没有他中肯。清代学者，不是无聊攻击，便是委靡敷衍。大师中如颜习斋、戴东原，旁的问题虽有极妥洽的地方，这个问题则没有特殊见解，可以略去不讲。几千年来对于心体问题主张大致如此。

第二编　老、庄及其学说

第一节　老子哲学

　　研究历史的人，找不到完备正确的史料，是件最苦的事。像老子恁么伟大的人物，我们要考他的履历，就靠的是《史记·老庄申韩列传》里头几百字，还叙得迷离惝恍。其余别的书讲老子言论行事，虽也不少，但或是寓言，或是后人假造，都没有充当史料的价值。我们根据《史记》和别的书，可怜仅得着几条较为可靠的事实：

第一,老子姓李,名耳,亦名聃。第二,他是楚国人,或说是陈国人(但陈国当时已被楚国灭了),或者是他原籍。第三,他在周朝做过"守藏史"的官,用现在名号翻出来,就是国立图书馆馆长。第四,他和孔子是见过面的,见面不知在哪一年。清儒阎若璩,据《礼记·曾子问》篇,说是在鲁昭公二十四年(前五一八),孔子三十四岁(《四书释地续》)。林春溥据《庄子·天运》篇,说是在鲁定公八年(前五〇一),孔子五十一岁。依我看来,后说较为可信。因为孔子五十岁以后,思想像很变,大概是受了老子的影响。我们为什么研究这些年代呢?因为要知道老子是什么时候的人。孔子五十一岁见老子的话若真,老子若是长孔子二十岁,那时应该七十多岁;若长三十岁,应该八十多岁了。因此可以推定老子的生年,应在周简王末周灵王初,约在西历纪元前五百七八十年间了。第五,有一位老莱子,一位太史儋,和他是一人还是两人三人,连司马迁也闹不清楚。可见古代关于老子的传说很多。第六,他死在中国,《庄子·养生主》篇是有明文的。可见后来说什么"西度流沙化胡"咧,"升仙"咧,都是谣言。第七,他有个儿子名宗,曾为魏将,可以知道他离战国时甚近。

在这些材料里头,有两点应特别注意:第一,老子是楚国或陈国人,当时算是中国的南部。北方人性质,严正保守;南方人性质,活泼进取,这是历史上普通现象。所以老子学术,纯带革命的色彩。第二,他做守藏史这官,极有关系,因为这地位是从前宗教掌故的总汇。《汉志》所谓"史官历记成败存亡祸福古今之道,然后知秉要执本",可见得这样高深的学术,虽由哲人创造,却也并不是一无凭借哩。

我很感觉困难，因为才讲到正文，讲的便是老子。老子的学说，是最高深玄远的，而且骤然看去很像无用，恐怕把诸君的兴味打断了，所以我先奉劝诸君几句话。头一件，诸君虽然听得难懂，还须越发留心听下去，因为你的脑有一种神秘力量会贮藏识想，久后慢慢发芽。你现在虽不懂，将来要懂起来。我的讲义总可以给你一个大帮助，像吃橄榄，慢慢地会回甘哩。第二件，诸君别要说这种学问无用，因为我们要做事业要做学问，最要紧是把自己神智弄得清明，正和做生意的人要有本钱一般。像老子、庄子，乃至后来的佛学，都是教我们本钱的方法。我第一次讲学问分类的时候，说那第二类精神生活向上的学问，一部分就是指这些。这些操练心境的学问，恰恰和你们学体育来操练身体一般，万不可以说他无用。

如今讲到本题了，研究老子学说就是研究这部五千言的《老子》。这部书有人叫它做《道德经》，虽然是后起的名称，但他全部讲的不外一个"道"字，那是无可疑了。这书虽然仅有五千字，但含的义理真多。我替诸君理出个眉目，分三大部门来研究：第一部门是说道的本体，第二部门是说道的名相，第三部门是说道的作用。

第一　本体论

什么叫做本体论？人类思想到稍为进步的时代，总想求索宇宙万物从何而来，以何为体，这是东西古今学术界久悬未决的问题。据我想来，怕是到底不能解决。但虽然不能解决，学者还是喜欢研究他。研究的结果，虽或对于解决本问题枉用工夫，然而引起别方面问题的研究，于学术进步，就极有关系了。今为引起诸君兴味起见,要把全世界学术界对于这问题的大势,用最简略的语句稍为说明。

这个问题最初的争辩,就是"有神论"和"无神论"。有神论一派,说宇宙万有都是神创造的,然则宇宙无体,神就是他的体。我们不必研究宇宙,只要研究"神"就够了。但"神"这样东西,却是只许信仰,不许研究,所以主张有神论的,归根便到学问范围以外,总要无神论发生,学问才会成立,所谓"本体论"才会成个问题。第二步的争辩,就是"一元论""二元论""多元论"或是"唯物论""唯心论""心物并行论",其错综关系略如下:

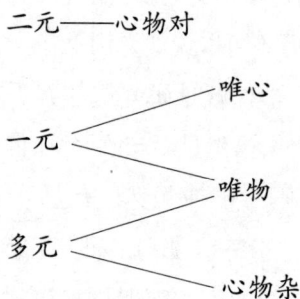

二元——心物对

一元——唯心

唯物

多元——心物杂

既已将神造论打破,则万有的本体,自然求诸万有的自身。最初发达的,是从客观上求,于是有一元的唯物论或多元的唯物论。一元的唯物论,当很幼稚的时代,是在万物中拈出一物认他为万物之本,如希腊的德黎士 Thales,说水为万物之本;波斯教说火为万物之本;印度有地宗、水宗、火宗、风宗、空宗、方宗、时宗等。多元的唯物论,如中国阴阳家言"五行化生万物"、印度顺世外道言"四大地火水风生一切有情"等。还有心物混杂的多元论,如印度胜论宗说万有由九种事物和合而生,一地二水三火四风五空六时七方八我九意。但多元论总是不能成立,因为凡研究本体的人,原是要求个"一以贯之"的道理,这种又麻烦又有罅漏的学说,自然不能满意,所以主张唯物论的人,结果趋向到一元,印度诸外道所说的"极微",近世欧美学者说原子的析合、电子的振动,算是极精密之一元的唯物论了。以上所说各派的人,都是向客观的物质求宇宙本体。但仔细研究下去,客观的物质是否能独立存在,却成了大问题。譬如这里一张桌子、一块黑板,拿常识看过去,都说是实有其物,但何以说他是有? 是由我的眼看见,由我的心想到。然则桌子黑板,是否能离开了我们意识独立存在? 假如我们一群人都像桌子一般没有意识,是否世界上还能说有这块黑板? 我们一群人都像黑板一般没有意识,是否世界上还能说有这张桌子? 再换一方面说,诸君今日听我说了桌子黑板之后,明天虽然把这桌子黑板撤去,诸君闭眼一想,桌子黑板,依然活活现出来。乃至隔了许多年,诸君离开学校到了外国,一想起今日的情事,桌子黑板,还牢牢在诸君心中。这样说来,桌子黑板的存在,不是靠他的自身,是靠我们的意识。简单说,就是只有主观的存在,没有客观的存在。这一派的主张,就是唯心的一元论。

在欧洲哲学史上,唯物唯心两派的一元论,直闹了二千多年,始终并未解决。其中还常常有心物对立的二元论来调和折衷,议论越发多了。再进一步,本体到底是"空"呀还是"有"呢,又成了大问题。主张唯物论的,骤看过去,好像是说"有"了,但由粗的物质推到原子,由原子推到电子、电子的振动,全靠那视而不见听而不闻的"力",到底是"有"还是"空",就很难说了。主张唯心论的,骤看过去,好像是说"空"了,但唯心论总靠"我"自己做出发点。"我"到底有没有呢? 若是连"我"都没有,怎么能用思想呢? 所以法国大哲笛卡儿有句很有名的话,说"我思故我在",我既不"空",那么,宇宙本体,自然也都不"空"了。所以这"空有"的问题,也打了几千年官司,没有决定。这是印度人和欧洲人研究本体论的大略形势。

佛说却和这些完全不同,佛说以为什么神咧、非神咧、物咧、心咧、空咧、有咧,都是名相上的话头,一落名相,便非本体。本体是要离开一切名相才能证得的。《大乘起信论》说得最好:

> 依一心法有二种门。一者心真如门,二者心生灭门。是二种门皆各总摄一切法……以是二门不相离故。

心真如门是说本体,心生灭门是说名相。真如的本体怎么样呢?他说:

> 是故一切法,从本已来,离言说相,离名字相,离心缘相,毕竟平等。无有变异,不可破坏。唯是一心,故名真如。以一切言说假名无实,但随妄念,不可得故。言真如者,亦无有相,谓言说之极,因言遣言,此真如体无有可遣。以一切法悉皆真故,亦无可立,以一切法皆同如故,当知一切法不可说不可念,故名为真如。

我们且看老子的本体论怎么说法。他说:

> 有物混成,先天地生,寂兮寥兮,独立而不改,周行而不殆,可以为天下母。吾不知其名,字之曰道,强为之名曰大。

又说:

> 天法道,道法自然。

又说:

> 谷神不死,是谓玄牝。玄牝之门,是谓天地根。绵绵若存,用之不勤。

又说:

> 玄之又玄,众妙之门。

又说：

> 道冲而用之或不盈，渊兮似万物之宗……湛兮似或存，吾不知谁之子，象帝之先。

又说：

> 视之不见名曰夷，听之不闻名曰希，搏之不得名曰微。此三者不可致诘，故混而为一……绳绳不可名，复归于无物，是谓无状之状，无物之象，是谓惚恍。迎之不见其首，随之不见其后。

又说：

> 道之为物，惟恍惟惚。惚兮恍兮，其中有象；恍兮惚兮，其中有物。窈兮冥兮，其中有精；其精甚真，其中有信。

又说：

> 微妙玄通，深不可识。夫唯不可识，故强为之容。

我们要把这几段话细细地研究出个头绪来。他说的"先天地生"，说的"是谓天地根"，说的"象帝之先"，这分明说道的本体，是要超出"天"的观念来。他把古代的"神造说"极力破除，后来子思说"天命之谓性，率性之谓道"，董仲舒说"道之大原出于天"，这都是说颠倒了。老子说的是"天法道"，不说"道法天"，是他见解最高处。

他说"有物混成"，岂不明明说道体是"有"吗？他怕人误会了，所以又说"视之不见……听之不闻……搏之不得……绳绳不可名，复归于无物"。然则道体岂不是"无"吗？他又怕人误会了，赶紧说"是谓无状之状，无物之象"。又说"惚兮恍兮，其中有象；恍兮惚兮，其中有物"。然则道体到底是有还是无呢？老子的意思以为有咧无咧，都是名相的边话，不应该拿来说本体。正如《起信论》说的："真如自性，非有相，非无相，非非有相，非非无相，非有无俱相。"然则为什么又说有说无呢？所谓"因言遣言"，既已知我们说这"道"，不能不假定说是有物，你径认他是"有"却不对了，不得已说是"非有"；你径认他是"非有"，又不对了，不得已说是"非非有"。其实有无两个字都说不上，才开口便错。这是老子反复叮咛的意思。

究竟道的本体是怎么样呢？他是"寂兮寥兮""视之不见听之不闻搏之不得"的东西，像《起信论》说的"如实空"。他是"其中有精其精甚真其中有信"的东西，像《起信论》说的"如实不空"。他是"独立而不改周行而不殆"的东西，像《起信论》说的"毕竟平等无有变异不可破坏"。他是"可以为天下母""似万物之宗""是谓天地根"的东西，像《起信论》说的"总摄一切法"。《庄子·天下》篇批评老子学说，说他"以虚空不毁万物为实"，这句话最好。若是毁万物的虚空，便成了顽空了。如何能为万物宗为天地根呢？老子所说，很合着佛教所谓"真空妙有"的道理。

他的名和相，本来是不应该说的，但既已开口说了，只好勉强找些形容词来。所以说，"微妙玄通，深不可识，夫唯不可识，故强为之容"。试看他怎么强为之容，他说了许多"寂兮寥兮""窈兮冥兮""惚兮恍兮恍兮惚兮"，又说"渊兮似……""湛兮似……"，又说"豫焉若……犹然若……俨兮若……涣兮若……敦兮其若……旷兮其若……混兮其若……"，不直说"万物之宗"，但说"似万物之宗"。不直说"帝之先"，但说"象帝之先"。不直说"不盈"，但说"或不盈"。不直说"存"，但说"绵绵若存"。因为说一种相，怕人跟着所说误会了，所以加上种种不定的形容词，叫你别要认真。

"名"也是这样，他说"吾不知其名，字之曰道，强为之名曰大"，又说"是谓玄牝"，又说"玄之又玄"，又说"无状之状，无象之象，是谓惚恍"。因为立一个名，怕人跟着所立误会了，所以左说一个，右说一个，好像是迷离惝恍，其实是表示不应该立名的意思。

　　然则我们怎么样才能领会这本体呢，佛经上常说"不可思议"，寻常当作"不能够思议"解，是错了。他说的是"不许思议"，因为一涉思议便非本体，所以《起信论》说"离念境界唯证相应"。老子说的，也很有这个意思。他说"知者不言，言者不知"，又说"其出弥远，其知弥少"，又说"为学日益，为道日损，损之又损，以至于无为"。因为要知道道的本体，是要参证得来的，不是靠寻常学问智识得来的，所以他又说"绝学无忧"，他又说"上士闻道，勤而行之；中士闻道，若存若亡；下士闻道，大笑之。不笑不足以为道也"。道的本体，既然是要离却寻常学问智识的范围去求，据一般人想来，离却学问智识，还求个什么呢？求起来有什么用处呢？怪不得要大笑了。

第二　名相论

　　本体既是个不许思议的东西，所以为一般人说法，只得从名相上入手。名相剖析得精确，也可以从此悟入真理。佛教所以有法相宗，就是这个缘故。我们且看老子的名相论，是怎么样。他的书第一章，就是说明本体和名相的关系。他说道：

　　　道可道，非常道；名可名，非常名。无名天地之始，有名万物之母。故常无，欲以观其妙；常有，欲以观其徼。此两者，同出而异名。同谓之玄，玄之又玄，众妙之门。（断句有与旧不同处应注意）

　　这一章本是全书的总纲，把体、相、用三件都提挈起来。头四句是讲的本体，他说："道本来是不可说的，说出来的道，已经不是本来常住之道了。名本来不应该立的，立一个名，也不是真常的名了。"但是既已不得已而立些"名"，那"名"应该怎样分析呢？他第五六两句说道："姑且拿个无字来名那天地之始，拿个有字来名那万物之母罢。"上句说的就是《起信论》的"心真如门"，下句说的就是那"心生灭门"，然则研究这些名相有什么用处呢？他第七第八两句说："我们常要做'无'的工夫，用来观察本来的妙处；又常要做'有'的工夫，用来观察事物的边际。"他讲了这三段话，又怕人将有无分为两事，便错了，所以申明几句，说："这两件本来是同的，不过表现出来名相不同，不同的名叫做有无，同的名叫做什么呢？可以叫做'玄'。"这几句又归结到本体了。

[附言]老子书中许多"无"字，最好作"空"字解。"空"者像一面镜，镜内空无一物，而能照出一切物来。老子说的"无"，正是这个意。

然则名相从哪里来呢？老子以为从人类"分别心"来。他说道：

天下皆知美之为美，斯恶已；皆知善之为善，斯不善已。故有无相生，难易相成，长短相较，高下相倾，音声相和，前后相随。

他的意思是说："怎么能知道有'美'呢？因为拿个'恶'和他比较出来，所以有'美'的观念，同时便有'恶'的观念。怎么能知道有'善'呢？因为拿个'不善'和他比较出来，所以有'善'的观念，同时便有'不善'的观念。所谓'有无''难易''长短''高下''前后'等等名词，都是如此。"他以为宇宙本体原是绝对的，因这分别心才生出种种相对的名，所以他又说：

自古及今，其名不去，以阅众甫（阅同说，众甫谓万物之始）。吾何以知众甫之状哉？以此。

意谓："人类既造出种种的名，名一立了，永远去不掉。就拿名来解说万有，我们怎么样能知道万有呢？就靠这些名。"《楞严经》说的"无同异中炽然成异"，即是此意。

既已有名相，那名相的孳生次第怎么样呢？他说：

道生一，一生二，二生三，三生万物。

这段话很有点奇怪，为什么不说"一生万物"呢？为什么不说"一生二，二生万物"呢？又为什么不说"二生四，四生万物"呢？若从表面上文义看来，那演的式是：

一→二→三→万物

这却有什么道理讲得通呢？我想老子的意思，以为一和二是对待的名词，无"二"则并"一"之名亦不可得。既说个"一"，自然有个"二"和他对待，所以说"一生二"。一二对立，成了两个，由两个生出个"第三个"来，所以说"二生三"。生出来的"三"成了个独立体，还等于"一"。随即有"二"来和他对待，生的"三"不止一个。个个都还等于"一"，无数的一和二对待，便衍成"万"了。所以说"三生万物"今试命一为甲，命二为乙，命所生之三，为丙丁戊己等，那演的式应该如下：

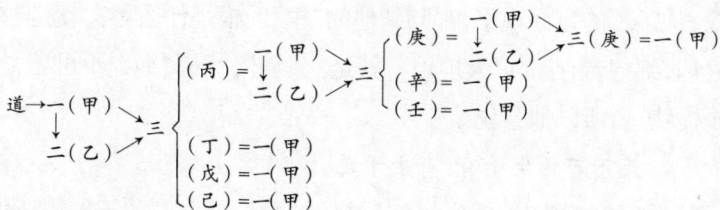

$$
道 \to \begin{matrix} 一(甲) \\ \downarrow \\ 二(乙) \end{matrix} \to 三 \begin{cases} (丙)=\begin{matrix}一(甲)\\ \downarrow \\ 二(乙)\end{matrix} \to 三 \begin{cases} (庚)=\begin{matrix}一(甲)\\ \downarrow \\ 二(乙)\end{matrix} \to 三(庚)=一(甲) \\ (辛)=一(甲) \\ (壬)=一(甲) \end{cases} \\ (丁)=一(甲) \\ (戊)=一(甲) \\ (己)=一(甲) \end{cases}
$$

生物的雌雄递衍，最容易说明此理，其他一切物象事象，都可以说是由正负两面衍生而来。所以老子说：

> 天地之间，其犹橐籥乎，虚而不屈，动而愈出。

"天地"，即是"阴阳""正负"的代表符号，亦即是"一二"的代表符号。他拿乐器的空管比这阴阳正负相摩相荡的形相，说他本身虽空洞无物，但动起来可以出许多声音，越出越多。这个"动"字，算得是万有的来源了。

然则这些动相是从哪里来呢？是否另外有个主宰来叫他动？老子说：

> 道法自然。

又说：

> 莫之命而常自然。

"自然"是"自己如此"，参不得一毫外界的意识。"自然"两个字，是老子哲学的根核。贯通体、相、用三部门，自从老子拈出这两个字，于是崇拜自然的理想，越发深入人心。"自然主义"，成了我国思想的中坚了。

老子以为宇宙万物自然而有动相，亦自然而有静相，所以说：

> 万物并作，吾以观复。夫物芸芸，各复归其根。归根曰静。

"复"字是"往"字的对待名词。"万物并作"，即所谓"动而愈出"。所谓"出而异名"，都是从"往"的方面观察的。老子以为无往不复，从"复"的方面观察，都归到他的"根"。根是什么呢？就是"玄牝之门，绵绵若存"的"天地根"，就是"橐籥"，就是"绳绳不可名，复归于无物"。所以他又说：

> 天下万物生于有，有生于无。

这是回复到本体论了。若从纯粹的名相论上说，"无"决不能生"有"，老子的意思，以为万有的根，实在那"非有非无非非有非非无"的本体，既已一切俱非，所以姑且从俗，说个"无"字。其实这已经不是名相上的话。

老子既把名相的来历说明，但他以为这名相的观念不是对的。他说：

> 民莫之令而自均，始制有名，名亦既有，夫亦将知之，知之所以不治。（从胡适校本）

这是说："既制出种种的名，人都知有名，知有名便不治了。"这话怎么讲呢？

他说：

> 唯之与阿，相去几何？　善之与恶，相去若何？

又说：

> 名与身孰亲？　得与亡孰病？

又说：

> 祸兮福之所倚，福兮祸之所伏……人之迷，其日固已久。

老子以为名相都由人类的分别心现出来。这种分别心靠得住吗？　你说这是善，那是恶，其实善恶就没一定的标准，一定的距离。你想的是得，怕的是失（亡），其实得了有什么好处？　失了有什么坏处呢？　人人都求福畏祸，殊不知祸就是福，福就是祸？《老子》全部书中，像这类的话很多，都含着极精深的道理。我们试将他"善之与恶，相去若何"这两句来研究一下，譬如欧洲这回大战，法国人恨不得杀尽德国人，德国人恨不得杀尽英国人，试问他，你这种行为是善么？　他说是善呀。为什么是善？　他说是我爱国，爱国便是善。其实据我们旁观看起来，或者几十年以后的人看起来，这算得是善吗？　又如希伯来人杀了长子祭天叫做善，不肯杀的叫做恶，到底谁善谁恶呢？　又如中国人百口同居叫做善，弟兄分家叫做恶，到底谁善谁恶呢？　老子说"善之与恶，相去若何"就是此意。他以为标了一个善的标准,结果反可以生出种种不善来,还不如把这种标准除去倒好些。他以为这种善恶的名称,都是人所制的,和自然法则不合,却可恨的"自古及今,其名不去"。故说是"人之迷,其日固已久"。懂得这点意思,才知道他为什么说"夫礼者,忠信之薄,而乱之首",为什么说"大道废,有仁义;慧智出,有大伪;六亲不和,有孝慈;国家昏乱,有忠臣",为什么说"天下多忌讳,而民弥贫;民多利器,国家滋昏;人多伎巧,奇物滋起;法令滋彰,盗贼多有",为什么说"绝圣弃智,民利百倍;绝仁弃义,民复孝慈;绝巧弃利,盗贼无有"。这些都不是诡激之谈,实在含有许多真理哩。

老子以为这些都是由分别妄见生出来,而种种妄见,皆由"我相"起。所以说,

> 吾所以有大患者,为吾有身。及吾无身,吾有何患。

这是破除"分别心"的第一要着,连自己的身都不肯自私,那么,一切名相都跟着破了。所以他说:

> 万物将自化。化而欲作,吾将镇之以无名之朴。

所谓"无名之朴",就是把名相都破除,复归于本体了。

老子这些话对不对,我且不下批评,让诸君自由研究。但我却要提出一个问题,就是"无名之朴"和"自然主义"有无冲突。老子既说"莫之命而常自然",那自然的结果,是个"动而愈出""万物并作",老子对于这所出的所作的,都要绝他、弃他、去他,恐怕不是"自然"罢。我觉得老子学说有点矛盾不能贯彻之处,就在这一点。

第三　作用论

五千言的《老子》,最少有四千言是讲道的作用。但内中有一句

话可以包括一切，就是：

> 常无为而无不为。

这句话书中几三见，此外互相发明的话还很多，不必具引。这句话直接的注解，就是卷首那两句："常无，欲以观其妙；常有，欲以观其徼。"常无，就是常无为；常有，就是无不为。

为什么要常无为呢？老子说：

> 三十辐共一毂，当其无，有车之用。埏埴以为器，当其无，有器之用。凿户牖以为室，当其无，有室之用。故有之以为利，无之以为用。

上文说过，《老子》书中的"无"字，许多当作"空"字解。这处正是如此。寻常人都说空是无用的东西，老子引几个譬喻，说：车轮若没有中空的圆洞，车便不能转动；器皿若无空处，便不能装东西；房子若没有空的门户窗牖，便不能出入，不能流通空气。可见空的用处大着哩。所以说："无之以为用。"老子主张无为，那根本的原理就在此。

老子喜欢讲无为，是人人知道的，可惜往往把"无不为"这句话忘却，便弄成一种跛脚的学说，失掉老子的精神了。怎么才能一面无为，一面又无不为呢？老子说：

> 是以圣人处无为之事，行不言之教，万物作焉而不辞，生而不有，为而不恃，功成而弗居。夫唯弗居，是以不去。

又说：

> 明白四达，能无为乎？生之、畜之，生而不有，为而不恃，长而不宰，是谓玄德。

又说：

> 万物恃之以生而不辞，功成而不名有，爱养万物而不为主。

作而不辞,生而不有,为而不恃,长而不宰（即爱养万物而不为主),功成而不居。这几句话,除上文所引三条外,书中文句大同小异的还有两三处。老子把这几句话三翻四覆来讲,可见是他的学说最重要之点了。这几句话的精意在哪里呢? 诸君知道,现在北京城里请来一位英国大哲罗素先生,天天在那里讲学吗? 罗素最佩服老子这几句话。拿他自己研究所得的哲理来证明,他说："人类的本能,有两种冲动,一是占有的冲动,一是创造的冲动。占有的冲动是要把某种事物,据为己有。这些事物的性质是有限的,是不能相容的。例如经济上的利益,甲多得一部分,乙丙丁就减少得一部分。政治上权力,甲多占一部分,乙丙丁就丧失了一部分。这种冲动发达起来,人类便日日在争夺相杀中。所以这是不好的冲动,应该裁抑的。创造的冲动正和他相反,是要某种事物创造出来,公之于人。这些事物的性质是无限的,是能相容的。例如哲学、科学、文学、美术、音乐,任凭各人有各人的创造,愈多愈好,绝不相妨。创造的人,并不是为自己打算什么好处,只是将自己所得者传给众人,就觉得是无上快乐。许多人得了他的好处,还是莫名其妙,连他自己也莫名其妙。这种冲动发达起来,人类便日日进化。所以这是好的冲动,应该提倡的。"罗素拿这种哲理做根据,说老子的"生而不有,为而不恃,长而不宰",是专提倡创造的冲动。所以老子的哲学,是最高尚而且最有益的哲学。

我想罗素的解释很对,老子还说：

> 天之道,损有余而补不足。人之道则不然,损不足以奉有余。孰能有余以奉天下? 唯有道者。是以圣人为而不恃,功成而不处。

"损有余而补不足",说的是创造的冲动。是把自己所有的来帮助人。"损不足以奉有余",说的是占有的冲动。是抢了别人所有的归自己。老子说:"什么人才能把自己所有的来贡献给天下人,非有道之士不能了。"老子要想奖励这种"为人类贡献"的精神,所以在全书之末用四句话作结,说道:

> 既以为人己愈有,既以与人己愈多。天之道,利而不害。
>
> 圣人之道,为而不争。

这几句话,极精到又极简明。我们若是专务发展创造的本能,那么,他的结果,自然和占有的截然不同。譬如我拥戴别人做总统做督军,他做了却没有我的分,这是"既以为人己便无"了。我把自己的田产房屋送给人,送多少自己就少去多少,这是"既以与人己便少"了。凡属于"占有冲动"的物事,那性质都是如此。至于创造的冲动却不然。老子、孔子、墨子给我们许多名理学问,他自己却没有损到分毫。诸君若画出一幅好画给公众看,谱出一套好音乐给公众听,许多人得了你的好处,你的学问还因此进步,而且自己也快活得很。这不是"既以为人己愈有,既以与人己愈多"吗。老子讲的"无不为",就是指这一类。虽是为实同于无为,所以又说,"为无为则无不治"。

篇末一句的"为而不争"和前文讲了许多"为而不有"意思正一贯。凡人要把一种物事据为己有,所以有争,"不有"自然是"不争"了。老子又说:"上仁为之而无以为",韩非子解释他,说是"生于心之所不能已也,非求其报也"(《解老》篇)。无求报之心,正是"无所为而为之",还有什么争呢?老子看见世间人实在争得可怜,所以说:

> 天之道不争而善胜。
>
> 夫唯不争故无尤。

> 上善若水,水善利万物而不争。

> 江海所以能为百谷王者,以其善下之……以其不争,故天
> 下莫能与之争。

> 不自见故明,不自是故彰,不自伐故有功,不自矜故长。夫
> 唯不争,故天下莫能与之争。

然则有什么方法叫人不争呢? 最要紧是明白"不有"的道理。
老子说:

> 天长地久。天地所以能长且久者,以其不自生,故能长
> 生。是以圣人后其身而身先,外其身而身存。非以其无私邪?

老子提倡这无私主义,就是教人将"所有"的观念打破,懂得"后
其身外其身"的道理。还有什么好争呢? 老子所以教人破名除相,
复归于无名之朴,就是为此。

诸君听了老子这些话,总应该联想起近世一派学说来。自从
达尔文发明生物进化的原理,全世界思想界起一个大革命。他在学
问上的功劳,不消说是应该承认的。但后来把那"生存竞争优胜劣
败"的道理,应用在人类社会学上,成了思想的中坚,结果闹出许多
流弊。这回欧洲大战,几乎把人类文明都破灭了。虽然原因很多,
达尔文学说不能不说有很大的影响。就是中国近年,全国人争权
夺利像发了狂。这些人虽然不懂什么学问,口头还常引严又陵译的
《天演论》来当护符呢。可见学说影响于人心的力量最大。怪不得
孟子说"生于其心,害于其政,发于其政,害于其事"了。欧洲人近来
所以好研究老子,怕也是这种学说的反动罢。

老子讲的"无为而无不为""为之而无以为"这些学说,是拿他
的自然主义做基础产生出来。老子以为自然的法则,本来是如此,
所以常常拿自然界的现象来比方。如说"天之道利而不害"、"天之

道不争而善胜"、"天之道损有余而补不足",又说"上善若水",都讲的是自然状态和"道"的作用很相合,教人学他。在人类里头,老子以为小孩子和自然状态比较的相近,我们也应该学他。所以说"专气致柔,能婴儿乎",又说"常德不离,复归于婴儿",又说"我独泊兮其未兆,如婴儿之未孩",又说"圣人皆孩之",然则小孩子的状态怎么样呢?老子说:

> 含德之厚,比于赤子。……骨弱筋柔而握固……精之至也。……终日号而不嗄,和之至也。

小孩子的好处,就是天真烂熳。无所为而为,你看他整天张着嘴在那里哭,像是有多少伤心事。到底有没有呢?没有,这就是"无为"。并没有伤心,却是哭得如此热闹,这就是"无为而无不为"。老实讲,就是一个"无所为"。这"无所为主义"最好。孔子的席不暇暖,墨子的突不得黔,到底所为何来?孔子墨子若曾打算盘,只怕我们今日便没有这种宝贵的学说来供研究了。所以老子又说"众人皆有以,而我独顽似鄙",说的是"别人都有所为而为之,我却是像顽石一般,什么利害得丧的观念都没有"。老子的得力处就在此。所以他说:"以辅万物之自然而不敢为。"又说:"功成事遂,百姓皆谓我自然。"

老子以为自然状态应该如此。他既主张"道法自然",所以要效法他。于是拿这种理想推论到政术,说道:

> 古之善为道者,非以明民,将以愚之。民之难治,以其智多。故以智治国,国之贼;不以智治国,国之福。

又说:

> 小国寡民,使有什伯之器而不用,使民重死而不远徙。虽有舟舆,无所乘之;虽有甲兵,无所陈之;使人复结绳而用之,

甘其食，美其服，安其居，乐其俗。邻国相望，鸡犬之声相闻，民至老死不相往来。

我们试评一评这两段话的价值。"非以明民，将以愚之"这两句，很为后人所诟病，因为秦始皇李斯的"愚黔首"都从这句话生出来，岂不是老子教人坏心术吗？其实老子何至如此？他是个"为而不有"的人，为什么要愚弄别人呢？须知他并不是光要愚人，连自己也愚在里头。他不说"我独顽似鄙""我独如婴儿之未孩"吗？他以为从分别心生出来的智识总是害多利少，不如捐除了他。所以说，"以智治国，国之贼；不以智治国，国之福"。这分明说，不独被治的人应该愚，连治的人也应该愚了。然则他这话对不对呢？我说，对不对暂且不论，先要问做得到做不到。小孩子可以变成大人，大人却不会再变成小孩子，想人类由愚变智有办法，想人类由智变愚没有办法。人类既已有了智识，只能从智识方面尽量的浚发，尽量的剖析，叫他智识不谬误，引到正轨上来。这才算顺人性之自然。"法自然"的主义才可以贯彻。老子却要把智识封锁起来，这不是违反自然吗？孟子说"大人不失其赤子之心"，须知所谓"泊然如婴儿"这种境界，只有像老子这样伟大人物才能做到。如何能责望于一般人呢？

像"小国寡民"那一段，算得老子理想上之"乌托邦"，这种乌托邦好不好，是别问题，但问有什么方法能令他出现，则必以人民皆愚为第一条件。这是办得到的事吗？所以司马迁引了这一段，跟着就驳他，说道："神农以前吾不知矣。至若《诗》《书》所述，虞夏以来，耳目欲极声色之好，口欲穷刍豢之味，身安逸乐，而心矜夸势能之荣，使俗之渐民久矣。虽户说以眇论，终不能化。"（《史记·货殖列传》）这是说老子的理想决然办不到，驳得最为中肯。老子的政术论所以失败，根本就是这一点。失败还不算，倒反叫后人盗窃他的文句，做专制的护符，这却是老子意料不到的了。

老子书中许多政术论，犯的都是这病。所以后人得不着他用处，但都是"术"的错误，不是"理"的错误。像"不有""不争"这种道理，总是有益社会的，总是应该推行的，但推行的方法，应该拿智识做基础。智识愈扩充，愈精密，真理自然会实践。老子要人灭了智识冥合真理，结果恐怕适得其反哩。

老子教人用功最要紧的两句话，说是：

为学日益，为道日损。

他的意思说道："若是为求智识起见，应该一日一日地添些东西上去；若是为修养身心起见，应该把所有外缘逐渐减少他。"这种理论的根据在哪里呢？他说：

五色令人目盲，五音令人耳聋，五味令人口爽，驰骋畋猎令人心发狂，难得之货令人行妨。

这段话对不对呢？我说完全是对的。试举一个例，我们的祖宗晚上点个油灯，两根灯草，也过了几千年了。近来渐渐用起煤油灯，渐渐用起电灯。从十几枝烛光的电灯加到几十枝几百枝，渐渐大街上当招牌上的电灯，装起五颜六色来，渐渐又忽燃忽灭的在那里闪。这些都是我们视觉渐钝的原因，又是我们视觉既钝的结果。初时因为有了亮灯，把目力漫无节制地乱用，渐渐地消耗多了。用惯亮灯了后，非照样的亮，不能看见。再过些日子，照样的亮也不够了，还要加亮。加——加——加——加到无了期，总之因为视觉钝了之后，非加倍刺激，不能发动他的本能，越刺激越钝，越钝越刺激，原因结果，相互循环。若照样闹下去，经过几代遗传，非"令人目盲"不可。此外五声五味，都同此理。近来欧美人患神经衰弱病的,年加一年,烟酒等类麻醉兴奋之品日用日广,都是靠他的刺激作用。文学美术音乐,都是越带刺激性的越流行,无非神经疲劳的反响越刺激,疲劳越甚。像吃辣椒吃鸦片的人,越吃量越大。所以有人说这是病的社会状态,这是文明破灭的征兆。虽然说得太过,也不能不算含有一面真理。老子是要预防这种病的状态,所以提倡"日损"主义,又说:

> 治人事天莫若啬。

韩非子解这"啬"字最好。他说:

> 视强则目不明,听甚则耳不聪,思虑过度则智识乱。……啬之者,爱其精神,啬其智识也。……众人之用神也躁,躁则多费,多费谓之侈。圣人之用神也静,静则少费,少费谓之啬。……神静而后和多,和多而后计得,计得而后能御万物。

(《解老》篇)

这话很能说明老子的精意。老子说"去甚去奢去泰",说"见素抱朴少私寡欲",说"致虚极守静笃",都是教人要把精神用之于经济的,节一分官体上的嗜欲,得一分心境上的清明。所以又说:

> 祸莫大于不知足,咎莫大于欲得,故知足之足常足矣。

凡官体上的嗜欲,那动机都起于占有的冲动,就是老子所谓"欲得"。既已常常欲得,自然常常不会满足,岂不是自寻烦恼,把精神弄得很昏乱,还能够替世界上做事吗?所以老子"少私寡欲"的教训,不当专从消极方面看他,还要从积极方面看他。他又说:"知人者智,自知者明,胜人者有力,自胜者强。"自知、自胜两义,可算得老子修养论的入门了。

常人多说《老子》是厌世哲学。我读了一部《老子》,就没有看见一句厌世的话。他若是厌世,也不必著这五千言了。老子是一位最热心热肠的人。说他厌世的,只看见"无为"两个字,把底下"无不为"三个字读漏了。

《老子》书中最通行的话,像那"不敢为天下先","知其雄,守其雌,为天下溪。知其白,守其黑,为天下谷","将欲翕之,必固张之。将欲弱之,必固强之",都很像是教人取巧。就老子本身论,像他那种"为而不有,长而不宰"的人,还有什么巧可取。不过这种话不能说他没有流弊,将人类的机心揭得太破,未免教猱升木了。

老子的大功德,是在替中国创出一种有统系的哲学。他的哲学,虽然草创,但规模很宏大,提出许多问题供后人研究。他的人生观,是极高尚而极适用。《庄子》批评他,说道:"以本为精,以末为粗,以有积为不足,淡然独与神明居。……常宽容于物,不削于人,可谓至极,关尹老聃乎? 古之博大真人哉! "这几句话可当得老子的像赞了。

第二节 庄子学说

昔托尔斯泰因感于"人生无意义",几于自杀。其后得有宗教的慰仰、精神生活,因而复苏。杨朱一派,盖对于人生无意义之一语,有痛切之感觉;而此种感觉之结果,则归于断灭自恣,校其实,则与自杀无以异也。庄子则从无意义中求出意义,谋人生心物两方面之调和,故其结论与杨朱派截然殊途,而为后此大乘佛教之先河焉。庄子学说之精神,《天下》篇自述而自批评之。其言曰:

> 芴漠无形,变化无常,死与生与,天地并与,神明往与。

芒乎何之,忽乎何适,万物毕罗,莫足与归,古之道术有在于是者。庄周闻其风而说之。……独与天地精神往来,而不敖倪于万物,不谴是非,以与世俗处。……彼其充实不可以已,上与造物者游,而下与外死生无终始者为友。……虽然,其应于化而解于物也,其理不竭,其来不蜕,芒乎昧乎,未之尽者。

人生之苦痛,皆从生活状态之矛盾而来。肉感与灵感交战,陷于人格分裂,苦莫甚焉。假使人类而能如禽兽,除饮食男女以外,无所寄其情志,虽在此范围中,矛盾已不少,苦痛已甚多。但其苦究为单调的,旋起旋落,可以自支;无奈人类有其固有之灵性,此一点灵性,对于吾侪之肉的生活,常取批评的态度(其批评程度之高下浅深各不同,但无论何人皆有之),于是种种悔恨悲哀恐怖皆由此而起。而吾侪因此乃生一种向上的推求,知现实境界之外,确别有"真我"存在,而此真我即为吾侪最后安慰之所。于是有谓此真我完全与现实境界为二物,必脱离现境,始能与之相应者,则印度多数外道及小乘佛教所说是也。有谓此真我与现境非一非异,吾侪可以不舍离现境而与此真我契合者,则大乘佛教所说是也。而庄子之学则近于大乘者也,所谓"独与天地精神往来"、所谓"充实不可以已,上与造物者游,而下与外死生无终始者为友",皆言契合真我之义。所谓"不敖倪于万物,不谴是非,以与世俗处"、所谓"应于化而解于物也,其理不竭",皆言不舍离现境之义。《天下》篇又言"内圣外王之道,暗而不明,郁而不发"。庄子著书之意,将以明其暗而发其郁,契合真我者,内圣也。不离现境者,外王也。明此纲领,可以读《庄子》。

《庄子》,《汉志》五十二篇,今存三十三篇;内篇七,外篇十五,杂篇十一。其外篇之《骈拇》《马蹄》,杂篇之《让王》《盗跖》《说剑》《渔父》诸篇,文体皆不类,前人多疑为伪窜。自余外杂诸篇,或亦非尽出庄子手，其最精粹者，则《秋水》《山木》《知北游》《庚桑楚》《徐无鬼》《则阳》《寓言》诸篇。其最末之《天下》篇，则全书自叙，评骘一代学术，语语精绝，古籍中第一瑰宝矣。而总摄庄学之全体大用者，尤在内篇七篇。今标挈其纲领如下：

（一）《逍遥游》　常人执着现实境界，终身役役，向此间讨生活，卒为矛盾状态所缚扰，不能自拔。故庄子首破其迷，其言鲲鹏之与蜩鸴与野马尘埃之生物，言朝菌蟪蛄之与冥灵大椿，其小大殊量至于此极。吾侪人类在无穷之宇宙间，占一极么么之位置，经一极短促之年寿，而弊弊然憴憴于其间，可谓大愚。全篇关键，在"小知不及大知，小年不及大年"二语。教人勿以小障大，但又非于常识所谓大小者生比较；故又以"至人无己，圣人无名"二语，微示真我之端倪，使人向上寻求。

（二）《齐物论》　此篇从消极方面诠释真我之体相。篇首南郭子綦所谓"吾丧我"即丧其幻我，即前篇所谓"无己"，幻我可丧则必有真我明矣。然此真我非感觉所能见，非名相所能形容，全立于知识系统以外。当时墨学别派名家者流如惠施辈亦刻意欲解决此问题，然皆以知识之方式求之，庄子以为大误。故"齐物"之论，谓当离却万有的别相，即能得其共相。全篇主眼，在"天地与我并生，而万物与我为一"二语。此篇所论，颇似佛教之法相宗，检阅名相以破名相也。

（三）《养生主》　此篇略言契合真我之境界。如庖丁解牛之喻，所谓"以神遇不以目视"，能契合此真我，则虽在世间，而得大自在。全篇主眼，在"安时而处顺，则哀乐不能入也"二语。

（四）《人间世》　此篇极言真理与世谛不相妨碍。《田子方》篇云："中国之君子明乎礼义而陋于知人心。"本篇所言，穷极人类心理状态之微,乃言人世顺应之法与夫利物善导之方,其所以能得此智慧者,则在"虚而待物"。全篇主眼,在"人皆知有用之用,而莫知无用之用也"二语。

（五）《德充符》 此篇言须有所捐弃乃有所自得。所述王骀、申徒嘉、哀骀它等人,皆形骸残缺而得道者,凡以证明真我之在形骸外也。故曰:"德有所长而形有所忘。"又曰:"有人之形,无人之情。"其全篇主眼,在"以死生为一条,以可不可为一贯,解其桎梏"三语。质言之,即教人对于自己之肉体而力求解放也。

（六）《大宗师》 此篇言参透一切平等之理者,必不厌世。故曰:"若人之形者,万化而未始有极也,其为乐可胜计耶?"有我之见存,众苦斯生;无我之见存,则安往而不得乐?故佛说:"不畏生死,不爱涅槃。"以有涅槃之心,即有所沾恋也;庄子纯是"行菩萨行"之人。故虽五浊恶世,亦以常住为乐。篇中主眼,在"其一也一,其不一也一,其一与天为徒,其不一与人为徒"数语。其人世应而不与俗化者,则在"知人之所为者,以其知之所知以养其知之所不知"数语。

（七）《应帝王》 此篇排斥政治上之干涉主义,言万事宜听人民之自由处置,故以浑沌凿窍为喻。全篇主眼,在"顺物自然而无容私焉而天下治矣"一语。

此不过略举梗概。其实全书多互相发明,并非每篇专明一义。要之,此七篇为全书纲领,其外篇杂篇,则皆委细证成斯理而已。治庄学者,先悬解此七篇,则读他篇庶乎无阂也。

《逍遥游》篇云:"至人无己。"《在宥》篇云:"大同而无己。"无己即孔佛所言无我也,此一语可谓庄子全书关键。夫"我"若本有,则虽欲无之亦安可得?既云无我,则证知此无我者为谁,此讨论我相有无者当前立起之问题也。故从前法国以怀疑名家之大哲学家笛卡儿,对于宇宙万物悉皆怀疑,而谓独有一物不容疑者曰"我"。其名言曰:"我思故我存。"(I think, therefore I am.)至今欧洲学者犹宗道之。若是乎? 无我之义之难成立也。庄子乃对此问题而辗转推求之,曰:

> 非彼无我,非我无所取。是亦近矣,而不知其所为使。若有真宰,而特不得其朕。可行己信,而不见其形,有情而无形。百骸九窍六藏,赅而存焉,吾谁与为亲? 汝皆说之乎? 其有私焉? 如是皆有为臣妾乎? 其臣妾不足以相治乎? 其递相为君臣乎? 其有真君存焉? ……(《齐物论》)

庄子意若曰:"我"之名何自生耶? 对"彼"而自命耳;无"彼"则"我"之名亦不立,故"非彼无我"。若是,则似先有彼而后有我,然若竟无我,则知有"彼"者为谁,故"非我无所取"。若是,又似先有我而后有彼,彼我互为因果,结局归于两空,两空近之矣。然果属顽空,则彼我二觉缘何而起? 故曰:"不知其所为使。"由是以思,则知从前所认之我相,不过"假主宰者"耳,其必有"真主宰者"存焉,特不能得其朕兆,故曰:"若有真宰,而特不得其朕。"从前所认我相,宛然在前,一若"可行己信"。然此相究竟作何形态,终不可见,则"有情而无形"也。若强求其形,则惟"百骸九窍六藏"之属"赅而存焉"耳。此诸体者孰为真我? 若俱是我耶? ("汝皆说之乎")则"我"体分裂,若一是我而余非我耶? ("其有私焉")则曷为部分之感觉通于全体? 若云百骸之属,不过"臣妾"。然则以何者为君? 若指心指脑为君,心脑同是筋肉构成,何以独能调御诸体? 若谓无君,则"臣妾不足相治"。则如单细胞物及植物,并无心脑,何以能发育? 若谓百体"递相为君臣",则耳应时或能视,目应时或能听,何故不尔? 因

此悟知常识之所谓我相,决非真我,非真我故等于无我,"其必别有真君(真我)存焉"。然则所谓"真我"者究何物耶?庄子曰:

> 天地与我并生,而万物与我为一。既已为一矣,且得有言乎?既已谓之一矣,且得无言乎?(《齐物论》)

此真我者,离言说相,离名字相,本不应以言语形容之,特既借一义为众生说法,则不得无言耳。"天地与我并生",则无时际差别;"万物与我为一",则无时际差别,此二语即"真我"实相。若欲灼见,当由自证;若灼见真性,则并天地万物等名,亦不容立。但以浅谛解释,亦殊易明。试问我身是否为数十种原质所合成?此诸种原质,是否与天地始生同时存在?若云未始有生,则我与天地俱不生;若云有生,则天地与我并生明矣。"万物与我为一"之义,他篇更有至言,足相发明。曰:

> 万物皆种也,以不同形相禅,始卒若环,莫得其伦,是谓天均。(《寓言》)

此有二义。就精魂方面论,有情之属,舍生趋生,"人死为羊,羊死为人"(《楞严经》语)。鲧化黄熊,缓作秋柏,业种所缚,亦趣升沉,虽复殊形,实相禅也。就形态方面论,其一,若果蓏之核,易形嬗传前卉之精,衍为后卉。至于动物,其例益明,应化遗传,代代相嬗。我辈七尺躯中,不惟含有父母遗血,乃至其情性之一部分,我实受而继之。而父母各有其父母,父母之父母,又各有其父母,如是递推,则伏羲轩辕之精血性情,至今固犹有一部分宿于吾躬,宁得谓羲轩已死已灭耶?不过"以不同形相禅"耳。不宁惟是,吾侪之材质性情,实举无始以来各种动物所有者而具备之。自单细胞类至高等乳哺类,其种色皆有一部分为我所受。人与珊瑚,相去级数不可计矣,实则原种不殊,仅"以不同形相禅"耳。其二,人食众生肉,其肉旋化人体,众生中如虎豹蚊蜮之甘人肉者亦然,乃至食蔬谷果貐之属亦然。此诸肉及果实等,皆由细胞合成,细胞皆各有其生命,此诸生命递死递生,更相为种,皆"以不同形相禅"耳。故曰:"始卒若环,莫得其伦。"此但就知识所能及之粗迹论之,而"万物与我为一"之理,已可见其朕兆,何以不感觉其与我为一? 则分别心为之障耳,故庄子述仲尼之言,曰:"自其异者视之,肝胆楚越也。自其同者视之,万物皆一也。"(《德充符》)

吾释此文,引印度教义及近世科学为证,虽自信非附会(因事理本自无碍,故以俗谛释真谛,不为附会),然庄子所教人体验"真我"之实相,实不在此。盖真我之为物,惟用直觉亲证,乃可得见。一用理智的剖析、言说的诠议,即已落对待而非其本相,故曰:"既已为一,且得有言乎?"言不当有言也。但"既已谓之一,且得无言乎?"则为教化众生起见于无言中强为言耳,故《知北游》篇云:

> 知北游于玄水之上,登隐弅之丘,而适遭无为谓焉。知谓无为谓曰:"予欲有问乎若:何思何虑则知道? 何处何服则安道? 何从何道则得道?"三问而无为谓不答也,非不答,不知答也。知不得问,反于白水之南,登狐阕之上,而睹狂屈焉。知以之言也问乎狂屈。狂屈曰:"唉! 予知之,将语若。"中欲言而忘其所欲言。知不得问,反于帝宫,见黄帝而问焉。黄帝曰:"无思无虑始知道,无处无服始安道,无从无道始得道。"知问黄帝曰:"我与若知之,彼与彼不知也,其孰是邪?"黄帝曰:"彼无为谓真是也,狂屈似之;我与汝终不近也。"夫知者不言,言者不知,故圣人行不言之教。

此一段话,与后世禅宗之作用极相似。不解者以为掉弄虚机,故作玄谈,其实此事亦至寻常。例如人有痛楚,其痛相何若? 只能自喻而不能以喻诸人。热爱笃敬深忧奇惭之存于内者亦然。乃至饮水之冷暖自知,视色之妍媸入感,皆各自受用而不与众共者也。此其事皆在觉在证,而知识乃退居于位。夫部分之情感且然,而况于宇宙之大理乎? 要之,知情志三良能备于我躬,各自为用,情感意志之所有事,非理知所能任,亦犹理知之所有事,非情感意志之所能任。而或者过信理知万能,谓天下事理皆可以分析综合推验尽之,外是者则大诟而不之信,此其所以为蔽也。故庄子曰:"闻以有知知者矣,未闻以无知知者也。"(《人间世》)又曰:"弗知乃知乎? 知乃不知乎? "(《知北游》) 又曰:"夫精粗者期于有形者也,无形者数之所不能分也,不可围者数之所不能穷也。可以言论者,物之粗也。可以意致者,物之精也。言之所不能论,意之所不能察致者,则不期精粗焉。"(《秋水》)此皆言情志之事非知所能任也。

凡同理知必尊因果律,而庄子以为因果律不足恃。其言曰:

夫知必有所待而后当,其所待者特未定也。(《大宗师》)

又曰:

吾所待而然者邪? 吾所待又有待而然者邪? (《齐物论》)

章炳麟引近譬以明庄子破因果律之论据,曰:"如有人言,身中细胞皆动,问细胞何故动,即云:万物皆动,细胞是万物中一分,故细胞动。问万物何故皆动,即云:皆含动力故动。问动力何故动,即云:动力自然动。自尔语尽,无可复诘。且本所以问细胞何故动者,岂欲知其自然动耶? 今追寻至竟,以自然动为究极,是则动之依据,还即在动,非有因也。"(《齐物论》释廿三)当时惠施一派用名学的推理式欲遵因果律以解决宇宙原理。《天下》篇称:"黄缭问天地不坠不陷风雨雷霆之故,惠施不辞而应不虑而对。"此"故"字即《墨经》所谓"所得而后成"之"故"也。庄子以为"所得而后成"者,又有

其所得而后成,如是因因相待,还等无因。故又云:

> 有先天地生者物邪?物物者非物。物出不得先物也,犹
> 其有物也。犹其有物也无已。(《知北游》)

《大乘入楞伽经》云:"外道说:'因不从缘生而有所生。'果待
于因,因复待因,如是辗转,成无穷过。"凡拘守因果律者,欲穷极至
"第一因"终不可得,毕竟还以循环论理释之,庄子以为此徒劳也。
故曰:

> 道行之而成,物谓之而然。恶乎然?然于然。恶乎不
> 然?不然于不然。(《齐物论》)

如《墨经》所云:"大故有之必然。"又云:"此然彼必然则
俱。"凡此皆归纳论理学所用之利器也。及再问何故有之必然,何故
此然彼必然,辗转穷推,其结论亦仅至"然于然"而止。此义者,佛典
谓之"法尔",庄子谓之"自然"。《齐物论》又云:"夫吹万不同,而使
其自己也。"(郭注云,自己而然。)此义视老子所谓"有物混成先天
地生"者,进一解矣。

> 然则万有之樊然异相者,果何自建立耶?庄子曰:

> 物物者与物无际,而物有际者,所谓物际者也;不际之际,
> 际之不际者也。(《知北游》)

此数语非以佛教唯识宗之教理不能说明之。《摄大乘论·无
性》释云:"于一识中,有相有见二分俱转,相见二分,不即不离,所
取分名相,能取分名见。于一识中,一分变异似所取相,一分变异似
能取相。"章炳麟引以解本书云:"物即相分,物物者谓形成此相分
者,即是见分,相见二分不即不离。是名物物者与物无际,而彼相分
自现方圆边角,是名物有际,见分上之相分,本无方隅,而现有方隅,
是名不际之际,即此相分方隅之界如是实无,是名际之不际。"(《齐

物论》释七）章氏此释，深契庄旨。诸君曾读罗素讲演者，应记其第一次所讲心之分析，对于桌子有无问题，广征异说，如庄子说如"唯识家"说，则桌子可谓之无，何以故？以物质本无客观的存在故。亦可谓之有，何以故？识有则桌子有故。此其义与欧西之唯心派似同实异，非今日短讲所能详论也。

即此可以证成"道行之而成，物谓之而然"之理，所谓"道"，所谓"物"，非皆有其自性，皆由人类分别计度所构成耳。尔乃于"万物一体"中强生分别，画其部分，指之为我，则我身我家我国种种名相起焉；名相起而爱憎取舍行于其间，既有"我见"则有"我慢"，于是"是非"之论蜂作矣。庄子以为天下无绝对的真是非，是非之名，不过由众生"同业共见"（语出《楞严》）相率假立耳。故曰：

> 道隐于小成，言隐于荣华。故有儒墨之是非，以是其所非，而非其所是。……彼亦一是非，此亦一是非，果且有彼是乎哉？果且无彼是乎哉？（《齐物论》）

又曰：

> 庸讵知吾所谓知之非不知邪？庸讵知吾所谓不知之非知邪？……民湿寝则腰疾偏死，鳅然乎哉？木处则惴栗恂惧，猿猴然乎哉？三者孰知正处？民食刍豢，麋鹿食荐，蝍蛆甘带，鸱鸦耆鼠，四者孰知正味？猿猵狙以为雌，麋与鹿交，鳅与鱼游。毛嫱丽姬，人之所美也；鱼见之深入，鸟见之高飞，麋鹿见之决骤。四者孰知天下之正色哉？自我观之，仁义之端，是非之途，樊然淆乱，吾恶能知其辩？（《齐物论》）

此皆证明"是非"之名，乃相对而非绝对的。夫吾人谓冰必寒火必热，自以为真知矣真是矣，然款冬即生于冰，火鼠即生于火，彼固谓冰不寒火不热也。吾果为知耶是耶？彼果为不知耶非耶？论物之属性,既若此矣,拟以名言,抑更甚焉?谓吾人所谓红即英人所谓Red是耶非耶?吾人眼根构造,未必与英人吻合,何以见彼辈视红认为Red者,非吾人所谓紫耶绿耶。又如甲乙二人于此,皆曰此物长一寸。甲乙主观所感觉,果为同长否耶?庸讵知甲所谓一寸,不等于乙所谓一丈耶?若曰以甲乙公认之尺量之俱得一寸,庸讵知甲所视此尺之长,非当乙之一丈;乙所视此尺之长,非当甲之一寸耶?夫以至粗末之物质物形物态,其是非之难定犹若此。今而曰:"如此斯为仁,如此斯为义。"欲持之以一同天下,其为危险,云胡可量。而众生我慢之见必各自是其所是而非其所非,则怨嫉争轧之所由起也,庄子深痛之。故曰:

> 名也者相札也,知也者争之器也。(《人间世》)

又曰:

> 大乱之本,必生于尧舜之间,其末存乎千世之后。千世之后,其必有人与人相食者也!(《庚桑楚》)

夫假美名以穷其恶者,以中国及欧洲之近事衡之,其证验既历历可睹。苟无此美名以为之护符,其稔恶或不至如是其甚也,不惟假名者为然耳。彼迷信而固执者,语其动机,或深可赞叹,而祸斯世或更甚。彼夫争教宗之异同,而搏战百年流血千万者,由庄子观之,是果何为也?抑凡所谓为某某主义而奋斗者,何莫皆此类也?凡此皆出于人类之"自己夸大性",佛典谓之"我慢"。(国自慢,教宗自慢,主义自慢,乃至人类自慢,皆"我慢"之一种。)庄子以为此种我慢,实社会争乱之源,故慨乎言之,谓"千世之后必人与人相食也"。欲破除此我慢性,故《秋水》篇云:

> 以道观之,物无贵贱;以物观之,自贵而相贱;以俗观之,贵贱不在己;以差观之,因其所大而大之,则万物莫不大;因

其所小而小之，则万物莫不小；知天地之为稊米也，知毫末之为丘山也，则差数睹矣。以功观之，因其所有而有之，则万物莫不有；因其所无而无之，则万物莫不无；知东西之相反而不可以相无，则功分定矣。以趣观之，因其所然而然之，则万物莫不然；因其所非而非之，则万物莫不非；知尧桀之自然而相非，则趣操睹矣。

此言大小有无是非诸名相，皆从对待比较得来。以星云界视地球，则地球稊米也；以细胞生物视毫末，则毫末丘山也。无东何以名西？无尧之是何以有桀之非？虽相反而实相待也，然则执一自封者，其亦可以瘳矣。

《秋水》全篇皆破我慢也，故言河伯"以天下之美尽在己"，北海若谓"乃知尔丑"。北海若之言曰：

吾在于天地之间，犹小石小木之在大山也，方存乎见少，又奚以自多？计四海之在天地之间也，不似礨空之在大泽乎？计中国之在海内，不似稊米之在大仓乎？号物之数谓之万，人处一焉……此其比万物也，不似毫末之在于马体乎？五帝之所连，三王之所争，仁人之所忧，任士之所劳，尽此矣。

此对于"人类夸大狂"当头一棒之言也。既明此理，则自然可以无我，自然一切可以牺牲。故曰：

浸假而化予之左臂以为鸡，予因以求时夜；浸假而化予之右臂以为弹，予因以求鸮炙；浸假而化予之尻以为轮，以神为马，予因以乘之，岂更驾哉？（《大宗师》）

既参透此种无我境界，自然对于世界，无所欣厌，随所遇以事其事而已。故曰：

固有所不得已，行事之情而忘其身，何暇至于悦生而恶

死？（《人间世》）

庄子之对于社会，非徒消极的顺应而已，彼实具一副救世热肠。其言曰："哀莫大于心死，而人死亦次之。"（《田子方》）又曰："终身役役而不见其成功，苶然疲役而不知其归，可不哀耶？人谓之不死奚益？其形化，其心与之然，不可谓大哀乎？人之生也，固若是芒乎？"（《齐物论》）彼盖见众生不明自性，甘没苦海，深可怜悯。故出其所自证，翻广长舌，以觉群迷，此正所谓行菩萨行者，与孔墨殊途同归矣。

庄子全书，教人以修证途径者甚多，不能遍证引。诸君若有志学道，他日宜自求之，今但述其卑近之谈最可资青年修养者数条以作结论。庄子曰：

> 有人者累，见有于人者忧。（《山木》）

今日中国社会组织，可谓中分为"有人者"与"见有于人者"之两级。（例如父母有子，子见有于父母，夫有妻，妻见有于夫。）故非累则忧，必居其一，或则二者兼之。甫成年之学生如诸君者，真可以不有人不见有于人，宜乘此时切实修养以自固其基。且力求保持此种地位使较久，且悬此以为改造社会之鹄。庄子又曰：

> 其耆欲深者其天机浅。（《大宗师》）

庄子主张任运而动，本不教人以强制的节欲，但以为嗜欲可以汩人灵性，故学者宜游心于高尚，勿贪肉体的享乐以降其人格。庄子又曰：

> 自事其心者，哀乐不易施乎前。（《人间世》）

庄子本一情感极强之人，而有更强之意志以为之节制，所谓能"自事其心"也。庄子曰："有人之形，无人之情。"惠子曰："既谓之人，恶得无情？"庄子曰："是非吾所谓情也。吾所谓无情者，言人之不以好恶内伤其身。……"（《德充符》）在青年情感发育正盛之时，好恶内伤其身之患，最所易蹈；遇环境有剧变，每辄丧其所守，非平日修养十分致意不可。庄子则教人顺应之法，曰："得者时也，失者顺也；安时而处顺，则哀乐不能入也。"（《大宗师》）此则自事其心之最妙法门也。

庄子又曰：

> 用志不纷，乃凝于神。（《达生》）

此条述孔子观痀偻丈人承蜩事，丈人之言，谓："虽天地之大，万物之多，而唯蜩翼之知。吾不反不侧，不以万物易蜩之翼，何为而不得？"此言人精神集中，则无事不可为，而行集中之事，不问其大小。要之足为吾修养之助。

以上四条，吾生平所常服膺者，今述以赠诸君。其于庄子之意果有当焉否，则非吾所敢知也。

第三编　中国先贤学说

南面术说

（一）绪言

所谓"南面术"者，"老子书"之学说也。吾人欲述老子学说，当先解决下列各问题，（一）老子是否有此人？（二）老聃，老莱子，太史儋是一人？是二人？是三人？（三）今所传"五千言"，是春秋时书？抑战国时书？此种问题，今人多讨论及之，已极纷纠，吾当另为文说明，今但就后世所传"五千言",（以下皆称"五千言",不称《老子》,以免与人名相混。）以述其学说。吾此文约分为数节如下：(一)老子学说之来历。(二)其学说之内容,纯为"人君南面术"。(三)其学说在汉以前,本为政治学而非哲学,至晋以后,始变化而与政治脱离关系。(四)"五千言"中之所谓"道"与"玄"。

（二）老子学说之来历

今所传之"五千言",无论其为老聃所作,非老聃所作,为春秋时人作,为战国时人作,而其学说皆古代（周以前）相传之旧说,非作者所自创,作者乃掇拾旧说,且演绎之,成为此书耳。吾为此说,吾有六证如下。

（1）"五千言"多有言明是旧说者,如云：

古之所谓"曲则全"者,岂虚语哉！

古之所以贵此道者。

古之善为道者,非以明民,将以愚之。

古之善为士者,微妙玄通,深不可识。

故圣人云：我无为而民自化,我好静而民自正,我无事而民自富,我无欲而民自朴。

是以圣人云：受国之垢,是为社稷主；受国不祥,是为天下王。

"古之所谓","古之所以贵此道者","古之善为道者","古之善为士者","圣人云",凡此诸语,是皆可证明其为旧说。而此种旧说,由来极远,盖在作者以前,久已称为旧说矣。

（2）"五千言"大都是古代相传之成语,作者掇述之,演绎之,而成书也。何以知之？盖"五千言"大都为韵语,而又琐碎重复,不成系统，绝似掇述古语。使为作者自发表其学说，或不用韵语，或用韵语将全书组成系统，此意极明显，不必多言，今"五千言"则不然。吾故知其为掇拾古语，非作者自著书也。

（3）"五千言"中语，有与其他古书相同者。如《金人铭》《太公金匮》（今有洪颐煊辑本）等，皆与"五千言"有相同之语，或有大同小异者。吾人一说到此问题，当先辨明此等古书之真伪。然吾今以为不必多辨，总之，皆秦以前书也。其相同也，非必"五千言"之作者抄录古书，乃古代成语，流传人口，彼此各自掇拾，不谋而同耳。

（4）"五千言"中语，有与古人行事相同者。如云："故大国以下小国，则取小国；小国以下大国，则取大国。"按，孟子谓"汤事葛，文王事昆夷"，即所谓"大国以下小国，则取小国"也。又谓"太王事荤粥，句践事吴"，即所谓"小国以下大国，则取大国"也。夫古人已有实行之者，是可知此种学说由来已久矣。

（5）周以前及周初人书，如伊尹、太公、鬻子等，《汉志》皆列入"道家"，可知古代所有之学术，皆此一家言而"五千言"非作者所自创之新说。此理甚明，不必多辨。

（6）全书均非作者口吻。盖作者究为何人，今虽未有确切之考证；然苟谓为战国时人作，则作者非隐士，即策士；苟谓为老聃所作，老聃亦不过一史官耳；今观其书中所言，都为人君治天下阅历有得之言，非人君或佐人君之大臣不能道，故知非作者口吻也。（此节参看下文"人君南面术"。）又史官所职，或记事，或记言，是记古人之事之言，而非本人自立言也。故"五千言"苟为老聃作，则亦记古人之言，而非本人自立言也。

（三）老子学说之内容为人君南面术

"五千言"之内容，若甚玄妙难识，实则亦甚寻常，即"人君南面术"而已。其书非以"道"为出发点，乃以"术"为出发点。谓为由术以悟道可也，谓为由道以为术则不可。其术分为五步，次序分明可寻。今举其大纲如下：

一、用兵，二、取天下，三、治天下，四、功成名遂身退，五、养生。

欲为人君，必先取天下，欲取天下，必用兵，此"南面术"之题前文章也。既得天下，乃思所以治之，此"南面术"之本文也。然欲为人君者多，苟不善以自处，非但不能保其君位，抑且不能保其生命，故须功成名遂身退，否则未有不败者也。既退之后，养生保性，以期延年，此"南面术"题后之文章也。

吾以为"五千言"之系统，乃如是也。今再举"五千言"中文，以证明吾说如下。

以道佐人主者，不以兵强天下。其事好还。师之所处，荆棘生焉。善者果而已，不敢以取强。

夫佳兵者，不祥之器。物或恶之，故有道者不处。君子居则贵左，用兵则贵右。兵者，不祥之器，非君子之器。不得已而用之，恬淡为上。胜而不美。而美之者，是乐杀人。夫乐杀人者，则不可得志于天下矣。吉事尚左，凶事尚右。偏将军居左，上将军居右，言以丧礼处之。杀人之众，以哀悲泣之。战胜，以丧礼处之。

天下有道，却走马以粪；天下无道，戎马生于郊。

以正治国，以奇用兵，以"无事"取天下。

夫慈，以战则胜，以守则固。天将救之，以慈卫之。

善为士者不武，善战者不怒，善胜敌者不争，善用仁者为之下。是谓不争之德，是谓用人之力，是谓配天古之极。

用兵有言，吾不敢为主而为客，不敢进寸而退尺。是谓行无行，攘无臂，扔无敌，执无兵。祸莫大于轻敌，轻敌几丧吾宝。故抗兵相加，哀者胜矣。

上为用兵。或曰：五千言中，多非战之语，如云"以道佐人主者，不以兵强天下"，如云"夫唯兵者，不祥之器"，如云"天下无道，戎马生于郊"，皆非战之言也，何得谓其主张用兵？曰：不然。彼非绝对不用兵，特慎用之耳，故曰"不得已而用之"。非绝对不欲胜，特非好功耳，故云"胜而不美"，故云"战胜，以丧礼处之"。是根本仍欲用兵，仍欲胜。所以慎用之，所以不好功者，乃欲立于不败之地，而操必胜之权也。故又曰"以奇用兵"，又曰"慈以战则胜，以守则固"，又曰"哀者胜矣"。曰"慈"，曰"哀"，乃取胜之策略。至于"奇"，其为兵法，则更不用言矣。

将欲取天下而为之，吾见其不得已。

取天下常以无事，及其有事，不足以取天下。

以正治国，以奇用兵，以无事取天下。

故大国以下小国，则取小国。小国以下大国，则取大国。故或下以取，或下而取。

将欲翕之，必固张之。将欲弱之，必固强之。将欲废之，必固兴之。将欲夺之，必固与之。是谓微明。

上为取天下。曰"不得已而后取"，曰"以无事取天下"，曰"以大事小，以小事大"，曰"欲歙固张，欲弱固强"云云，皆取天下之方略也。

不尚贤，使民不争。不贵难得之货，使民不盗。不见可欲，使民心不乱。是以圣人之治，虚其心，实其腹，弱其志，强其骨。常使民无知无欲，使夫知者不敢为也。为无为，则无不治。

绝圣弃智，民利百倍。绝仁弃义，民复孝慈。绝巧弃利，盗贼无有。此三者以为文不足，故令有所属。见素抱朴，少私寡欲。

道常无为，而无不为。侯王若能守之，万物将自化。化而欲作，吾将镇之以无名之朴。无名之朴，夫亦将无欲。不欲以静，天下将自正。

清静为天下正。

圣人无常心，以百姓心为心。善者吾善之，不善者吾亦善之，得善。信者吾信之，不信者吾亦信之，得信。圣人在天下，歙歙，为天下浑其心。百姓皆注其耳目，圣人皆孩之。

善建者不拔，善抱者不脱，子孙祭祀不辍。修之身，其德乃真。修之家，其德有馀。修之乡，其德乃长。修之于国，其德乃丰。（怀琛按，"身""真""家""馀""乡""长"，皆为韵。惟"国"与"丰"不为韵。"国"字原文当作"邦"字，"邦""丰"古亦为韵。必系在汉初避高帝讳，故改"邦"为"国"也。）修之于天下，其德乃普。故以身观身，以家观家，以乡观乡，以国观国，以天下观天下。吾何以知天下之然？以此。

以正治国，以奇用兵，以无事取天下。吾何以知其然哉？以此。天下多忌讳，而民弥贫。民多利器，国家滋昏。人多伎巧，奇物滋起。法令滋彰，盗贼多有。故圣人云，我无为而民自化，我好静而民自正，我无事而民自富，我无欲而民自朴。其政闷闷，其民淳淳。其政察察，其民缺缺。

治大国若烹小鲜，以道莅天下，其鬼不神。非其鬼不神，其神不伤人。非其神不伤人，圣人亦不伤人。夫两不相伤，故德交归焉。

为"无为"，事"无事"，味"无味"。

为之于未有，治之于未乱。……为者败之，执者失之。是以圣人无为，故无败。无执，故无失。民之从事，常于几成而败之。慎终如始，则无败事。是以圣人欲不欲，不贵难得之货。学不学，复众人之所过。以辅万物之自然而不敢为。

古之善为道者，非以明民，将以愚之。民之难治，以其智多。故以智治国，国之贼；不以智治国，国之福。

江海所以能为百谷王者，以其善下之，故能为百谷王。是以欲上民，必以言下之。欲先民，必以身后之。是以圣人处上而民不重，处前而民不害。是以天下乐推而不厌。以其不争，故天下莫能与之争。

民不畏威，则大威至。无狎其所居，无厌其所生。

民不畏死，奈何以死惧之。若使常畏死，而为奇者，吾执得而杀之。孰敢？常有司杀者杀。夫代司杀者，是谓代大匠斲者，希有不伤其手。

民之饥，以其上食税之多，是以饥。民之难治，以其上之有为，是以难治。民之轻死，以其上求生之厚，是以轻死。夫唯无以生为者，是贤于贵生。

小国寡民，使有什伯之器而不用。使民重死而不远徙。虽有舟舆，无所乘之。虽有甲兵，无所陈之。使人复结绳而治之。甘其食，美其服，安其居，乐其俗。邻国相望，鸡犬之声相闻，民至老死不相往来。

上为治天下。其治天下之术，总言之，曰"无为"，折言之，曰"民欲其愚而不欲其智"，"政欲其闷而不欲其察"，"绝仁义"，"非法令"，"弃刑罚"，"轻赋税"，"使民不识不知，安居乐俗，老死不相往来,而君与民两不相伤,天下自定"。此人君使行"南国术"得意之笔也。

此种政治学,与人民虽若有利然,然与民主政体不相容。盖其出发点仍为利君,而非为利民也。"五千言"固亦有其相当之价值,然不能认为是一种完美之政治学说。

　　是以圣人,……功成而弗居,夫唯弗居,是以不去。

　　金玉满堂,莫之能守。富贵而骄,自遗其咎。功遂身退,天之道。(傅弈本作"功成名遂身退天之道"。)

　　生而不有,为而不恃,长而不宰,是谓玄德。

　　知足不辱,知止不殆,可以长久。

　　是以圣人为而不恃,功成而不处。

上为功成名遂身退。按,此节为"五千言"学说最有价值处,亦为最难学处。尧舜禅让,其事之有无不可知,若后世人君能做到此节者,绝对无有。人臣佐人君能做到此节者,于春秋时则有范蠡,于汉初则有张良。

　　谷神不死,是谓玄牝。玄牝之门,是谓天地根。县县若存,用之不动。

　　天长地久。天地所以能长且久者,以其不自生,故能长生。是以圣人后其身而身先,外其身而身存。非以其无私邪,故能成其私。

　　专气致柔,能婴儿乎!

　　五色令人目盲,五音令人耳聋,五味令人口爽,驰骋畋猎,令人心发狂,难得之货,令人行妨。是以圣人为腹不为目,故去彼取此。

　　致虚极,守静笃,万物并作,吾以观复。夫物芸芸,各复归其根。归根曰静，是谓复命。复命曰常。知常曰明；不知常，妄作，凶。知常容，容乃公，公乃王，王乃天，天乃道，道乃久，没身不殆。

不失其所者久，死而不亡者寿。

强梁者不得其死，吾将以为教父。

出生入死。生之徒十有三，死之徒十有三，人之生，动之死地亦十有三。夫何以故？以其生生之厚。盖闻善摄生者，陆行不遇兕虎，入军不被甲兵。兕无所投其角，虎无所措其爪，兵无所容其刃。夫何以故？以其无死地。

含德之厚，比于赤子。蜂虿虺蛇不螫，猛兽不据。攫鸟不搏。骨弱筋柔而握固，未知牝牡之合，而全作，精之至也。终日号而不嗄，和之至也。知和曰常，知常曰明，益生曰祥，心使气曰强。物壮则老，谓之不道。不道早已。

上为养生。按此节所言，有以神仙之说解之者，有以佛学解之者。（杨文会于出死入生一节以佛学解之。见《道德经发隐》。）众说纷纭，终难得确当之解释。窃以为不必于字句间一一求其训诂，只知其大意为养生法而已。

故人君南面术，共分五步。总言之，可谓政治学。分言之，则第一步为兵法，为孙、吴兵书所自出。第二步为交邻国之道，略如今日之外交，衍变而为苏、张之纵横。第三步为政治学，汉文帝用之而致治。第四步为明哲保身之道，为处世哲学，高尚其志不事王侯之隐士，是深得"身退"二字之旨者，于"功成名遂"犹未也。第五步为医学，为神仙、方术，即韩终、卢生、李少君等人之所依托也。

故"五千言"之学说，所包甚广，学之者各得其一节，遂各成一家。皆出于"五千言"，而皆非"五千言"之全体也。古今学"南面术"而得其全体者,于人君可云无有。于人臣则有张良,范蠡似犹未备焉。

盖圯上老人所以授张良者,或即"五千言"一类之书,故张良深得此旨,运筹帷幄,佐高帝用兵,取天下,及天下既定,即摆脱富贵,辟谷求仙,于吾所谓"南面术"之五步,无不学到。虽于治天下一步,在高帝时未尝实现,然汉初重黄、老,至文、景而达到无为自化之境,亦未始非张良有以启之也。

(四)"五千言"由政治学变为哲学

上文所言"南面术",本有一贯之系统可寻。但被学者割裂之而成为各家耳。自其割裂者言之,不能谓为皆是政治学;自其一贯者言之,则确为政治学。自周至汉,虽已割裂,然犹未尝与政治脱离关系,独立成为哲学。在汉代"五千言"之学说通称为黄、老,是为黄、老时期。

至晋,王弼注《易》,注《老》,同时盛行。其时庄周之说,亦为世所重。于是由黄、老变而为易、老及老、庄。其说是由"南面术"之第三步及四步衍变而成。是为易、老及老庄时期。至此已脱离政治关系,而独立成为哲学矣;自苏辙、憨山和尚等人,以佛解老,于是又将老佛并称,是为老佛时期。

故吾人研究"五千言"之学说者,首当知"南面术"之一贯与割裂,次当知黄、老,易、老,老、庄,老、佛之衍变也。

(五)"五千言"中之所谓道与玄

"五千言"之第一字曰"道","五千言"之第一句曰"道可道,非常道"。自来注"五千言"者,于注释一"道"字,不止费去五万言,然试问"道"为何物,读者犹瞠目不能对也。

吾今欲将"道"字下一确切之界说,应远不如原书所有之界说。然试看原有之略说,果何如乎!

> 视之不见名曰夷,听之不闻名曰希,搏之不得名曰微。此三者不可致诘,故混而为一。其上不皦,其下不昧。绳绳不可名,复归于无物,是谓无状之状,无物之象,是谓恍惚。迎之不见其首,随之不见其后。执古之道,以御今之有。能知古始,是谓道纪。

此一界说也。

> 孔德之容,惟道是从。道之为物,惟恍惟惚。惚兮恍兮,其中有象。恍兮惚兮,其中有物。窈兮冥兮,其中有精。其精甚真,其中有信。自古及今,其名不去,以阅众甫。吾何以知众甫之状哉? 以此。

此又一界说也。

> 有物混成,先天地生。寂兮寥兮,独立不改。周行而不殆,可以为天下母。吾不知其名,字之曰道,强为之名曰大。大曰逝,逝曰远,远曰反。故道大,天大,地大,王亦大。域中有四大,而王居其一焉。人法地,地法天,天法道,道法自然。

此又一界说也。

其他为"道"字下注解处尚多,然不及此三则之详尽。今就此三则观之,"道"为何物,可以知乎?

由上述三则归纳之,得一界说,曰:

道之为物,视之不可见,听之不可闻,搏之不可得。不知其所始,不知其所终。

而独立不改,周行不息。窈冥,恍惚,寂寥。取法自然,与天、地、王同大。

由此界说，可知"道"为何物乎？仍不能也。盖此种界说，非真界说。不过形容"道"之高深广大，不可测度耳，未尝言明"道"是何物也。

原书又云：

> 上士闻"道"，勤而行之。中士闻"道"，若存若亡。下士闻"道"，大笑之。不笑，不足以为"道"。

是可知"道"之高深广大，不易测度。必须圣人、哲士，方能领悟而行，寻常人则若解若不解，天资愚钝者，且闻而大笑矣。

由此言之，则"道"之为物，空空洞洞，毫无边际，无怪古今读"五千言"者，解一"道"字，连篇累牍，而终莫能说出"道"为何物也。

然吾窃以为所谓"道"者，即"南面术"也。盖言其方法，则谓之"术"；言其原理，则谓之"道"。"南面术"之玄理，甚不易言，即"道"不易言。只有圣人、哲士，能领会于语言之外。故原书云：

> 谓之"玄"。玄之又玄，众妙之门。

注家解"玄"字，亦多空泛。吾窃以为"玄"，黑色。引伸之，阴也，幽也，深也，远也，而尤有秘密之意。盖"南面术"之原理，不特不易言，亦有不便宣言者，故曰"玄之又玄，众妙之门"也。

（六）南面术之新估价

上文言南面术之系统，及"道"与"玄"既毕，试再评论"南面术"在今日之价值若何？曰：整个的"南面术"，与民国政体不相容，不能仍认其有价值。割裂的南面术，当将各个分别而论。大抵第四步最好，然须与他种学融化，彼此互相补助，方能称为最完善之学说也。

　　或曰：整个的南面术，亦极可取。盖所谓古之圣人，原非先有意欲为人君。乃目见天下大乱，人民流离困顿，心有所不忍，于是思起而救之。故曰不得已而用兵，不得已而取天下。及其天下既已得矣，既已治矣，人民已出于水火之中，而登诸衽席之上，为人君者，功成名遂，乃引身自退。由是言之，"南面术"之出发点，不在于欲为人君，乃在于拯救人民之流离困顿也。故曰，极可取也。

　　则答之曰：此亦一说。由此言之，则"南面术"之价值，当为之增高。惟自"非以明民，将以愚之"等语观之，不欲启发民智，但欲其无知无欲，终与民国政体不相容，或者在上古时人民能力薄弱，去自治尚远，不得不如此，则亦可承认其在古代有相当之价值也。然吾为此言，亦非谓"五千言"全无可取处，但当取长去短，加以变化，始无流弊耳。且"五千言"之所谓"道"，确为高深广大，运用无穷。学之者决不可拘其形式，以为此"道"也，彼非"道"也。苟为形式所拘，则无往而不窒碍矣。

　　而吾尤有欲言者，"五千言"之学说，皆由经验而来，从事实而悟得其所谓"道"，非先已明"道"，再由"道"以产生"南面术"也。虽由"南面术"以悟"道"，然"道"之为物，其用甚广，决非限于"南面术"。故原书云"用之不足既"。用之不足既，所以其学说能由政治学变化而为哲学也。

南面术说附表

一贯的南面术
- 一 用兵
- 二 取天下
- 三 治天下
- 四 功成　名遂　身退
- 五 养生

　术（方法）
　道（原理）

割裂的南面术

一	用兵	兵法（兵家）
二	取天下	外交（?）（纵横家）
三	治天下	政治学（政治家）（法家）
四	功成　名遂　身退	处世哲学（隐士）
五	养生	医药　生理　卫生 神仙（方士）

术

以退为进　以败为胜　以愚为智
以弱为强　以后为先　以下为高
以辱为荣　以缺为成　以冲为盈
以屈为直　以拙为巧　以讷为辩
以少为多　以损为益　以柔为刚
以歙为张　以废为兴　以兴为夺

以无为为有为

道
- 体
  - 视之不可见
  - 听之不可闻
  - 搏之不可得
  - 不知其所始 ⎫
  - 不知其所终 ⎬ 大逝远反
  - 独立而不改
  - 周行而不息
- 相
  - 窈兮冥兮 ⎫
  - 恍兮惚兮 ⎬ 玄
  - 寂兮寥兮
- 用
  - 法自然 ⎫
  - 与天地王同大 ⎬ 用之不既

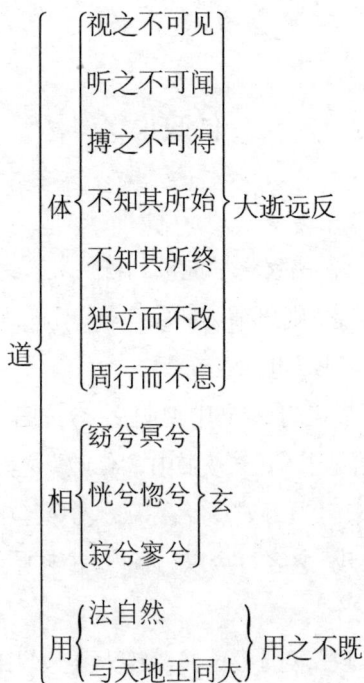

老子学的变迁
- 一　黄老（自周至汉）
- 二　易老（晋以后）
- 三　老庄（晋以后）
- 四　老佛（宋以后）

仁政说

（一）绪言

所谓"仁政"者,儒家之学说也。就狭义言之,可谓为儒家之政治学说；就广义言之,则可谓为儒家全部学说。盖儒家之最大目的无过于"佐人君行仁政"也。

何谓"仁政"？当于本文中说明之,今先言"仁政"之说之来历。"仁政"二字始见于《孟子》书中,"仁政"之大意在《尚书》《论语》中已有之,但未有"仁政"之名称。《大学》《中庸》所言亦即"仁政",然亦未有"仁政"之名。今以《孟子》书中所言"仁政"二字代表此种学说,最为允当。

吾人研究"仁政",对于《尚书》及《大学》《中庸》又发生几个问题。关于《尚书》者：（一）为《尚书》之今古问题,（二）为孔子是否托古问题。关于《大学》《中庸》者,为此二书是否为曾子及子思作？抑或汉儒作？此等问题极为复杂纠纷,断非片言所能解决。本文于《尚书》只取今文,而托古问题亦暂置而勿论。无论为孔子述之,或孔子作之,但认为是孔子时儒家学说可矣。《中庸》疑为汉儒作,详辨另见于拙著《中庸浅说》。《大学》条理精密,亦疑在《孟子》之后。今皆暂认为汉儒作。今将所根据之书已略加说明矣,于是试述"仁政"。

（二）何谓仁政

何谓"仁政"？即主张（一）以仁养民，（二）以仁教民，（三）以仁服天下之人，而收治平之效，反对一切功利主义是也。今为便于说明起见，先录《孟子》之言数节于下，吾人读之，可以知何谓"仁政"矣。孟子答梁惠王之问曰：

> 王如知此，（此字指上文战喻）则无望民之多于邻国也。不违农时，谷不可胜食也。数罟不入洿池，鱼鳖不可胜食也。斧斤以时入山林，材木不可胜用也。谷与鱼鳖不可胜食，材木不可胜用，可使民养生丧死无憾也。养生丧死无憾，王道之始也。（以上言养民）五亩之宅，树之以桑，五十者可以衣帛矣。鸡豚狗彘之畜无失其时，七十者可以食肉矣。百亩之田，勿夺其时，数口之家可以无饥矣。谨庠序之教，申之以孝悌之义，颁白者不负戴于道路矣。七十者衣帛，食肉，黎民不饥，不寒，然而不王者，未之有也。（《梁惠王上》）（以上兼言教养）

又对梁惠王问曰：

> 王如施仁政于民：省刑罚，薄税敛，深耕易耨；（以上言教民）壮者以暇日修其孝悌忠信，入以事其父兄，出以事其长上；（以上言教民）可使制梃以挞秦楚之坚甲利兵矣。彼夺其民时，使不得耕耨以养其父母，父母冻饿，兄弟妻子离散，彼陷溺其民，王往而征之，夫谁与王敌？故曰：仁者无敌。王请勿疑。（《梁惠王上》）（以上言服邻国之民）

孟子又曰：

> 尊贤使能，俊杰在位，则天下之士皆悦而愿立于其朝矣。市，廛而不征，法而不廛，则天下之商皆悦而愿藏于其市矣。关，讥而不征，则天下之旅皆悦而愿出于其路矣。耕者助而不

税，则天下之农皆悦而愿耕于其野矣。廛无夫里之布，则天下之民皆悦而愿为之氓矣。信能行此五者，则邻国之民仰之若父母矣。率其子弟，攻其父母，自生民以来未有能济也。如此则无敌于天下。无敌于天下者，天吏也。然而不王者，未之有也。(《公孙丑上》)(此言服天下之人)

讲"仁政"之言以孟子为最明白晓畅，故引孟子以当说明，非谓"仁政"之说始于孟子也。今试读《论语》记孔子之言：

> 子适卫，冉有仆。子曰："庶矣哉！"冉有曰："既庶矣，又何加焉？"曰；"富之。"曰："既富矣，又何加焉？"曰："教之。"(《子路》)(此言教养)

> 子贡问政。子曰："足食，足兵，民信之矣。"子贡曰："必不得已而去，于斯三者何先？"曰："去兵。"子贡曰："必不得已而去，于斯二者何先？"曰："去食。自古皆有死，民无信不立。"(《颜渊》)(此言教养)

> 叶公问政。子曰："近者悦，远者来。"(《子路》)(此言服天下之人)

又《论语》记孔子述周初行政之成绩曰：

> 周有大赉，善人是富。虽有周亲，不如仁人。百姓有过，在予一人。谨权量，审法度，修废官，四方之政行焉。兴灭国，继绝世，举逸民，天下之民归心焉。所重民食丧祭。宽则得众，信则民任焉，敏则有功，公则悦。(《尧曰》)

孔子所言，虽较孟子为简略，然孟子之意与此无大别也。

孔子述周初以"仁政"得天下，为事实欤？抑为孔子溢美之辞欤？则亦人各一说，不能尽同。余窃以为此当然为孔子溢美之辞，不是事实，然亦决非毫无根据。盖周之克殷，先有天下三分之二，然后以武力伐殷，一举而有天下；自表面言之，若一旦而有天下，及细察其得天下之故，则殊非一朝一夕之功，而其所由来者渐矣。是可知周之政治必比较的为好，故能得殷民之心，而使之自然悦服也。此虽不足称为"仁政"（如儒家所谈之仁政），但可谓比较的"仁"，比较的离"仁政"之标准为近也。

《孟子》书中亦屡言太王、文王以"仁政"得民心，可以参看也。

（三）仁政从自身做起

儒家所言"仁政"，有一极重要之点，即施行"仁政"须自执政者自身做起是也。《尚书》述尧之德云：

> 克明俊德，以亲九族；九族既睦，平章百姓；百姓昭明，协和万邦；黎民于变时雍。（《尧典》）

此言执政者自身能明其俊德，然后由亲及疏，推而至于九族，百姓，万邦，黎民也。《尚书》记舜命契之言曰：

> 帝曰：契。百姓不亲，五品不逊，汝作司徒，敬敷五教，在宽。五品，父子，君臣，夫妇，长幼，朋友也。五教，父子有亲，君臣有义，夫妇有别，长幼有序，朋友有信也。

此专就教民而言。然此种教民即为"仁政"之本。《孟子》所谓"人人亲其亲，长其长，而天下平"是也。孔子亦曰：

> 苟正其身矣，于从政乎何有。不能正其身，如正人何！

（《子路》）

又曰：

> 上好礼，则民易使也。（《宪问》）

又孔子答齐景公问政曰：

> "君君，臣臣，父父，子子。"公曰："善哉！信如君不君，臣

不臣,父不父,子不子,虽有粟,吾岂得而食诸!"(《颜渊》)

答季康子问政曰:

> 政者,正也。子帅以正,孰敢不正?(《颜渊》)

又答季康子问"杀无道以就有道"曰:

> 子为政,焉用杀?子欲善,而民善矣。君子之德风,小人之德草,草上之风必偃。(《颜渊》)

答季康子问使民曰:

> 临之以庄,则敬。孝慈,则忠。举善而教不能,则劝。(《为政》)

答子路问君子曰:

> 修己以敬,……修己以安人,……修己以安百姓。(《宪问》)

答子张问仁曰:

> 能行五者于天下为仁矣。……恭、宽、信、敏、惠。恭则不侮,宽则得众,信则人任焉,敏则有功,惠则足以使人。(《阳货》)

孔子与人问答,虽因各人所问不同,各人所处之地位不同,而答语亦各异;然执政治民,必须从自身做起,无不同也。

大抵孔子所言政治范围较小,不及孟子所言范围之广。(详见下文)此时代不同之故也。今试观孟子之言,孟子曰:

> 人有恒言,皆曰天下之本在国,国之本在家,家之本在身。(《离娄上》)

又曰:

> 有大人者,正己而物正者也。(《尽心上》)

又曰:

> 君子之守,修其身而平天下。(《尽心下》)

孔子谈政治,除赞美尧舜文武而外,未尝有"天下平"之意。此吾所谓范围较小也。若孟子泛言政治,动辄谓"平天下",此吾所谓范围较广也。

此非孟子圣于孔子也,乃时代使之然也。盖孔子之时,周室未尝全衰,孔子对诸侯问政(如齐景公问政),何敢言"平天下"?因彼认天下未曾分裂,而"平天下"非诸侯之事也。若孟子生当战国,周室已全衰,各国国君皆有可以自为天子之势,故孟子说梁惠王、齐宣王,直劝其学文、武也。

本节之意在说明仁政从自身做起,关于孔、孟之异同未暇多叙,但叙此大概而已。下文再述《大学》、《中庸》所言仁政从自身做起。《大学》云:

> 古之欲明明德于天下者,先治其国,欲治其国者,先齐其家,欲齐其家者,先修其身,欲修其身者,先正其心,欲正其心者,先诚其意,欲诚其意者,先致其知,致知在格物。

此由《尚书》"克明俊德"之说扩充而来,而条目较为详备,系统较为分明。而于条目之外又有三句纲领曰:"在明明德,在亲民,在止于至善。"《中庸》之言曰:

> 凡为天下国家有九经:修身也,尊贤也,亲亲也,敬大臣也,体群臣也,子庶民也,来百工也,柔远人也,怀诸侯也。

大意亦谓平天下从修身做起,条目虽与《大学》不同,而大意无不同也。《孟子》谓"君子修其身而天下平",简言之也;《大学》、《中庸》之言,详言之也。

在今日言之,修身为伦理学,治国、平天下为政治学,二者各不相涉。然在周、秦儒者则将二事看为一事。身不能修者,决不能治国平天下。身苟能修,则国自治,而天下自平矣。故孔子不为政,或人疑焉,问孔子曰:"子奚不为政?"孔子答曰:

书云孝乎！惟孝友于兄弟,施于有政,是亦为政,奚其为为政！(《为政》)

孔子认为实行孝友即是为政,更不必要做官始称为政也。

惟孟子固亦尝言国之本在家,家之本在身矣;然其游说诸侯,则又不注意于国君之自身之修养,但就国君对于己国及邻国之人民而言,是非孟子不知仁政须从自身做起也,特对于战国时之国君而为此言,彼必厌听,故孟子不多言耳。此亦时代使然也。

(四)孟子仁政说中之井田学校

孟子之仁政说,孟子未尝自提出条目,今吾就原书中语为之理出三条目。曰:(一)养民,(二)教民,(三)以仁服天下之人。吾于前文既已言之矣。

至其养民之方式,曰:"五亩之宅,树之以桑。"曰:"百亩之田,勿夺其时。"曰:"耕者助而不税。"诸如此类之言甚多。要而言之,曰:"行井田"而已矣。其教民之方式:曰:"谨庠序之教,申之以孝悌之义。"曰:"修其孝悌忠信,入以事其父兄,出以事其长上。"诸如此类之言亦甚多。要而言之,曰:"兴学校"而已矣。国君能养民,教民,则邻国之民皆悦服而来归。故曰:"天下之民皆悦而愿为之氓矣。"是养民,教民,又即服天下之人之方式也。由此言之,孟子之仁政说可以六字概括之,曰"行井田,兴学校"而已。吾于是再言"井田"与"学校"。

旧说井田为周制,然除《孟子》所言及《诗》所云"雨我公田,遂及我私"而外,于他处无考。孟子在滕,滕文公使毕战问井地(即井田),孟子答曰:

子之君将行仁政,选择而使子,子必勉之。夫仁政必自经界始。经界不正,井地不均,谷禄不平,是故暴君,污吏必慢其经界。经界既正,分田制禄,可坐而定也。夫滕,壤地褊小,将为君子焉,将为野人焉。无君子莫治野人,无野人莫养君子。请野九一而助,国中什一使自赋。卿以下必有圭田。圭田五十亩,馀夫二十五亩。死徙无出乡。乡田同井,出入相友,守望相助,疾病相扶持。则百姓亲睦,方里而井,井九百亩,其中为公田,八家皆私百亩,同养公田,公事毕,然后敢治私事,所以别野人也。(《滕文公上》)

此孟子所言"井田"制之大略也。孟子又为滕文公言"学校"曰:

> 设为庠序学校以教之。庠者养也,校者教也,序者射也。夏曰校,殷曰序,周曰庠:学则三代共之,皆所以明人伦也。人伦明于上,小民亲于下,有王者起,必来取法,是为王者师也。(《滕文公上》)

此孟子言学校之大略也。庠以养老为义,校以教民为义,皆乡学也。学,国学也。伦,序也。父子有亲,君臣有义,夫妇有别,长幼有序,朋友有信:此人之大伦也。庠序学校皆所以明此而已(朱注)。此节言学校兼乡学、国学而言。而乡学又兼养老、教民、习射而言。又皆以明人伦为归。教育要义无不尽于此矣。

"井田"古有此制与否?后能实行与否?此为另一问题。总之,"井田"、"学校"乃孟子行"仁政"之方法也。

(五)周秦时之反对仁政者

周秦时儒家主张"仁政"。其他道家、法家、纵横家、兵家皆与"仁政"为敌者也。今略言之。道家主张"无为而治",根本不要政治,更无论乎仁不仁。法家如韩非欲以法治国、治民,贱视儒家之仁义;商鞅欲以农致富,以战国强,视儒家之高谈仁义为无用而有害。纵横家徒恃其三寸不烂之舌,以图一己旦夕之名利,更无一定之主义,然其说颇能动国君之听,其破坏"仁政"之力不在道家、法家之下。兵家恃其兵力兼并邻国,与儒家以仁服人者正相反也。是战国时反对仁政者共有五派(法家有两派),而结果以商鞅为最占胜利,彼能使秦并六国而统一天下。然从另一方面言之,秦之所以不旋踵而亡者,未始非商鞅学说之缺点。是即可从反面证明"仁政"之有价值也。

(六)汉以来仁政与功利之冲突

吾认《大学》、《中庸》为汉儒书,上文既已言之矣。今更言汉以来"仁政"与"功利"之冲突,以见二者之不相容。汉武帝时兴盐铁酒榷之利,以佐助边费,而人民病之。及昭帝始元六年,诏举贤良文学多人以讨论此事。当时所举贤良文学请罢盐铁酒榷,是主张"仁政"者也。与之辩论之丞相车千秋、御史大夫桑弘羊谓不当罢,是主张"功利"者也。桓宽叙其事为《盐铁论》一书,今录其一节如下,可见仁政与功利相冲突之一斑。

惟始元六年,有诏书使丞相御史与所举贤良文学语。问民间所疾苦。

文学对曰:"窃闻治人之道:防淫佚之源,广道德之端,抑末利而开仁义,毋示以利;然后教化可兴,而风俗可移也。今郡国有盐铁酒榷均输,与民争利,散敦厚之朴,成贪鄙之化,是以百姓就本者寡,趋末者众。夫文繁则质衰,末盛则本亏,末修则民淫,本修则民悫,民悫则财用足,民修则饥寒生。愿罢盐铁酒榷均输,所以进本,退末,广利农业,便也。"

大夫曰:"匈奴背叛不臣,数为寇暴于边鄙,备之则劳中国之士,不备则侵盗不止。先帝哀边人之久患,苦为虏所系获也,故修障塞,饬烽燧屯戍以备之。边用度不足,故兴盐铁,设酒榷,置均输,蓄货长财,以佐助边费。今议者欲罢之,内空库府之藏,外乏执备之用,使备塞乘城之士,饥寒于边,将何以赡之?罢之,不便也。"

文学曰:"孔子曰:有国有家者,不患寡而患不均,不患贫而患不安。故天子不言多少,诸侯不言利害,大夫不言得丧。蓄仁义以风之,广德行以怀之,是以近者亲附,而远者悦服。故善克者不战,善战者不师,善师者不阵。修之于庙堂,而折冲还师。王者行仁政无敌于天下,恶用费哉!"

大夫曰:"匈奴桀黠,擅恣入塞,犯厉中国,杀伐郡县。朔方都尉甚悖逆不轨,宜诛讨之日久矣,陛下垂大惠,哀元元之未赡,不忍暴士大夫于原野,纵然被坚执锐,有北面复匈奴之志,又欲罢盐铁均输,忧边用,损武略,无忧边之心,于其义未便也。"

文学曰:"古者贵以德而贱用兵。孔子曰:'远人不服,则修文德以来之;既来之,则安之。'今废道德而任兵革,兴师而伐之,屯戍而备之,暴兵露师以支久长,转输粮食无已,使边境之士饥寒于外,百姓劳苦于内,立盐铁始张利官以给之,非长策也。故以罢之为便也。"(《盐铁论·本议》)

宋神宗时用王安石为相,兴农田,水利,均输,保甲诸法,号为新法;而司马光等反对之,一时名臣多被罢斥,而新法亦终无效。司马光等主张"仁政"者也,王安石主张"功利"者也。此又一"仁政"与"功利"之争论也。

大抵讲"仁政"者以教养为主,而其惟一之弊病在于"不能御外侮"。讲"功利"者以富强为先,而其惟一之弊病在于扰民。故在中国历史上二者互有得失。讲"仁政"者虽高谈以德服人,(孟子曰:以力服人者,非心服也,力不赡也;以德服人者,中心悦而诚服也。)然其收效极缓,而不能救眼前武力之侵略。此所以中国人一与外人相遇未有不受其蹂躏者。史册往事,历历可考也。

然儒家"仁政"之说究为太平之标准,但在今日去此时期尚甚远耳。且亦不过大意如是,方式当然不能相同也。

礼乐说

(一)绪言

礼乐为周秦儒家学说之重要部分。在今日言之,礼为礼教,乐为音乐,二者不相统属,截然两事,然在周秦儒者视之,则礼乐同为社会教化之工具,自修身齐家,以至治国平天下,皆有赖乎此二者相辅而行也。自后世礼乐分离,能知此意者鲜,而社会乃益纷乱,爰为分别言之如次。

(二)六艺与礼乐

今言礼乐,何故言及六艺?盖在汉以后,以诗、书、礼、乐、易、春秋为六艺,又称为六经。是礼乐为六艺之二,故言礼乐须言及六艺。诗、书虽为古籍,然孔子未尝以六者并称。六艺之名始见于《贾子新书》(《六术》篇),次见于《淮南子》(《泰族》篇),再见于《春秋繁露》(《玉杯》篇)。《新书》未言六艺之效用,《淮南子》及《春秋繁露》皆言之,而不及《史记》所言为明白易解。《史记》(《滑稽列传》)之言曰:

> 《礼》以节人,《乐》以发和,《书》以道事,《诗》以达意,《易》以神化,《春秋》以道义。

司马迁之言,以为"孔子曰:六艺于治一也,《礼》以节人"云云。实则此为司马迁之言,非孔子之言也。

六经之称曾见于《庄子》(《天运》篇),故说者谓经字本非儒书之称。汉初尚称六艺,不称六经,六经是后起之名也。

以此六者为教化之工具,其说见于《礼记》。然此仍为汉儒之言,非孔子之言也。《礼记经解》云:

> 入其国,其教可知也:温柔敦厚,诗教也。疏通知远,书教也。广博易良,乐教也。絜静精微,易教也。恭俭庄敬,礼教也。属辞比事,春秋教也。

在孔子时虽未明言以此六者为教化之工具,然实际上以礼、乐为教化之本,而收治平之效,则在周初已然矣。

后世虽以六艺并称,而礼、乐尤为重要,故今述礼、乐。

(三)诗与礼乐

上文所谓六艺者,诗、书、礼、乐、易、春秋也。然六者之中,诗、礼、乐三者关系尤深。孔子尝以此三者连成一贯。

> 兴于诗,立于礼,成于乐。

是可见此三者有连带之关系。在今日言之:诗为诗歌,为文学;乐为音乐,为艺术;礼为待人接物之仪式。诗歌与音乐有连带之关系,人所共知,不必再言;礼则立在诗乐之反对地位,然二者

互相调剂,而不可偏废者也。故孔子以诗、礼、乐三者连成一贯,而又尝以礼乐对举。其以礼乐对举之言如下:

> 礼云,礼云,玉帛云乎哉!乐云,乐云,钟鼓云乎哉!
>
> 人而不仁,如礼何!人而不仁,如乐何!

宰我亦云:

> 三年不为礼,礼必败;三年不为乐,乐必崩。

《孝经》亦云:

> 移风易俗,莫大于乐;安上治民,莫大于礼。

亦皆为孔门礼、乐对举之证。

夫何为以礼乐对举?当于下文第六节详言之,今先言一事,则诗、乐二者可分可合是也。即乐谱与歌曲分则为二,合则为一。故乐与礼对举,等于诗、乐二事与礼对举。

(四)孔子之礼乐说

孔子曾删诗、书,定礼、乐。盖诗、书、礼、乐本为旧籍,孔子觉其丛杂散乱,乃为删除而订定之。诗为今之《诗经》;礼为今之《仪礼》;乐则别有《乐经》,秦火而后,不传,荀子《乐论》及《礼记·乐记》,或本《乐经》旧说而演绎之,未可知也。

孔子对于礼、乐尚有极深切之议论,其言曰:

> 礼云,礼云,玉帛云乎哉!乐云,乐云,钟鼓云乎哉!

孔子不仅以玉帛为礼,钟鼓为乐,以为玉帛钟鼓,不过为礼、乐之形式,而必别有所以为礼、乐者在,然后假玉帛钟鼓而表示之。然则别有所谓礼、乐者,为何物乎?朱子注孔子此语云:

> 敬而将之以玉帛,则为礼;和而发之以钟鼓,则为乐。

此言甚是。即所谓礼、乐者,敬与和是也,非玉帛与钟鼓也。

孔子又云：

> 人而不仁,如礼何！人而不仁,如乐何！

则又谓人苟不仁,礼、乐亦无用。此皆孔子对礼、乐极深切之议论。吾人读此,可知所谓礼、乐,非仅仅表面上之虚文矣。

孔子又尝谓礼亦贵和。其言曰：

> 礼之用和为贵,先王之道斯为美,小大由之。

是可见和字不但指乐而言,有时亦指礼而言。

孔子对于礼亦非持执固不变之态度,在相当情形之下,大可变通。其言曰：

> 礼,与其奢也,宁俭。

又曰：

> 麻冕,礼也；今也纯,俭,吾从众。

是可见所谓礼者,当注重于在内的敬与和,不必注重于在外的麻与纯也。今人反对旧礼,谓其不适于今日,大可改变,而礼之本身依旧存在。且此种随时随地变通之办法,在孔子早已言之矣,奚必待之今日哉！

（五）荀子之礼乐说

荀子之学为儒家嫡派,秦、汉之际,诗、礼之传授,皆远出于荀卿。《荀子》书中有《礼论》、《乐论》各一篇,于礼、乐之起源及其效用皆言之甚详。今节录其要如下：

> 礼起于何也？曰：人生而有欲,欲而不得,则不能无求。求而无度量分界,则不能不争。争则乱,乱则穷。先王恶其乱也,故制礼义以分之,以养人之欲,给人之求,使欲必不穷乎物,物必不屈于欲,两者相持而长,是礼之所起也。(《礼论篇》)

夫乐者,乐也。人情之所必不免也。故人不能无乐。乐则必发于声音,形于动静,人之道也。声音动静,性术之变尽是矣,故人不能不乐,乐则不能无形,形而不为道,则不能无乱。先王恶其乱也,故制雅颂之声以道之,使其声足以乐而不流,使其文足以辨而不諰,使其曲直繁省廉肉节奏足以感动人之善心,使乎邪污之气无由得接焉:是先王立乐之方也。(《乐论篇》)

以上言礼、乐之起源甚为明白。其言礼、乐之效用曰:

故绳墨诚陈矣,则不可欺以曲直;衡诚县矣,则不可欺以轻重;规矩诚设矣,则不可欺以方圆;君子审于礼,则不可欺以诈伪。故绳者直之至,衡者平之至,规矩者方圆之至,礼者人道之极也。(《礼论篇》)

夫声乐之入人也深,其化人也速,故先王谨为之文。乐中平则民和而不流,乐肃庄则民齐而不乱。民和齐则兵劲城固,敌国不敢婴也。如是则百姓莫不安其处,乐其乡,以至足其上也。(《乐论篇》)

故乐行而志清,礼修而行成,耳目聪明,血气和平,移风易俗,天下皆宁,美善相乐。故曰:乐者,乐也。君子乐得其道,小人乐得其欲。以道制欲,则乐而不乱;以次忘道,则惑而不乐。故乐者所以道乐也,金石丝竹,所以道德也。乐行而民乡方矣。故乐者治人之盛者也。(《乐论篇》)

且乐也者,和之不可变者也。礼也者,理之不可易者也。乐合同,礼别异。礼、乐之统,管乎人心矣。穷本极变,乐之行也。著诚去伪,礼之经也。(《乐论》)

荀子《乐论篇》虽多对于墨子而发,然其言乐之起源及效用,议论精确。其"乐合同,礼别异"二语,亦与《乐记》"乐者为同,礼者为异"相同。故吾疑荀子及《乐记》或皆本《乐经》旧说也。

（六）礼乐之调剂

孔子以礼乐对举，即欲以礼、乐二者相调剂也。孔子虽未明言，而《乐记》言之甚详，其言曰：

> 乐者为同，礼者为异。同则相亲，异则相敬。乐盛则流，礼盛则离。合情饰貌者，礼、乐之事也。

在今日言之：乐是美育之一种，吾人之生活有时过于枯燥，则以乐鼓动吾人之兴趣；乐可以发挥情感，吾人之生活有时不免沉闷，则以乐发抒吾人之郁塞。

礼即今人所谓礼教。"礼教"二字今已为人所厌闻，然古礼之不适宜于今日，固也；而礼之本身，不可厚非也。例如稽首、鞠躬、握手，方式不同，而为礼则一也。

乐主兴奋，而其结果能使吾人之生活变为浪漫的生活，故须礼以节制之；礼主约束，而其结果能使吾人之生活变为机械的生活，故又须乐以调和之。二者互相调剂，互相补助，而礼、乐之效乃著。

《乐记》之所谓"同"，略相当于今日所谓联络感情，《乐记》之所谓"异"，略相当于今日之所谓维持秩序。《乐记》"乐盛则流，礼盛则离"二语，言之尤为透彻。吾人但读《乐记》之言，已可知礼、乐调剂之理。此理在孔子虽未尝明言，然孔子以礼、乐对举，又以诗、礼、乐三者说连一贯，则早与此言默合矣。

（七）礼乐之分离

周、秦儒者主张礼、乐调剂，已如上言。汉初仍其旧说，而有所发挥。至魏、晋以后，礼、乐乃分裂为二，不可复合。尚礼者非乐，尚乐者非礼。晋、唐文人多破坏礼教,自命风流,以为"礼非为吾辈设";宋儒又重礼,轻文(此处"文"字相当于"诗乐"二字),以为"文人无行"。其结果:一流于浪漫,一流于机械。总之均昧于礼、乐调剂之原理也。

自魏、晋至今千数百年,礼、乐分离,各走极端;个人之生活,国家之命运,皆受其莫大之影响;然二者犹互相攻击,而不知其有调剂之必要。

最近则一礼衰乐盛之时代。多数青年极力呼号,欲打倒礼教,而全未知礼之意义;少数守旧之流,则又竭力保存礼教,然亦未深知礼之意义,更不知儒家有礼乐调剂之说。

(八)刑政补礼乐之不足

孔子之礼乐说,欲恃礼、乐而废刑政,以为刑政之效不及礼、乐。其言曰:

> 道之以政,齐之以刑,民免而无耻;道之以德,齐之以礼,有耻且格。

而荀子则以为礼、乐之用,有时而穷,则必继之以刑罚。其言曰:

> 听政之大分:以善至者,待之以礼;以不善至者,待之以刑。

又曰:

> 凡刑,人之本,所以禁暴恶恶,且惩其末也。

荀子之意,礼有时不能约束,乐有时不能陶冶,则必以刑罚威之。此种见解或亦由于性恶论而来,与孔子之欲恃礼、乐而废刑政者不同。理论以孔子为高,而在事实上说,则以荀子之言为切实。惟由荀子而至韩非,则一变礼、乐而为刑法,是荀子之说实儒家与法家蜕化之一大关键,不可不察也。

（九）礼乐说之流弊

礼乐说之长处大概已如上述，而其流弊则亦甚大。中国之所以积弱不振者，未始非礼乐说有以致之也。礼则过于烦琐，人不胜其烦，乃一变而为虚伪；乐则过于和缓，由和缓而流为消沉。虚伪之礼，与消沉之乐，其为害已不可胜言，况其间又礼、乐分裂为二，礼、乐之弊至是而极矣。

总之，孔子礼乐之说其理论未可厚非。礼过于烦琐，乐过于和缓，是其短处，为吾人所当急起矫正者。至于古礼、今礼之不同，当随时随地而改变，则更不成问题矣。

荀子以刑罚补礼乐所不及，亦切于事情，至于变而为韩非之弃礼乐而专任刑法，是则韩非之过也。

晋、唐文人与宋儒之各走极端，而不知礼乐调剂之理，诚为偏见，不可取法也。

总观上文各节所述，吾人今日对于礼乐应有如何观念，可不必多言而已喻矣。

中庸说

（一）中庸说之来历

中庸说为儒家学说之重要部分。旧说，"中"字为尧、舜、禹相传之道，至孔子又添一"庸"字，遂有"中庸"之称。此后子思、孟子均传孔子之学，而子思尤多所阐明，直至宋儒，莫不以"中庸"为儒家学说之重要部分也。

然所谓尧、舜、禹相传之道者，乃据孔子言之如此，为事实欤？抑孔子托古欤？不可考也。所谓"中庸"二字连称、始于孔子欤？抑始于子思欤？亦有疑问。

盖所谓尧、舜、禹相传之道者，《论语》曾有是言。《尧曰》篇云：

> 尧曰：咨！尔舜，天之历数在尔躬。允执其中。……舜亦以命禹。

然尧、舜、禹之事，今人多疑为孔子托古，则凡关于尧、舜、禹之记载，无非出于孔子之假托。"中"字之传授，亦何独不然。

中庸说所谓"中庸"二字连称始于孔子者，因《论语》曾记孔子之言云：

> 子曰：中庸之为德也，其至矣乎！民鲜久矣。

然此语亦见于《中庸》（书名），云：

> 子曰：中庸之为德也，其至矣乎！民鲜能久矣。

一语见于两书，《论语》所托，只少一"能"字。然《论语》言"中庸"者，只此一处，而《中庸》言"中庸"者多处，故或谓《论语》所记本为《中庸》中语而为后人混入。此亦属可能之事。

且《中庸》一书，今人多认为子思所作，然亦不无疑问。盖《中庸》本为《礼记》中之一篇，《礼记》乃汉儒所搜辑晚周遗著，其中亦不免杂以汉儒之作，而《中庸》复有可疑之点三，故谓为汉人作，亦在情理之中。所谓可疑之三点者如下：

（一）《中庸》有云：载华岳而不重。使为鲁人所作，当引泰山而不引华山。如孟子书可以为证。今《中庸》引称华山，分明是汉初西京儒者所造。

（二）《中庸》有"书同文"之语，按，战国时文言不能统一，李斯改作小篆，始得天下同文。故"书同文"一语，是秦以后语，非春秋时语。

（三）《中庸》有"国家将兴，必有祯祥；国家将亡，必有妖孽"之语。是讲阴阳五行者之说，非纯然儒家语，绝似西汉董仲舒辈之言，非春秋时儒者言也。

由此观之，《中庸》一书之本身，已有疑问，则"中庸"二字之连称，始于何时，亦有疑问矣。

今考中庸说之来历，大抵可分为三派如下：

（一）"中"为尧、舜、禹相传之道，"中庸"连称，始于孔子。

（二）"中"始于孔子，"中庸"始于子思。

（三）"中"始于孔子，"中庸"始于汉儒。

右三派，以第一派之说最为普通。以第三派为最新但亦有相当之理由，不可绝端否认也。

《中庸》本为《礼记》之一篇，在宋以前尚不为人所重，自朱子注《中庸》，取以与《论》《孟》《大学》，合成"四书"，六七百年来，被人视为儒家重要书籍之一，是朱子之功也。

朱子认《中庸》为上古神圣继天立极所传之道统，经尧、舜、禹、汤、周公，传至孔子、曾子、子思、孟子，孟子之后失传，至程子始得续其千载不传之绪。此言见于其所作《中庸章句序》。是可知朱子对于"中庸"之观念矣。

以上所言，为中庸说之来历。吾于下文再详释"中庸"二字。

（二）中

"中庸"二字，果作何解，吾当分两节言之。一为"中"，一为"中庸"。今先言"中"。"中"是适中之谓，太过或不及，均不得谓之"中"。《论语》：

> 子贡问："师与商也孰贤？"子曰："师也过，商也不及。"
> 曰："然则师愈矣？"子曰："过犹不及。"

《论语》又云：

> 子曰：不得中行而与之，必也狂狷乎。狂者进取，狷者有所不为也。

"狂"，犹谓太过。"狷"，犹谓不及。皆非中行也。以上二则，是孔子自释"中"也。至于《中庸》书，或言"中庸"，或言"时中"，或言"中和"。吾于下文另述之。而孟子言"中"，却又同"时中"，反对"执中"。此亦于下文另述。今所言者，仅为一个"中"字，是极简单，即"中"者适中之谓，无过无不及也。

（三）中庸

"中庸"二字连称，计有种种不同解释，如下：

（一）"中"者，"不偏""不倚"，"无过""无不及"之名。"庸"，"平常"也。（朱子《中庸章句》）

（二）"不偏"之谓"中"，"不易"之为"庸"。"中"者天下之正道，"庸"者天下之定理。（朱子《中庸章句》引程子语）

（三）"中庸"者，以其记"中和"之为用也。"庸"，"用"也。（《礼记正义》引郑玄《三礼目录》）

按，程朱之说，皆以"中庸"二字平行。郑说则不然。此其大别也。今更诠释三说如下：

何谓"不偏""不倚","无过""无不及"？例如有一线,如在此线上作一点,使此点至线之甲乙两端皆相等,此点即谓之"中"。如由甲端向此点而行,不及此点者,谓之"不及";过此点者,谓之"过"。又如画一平圆,自此圆之心至圆周之任何一点皆相等,即"无偏""无倚",此点即谓之"中"。除此点而外,任何一点,均有所偏倚矣。

何为"庸,平常也"？"平常"为"奇特"之反。朱子之意,以为世上许多坏事,都是从好奇产出,人人但愿做一个常人,不求有功,只求无过,则世界自太平。此言确当与否,今暂不论,今但述朱子意如是。

何谓不偏之谓中？即上文朱子之所谓"不偏不倚"也。何谓不易之谓庸？不易者,不改变也。程子认定有一永远不改变之真理,即所谓"庸"也。故下文曰:"中"者天下之"正道","庸"者天下之"定理"。例如上文所举之例,一线,一平圆,其中心之一点,永远不改变其位置是也。

何谓"庸,用也"？盖"庸"字从"用",本含有"用"字之义。"中庸"二字连称,谓用"中"以应事也。

（四）时中

《中庸》将有"时中"二字连称。其言曰:

君子之"中庸"也,君子而"时中"。

朱注云:君子之所以为"中庸"者,以其有君子之德,而又能随"时"以处"中"也。

按,"时"之意义甚广。孔子之行事,亦多以"时"为标准。如《论语》记孔子之言云:"邦有道,贫且贱焉,耻也;邦无道,富且贵

焉,耻也。"(《泰伯》)

可知孔子之对于仕与隐,绝无一定之成见,惟视邦之有道与无道以为转移而已。孔子又云:

> 言未及之而言,谓之躁;言及之而不言,谓之隐。(《季氏》)

是孔子平日之一言一语,亦无不以"适合时宜"为标准。(但"适合时宜"四字至今日已变为不好之名词,即时髦是也。)故孟子称孔子圣之"时"者也。孔子亦曰:"时哉时哉!"

惟孔、孟皆未将"时中"二字连称。此二字连称,始于《中庸》。而"时中"二字,亦有两种解释如下。

(一)立身处世,时时刻刻,不忘记一"中"字。

(二)立身处世,随时代之潮流,而采取"适中"之态度。

此两种解释自然以第二种为佳。盖照第一种解释,"中"是固定的,是死的。照第二种解释,"中"是不固定的,是活的。

倘承认程子"不易"之言是不错,应从第一种解释。今既觉第二种解释比第一种较好,是程子之言非欤? 窃以为程子之言,亦有一部分之理由,惟亦有窒碍不通之时。

例如上文所引之例,甲乙线,其正中之点至两端皆相等,则此点即谓之"中"。此点只有一点,永远不能有第二点。故程子以为"不易"。此程子之言,绝端可信者也。但有时甲端不动,而乙端向前延长,则以前所认为是中者,已不是中,必须别寻出一个中点。倘固执程子"不易"之说,未有不误者。世界息息进化,时代刻刻迁流,即此线之乙端时时向前延长。故昨日之"中",已非今日之"中";今日之"中",又非明日之"中"。如信程子之说,必误以为孔子时之"中",仍为今日之"中",则在事实上之窒碍如何,不问而可知矣。

但在今日言之,则"时"字之意义,更须推广。盖原来之"时"字,单指"时间"而言,今当以为包括"时间"与"空间"而言。何也? 同为一事,在甲地为"中",在乙地又为"不中"。此非时间关系,乃空间关系。吾人一切事,均超不出"时间"、"空间"之范围。单言"时间"而遗弃"空间",必有不可通之处。故"时中"之"时"字,宜以为包括"时间""空间"而言。

（五）中和

"中和"二字,见于《中庸》云:

> 喜怒哀乐之未发,谓之"中",发而皆中节,谓之"和"。

朱注云:喜怒哀乐,情也。其未发,则性也。无所偏倚,故谓之"中"。发皆中节,情之正也,无所乖戾,故谓之"和"。《中庸》又云:

> 致"中和",天地位焉,万物育焉。

朱注云:位者,安其所也。育者,遂其生也。……天地万物,本吾一体。吾之心正,则天地之心亦正矣。吾之气顺,则天地之气亦顺矣。故其效验至于如此。

按,此节所言"中和"二字,涉及"性理"。谓喜怒哀乐之未发,谓之性。性本善,无所偏倚,即是"中"。发而中节,即是"和"。推此"中和",至于极端,能感天地万物。喜怒哀乐未发,即吾于性理说中所谓"无动"。(性理说另见下文,可参看。)发而中节,即吾于性理说中所谓"动而适当"。然则此处所谓"中",不是实现的行为。此处所谓"和",即本文前数节所谓"中"也。惟"中和"二字连称,有修为功深,其处事适中,乃出于自然而非勉强之意。

（六）执中

孟子言"中"，同时要用"权"。"执中无权"，孟子认为有害。孟子云：

> 杨子取为我，拔一毛而利天下，不为也。

朱注云：杨子名朱。取者，仅足之意。取为我者，仅足以为我而已，不及为人也。《列子》称其言曰"伯成子高，不以一毫利物"是也。

> 墨子兼爱，摩顶放踵利天下，为之。

朱注云：墨子名翟。兼爱，无所不爱也。摩顶，摩突其顶也。放，至也。

> 子莫执中，执中为近之。执中无权，犹执一也。

朱注云：子莫，鲁之贤人也。知杨、墨之失中也，故度于二者之间，而执其中。近，近道。权，称锤也，所以称物之轻重而取中也。执中而无权，则胶于一定之中而不变，是亦执一而已矣。程子曰："中"字最难识，须是默识心通，且试言之。一厅，则中央为中；一家，则厅非中而堂为中矣；一国，则堂非中而国之中为中。推此类可见矣。又曰："中"不可执也。识得，则事事物物，皆有自然之"中"，不待安排。安排则不"中"矣。

> 所恶执中者，为其贼道也。举一而废百也。

朱注云：贼，害也。"为我"害仁，"兼爱"害义，"执中"者害于"时中"，皆举一而废百也。此章言"道"之所贵者"中"，"中"之所贵者"权"。杨氏曰：禹、稷三过其门而不入，苟不当其可，则与墨子无异。颜子在陋巷不改其乐，苟不当其可，则与杨氏无异。子莫执"无我"、"兼爱"之"中"而"无权"，乡邻有斗而不知闭户，同室有斗而不知救之，是亦犹"执一"耳。故孟子以为贼道。禹、稷、颜回，易地则皆然,以其有权也。不然,则是亦杨、墨而已矣。

按,此节孟子解释"中"字,重在"有权"。又经程、朱二子反复说明,不必再加诠释,已可知"执中无权"之害矣。

(七)中之利弊

儒家"中"字之说,影响于中国人心理甚深。自孔子以来,以至今日,一般人之心理,几乎无不受其支配。"中"之第一优点为"不偏""不倚"。"不偏""不倚",又可作"无私"解。如遇甲乙两说争论时,言"中"者恒立于甲乙二者之间,既不袒护甲,又不袒护乙,可谓"无私"。然其流弊则为模棱两可。此时既不袒护甲,亦不袒护乙,他日亦可从甲,亦可从乙,惟视甲乙之胜败而转移。此"中"之流弊也。"中"之第二优点为"无过""无不及"。"无过""无不及"固好,但其流弊则为"保守",则为"不进步"。盖行至适中之地位,即不能再往前行,欲往前行,即不"中"矣。殊不知外界时时改变,如时间向前延长,昨日之"中",已非今日之"中",今日之"中",又非明日之"中",虽有"时中"之说,可以补救,然只知"中"而不知"时中"者甚多,于是遂造成一般人守旧之心理,而使国家社会一切事不能进步。此"中"之又一流弊也。即就"时中"而言,其本身亦有缺点。盖"时中"虽时时移动,然必须外界改变后,而始随之移动。其动也,非自动,乃被动。如中国最近亦不无进步,但其进步乃受外界之逼迫,则得不向前走,苟无外界之逼迫,则今日中国之一切状况,均如百年前之状况可也。总之,只能被动,不能自动,此"时中"本身之缺点也。

（八）附录道家之中说

除儒家言"中"而外，道家有时亦言"中"。老子云：

> 多言数穷，不如守中。

此语文义甚明，无用多释。惟老子所谓"守中"，只戒"太过"，未尝戒"不及"也，与孔子略有不同。在应用上说，不及孔子之说较为完美。

庄子《山木》篇之一节，亦尝言"中"字之理。其言云：

> 庄子行于山中，见大木而枝叶盛茂，伐木者止其旁而不取也。问其故。曰："无所可用。"庄子曰："此木以不材得终其天年。"
>
> 夫子出于山，舍于故人家。故人喜，命竖子杀雁而烹之。竖子曰："其一能鸣，其一不能鸣，请奚杀？"主人曰："杀不能鸣者。"
>
> 明日，弟子问于庄子曰："昨日山中之木，以不材得终其天年；今日主人之雁，以不材死。先生将何处？"
>
> 庄子笑曰："周将处乎材与不材之间。"

此节为道家之处世哲学，庄子借物寓意，说理极为透彻。此种处世哲学，是消极的，非积极的。比孔子之"中"尤为不如。譬如以今日事言之，不革命固难免腐败之讥，而不能立足于社会，而革命亦往往牺牲其生命。故最好是处乎革与不革之间。此种处世法，至多只能保全个人之生命而已。吾人立身处世，固当如是乎？

（九）附录亚里士多德之中说

除中国学者而外，希腊学者亦尝言"中"，并附记之。亚里士多德以三种品格并列，表明一为"不及"，一为"太过"，一为"适中"。而

其"适中"之一种,即为最好之一种。今据谢无量《中国哲学史》,录
其例如下:

不及	适中	太过
吝啬	节俭	奢侈
怯懦	勇壮	强暴
卑污	温良	傲慢
鲁钝	敏捷	轻脱
谐谑	机智	严厉

按,由此类推,其他各种品格,无不如是。亚里士多德之言,是
积极的,非消极的,与庄子不同,而与孔子相似。吾人研究"中"之学
说,可取以供参考也。

忠恕说

(一)绪言

"忠恕"二字,是儒家的人生哲学之一部分,而实为其重要部
分。孔子及其弟子屡言"忠",亦屡言"恕",又尝将"忠恕"二字合言
之。今即就此二字,加以说明,曰忠恕说。

(二)忠

"忠"字之普通解释,以为是古代臣对于君应尽之一种职责。今
日君臣之名义既废,则"忠"字亦当随之而废。此种解释之不正确,
今人亦多知之,无用多说。今但列举孔子及其弟子言及"忠"字之

语,以证明"忠"是一般人交际间应尽之一种职责,并不限定于君臣之间。

> 曾子曰:"吾日三省吾身:为人谋而不忠乎? ……"
>
> 子贡问友。子曰:"忠告而善道之。"

此两"忠"字皆指一般人(或朋友)交际间应尽之职责,绝非君臣关系。在古代,君臣关系虽亦包括在内,但此字决非专用于君臣之间也。

"忠"字,从字义上说来,从"中"从"心",即心不偏邪之意。朱子解释"忠"字云:

> 尽己之谓忠。

所谓"尽己",是指与人交际,尽一己之心力以待人。是包含不偏,不私,不欺,不诈……等意义。

《论语》记孔子之言,有时亦将"忠""信"二字并言。今列举如下:

> 子曰:"十室之邑,必有忠信如丘者焉。"
>
> 子曰:"主忠信。"

亦有将"忠"字与其他"恭""敬"等字并言者。列举如下:

> 樊迟问仁。子曰:"居处恭,执事敬,与人忠,虽至夷狄,不可弃也。"
>
> 子张问行。子曰:"言忠信,行笃敬,虽蛮貊之邦行矣。言不忠信,行不笃敬,虽州里行乎哉?"

孔子虽将"忠"字与其他"恭""敬"等字相并而言,但尤重在"忠恕"二字。

（三）恕

"忠""恕"二字虽皆为交际间应尽之职责，然"忠"字偏于对己，"恕"字偏于对人。

《论语》记孔子之言，或将"忠恕"二字并称，或单言"恕"字。其单言"恕"字者如下：

> 子贡问："有一言而可以终身行之者乎？"子曰："其恕乎！己所不欲，勿施于人。"

一"恕"字而可以终身适用，可知"恕"是至美之德。孔子所云"己所不欲，勿施于人"，即为"恕"字之注解。孔子已自加注解，吾人似可不必再说，但今为充分明白起见，再为之说明如下：

"恕"字照字义说，从"如"从"心"，即人心亦如我心之意。我所欲者，人亦欲之；我所不欲者，人亦不欲。今人将己所不欲者而强加之于人，又将己所欲者而强夺之于人。人何能平？不平则争，争则乱。是祸乱自"不恕"起也。

朱子解释"恕"字云：

> 推己之谓恕。

所谓"推己"，是"推己之心以及人之心"之意。亦即孔子所谓"己所不欲，勿施于人"也。

"己所不欲，勿施于人"二语，孔子又尝举以答仲弓之问。子贡亦云："我不欲人之加诸我也，吾亦欲无加诸人。"此虽未说明"恕"字，实即"恕"也。

又《大学》云：

> 所恶于上，毋以使下。所恶于下，毋以事上。所恶于前，毋以先后。所恶于后，毋以从前。所恶于右，毋以交于左。所恶于左，毋以交于右。

此虽未言明是"恕",而实即"恕"。

"忠恕"二字之分别解释已如上述,今于下文再言孔门将"忠恕"二字并称。

(四)忠恕

孔门将"忠恕"二字并称,一见于《论语》记曾子之言,再见于《中庸》。《论语》云:

> 子曰:"参乎!吾道一以贯之。"曾子曰:"唯!"子出。门人问曰:"何谓也?"曾子曰:"夫子之道,忠恕而已矣!"

《中庸》云:

> 忠恕违道不远。施诸己而不愿,亦勿施于人。

"忠恕"二字是否为孔子之道之全体,固尚有疑问。但曾子则认为孔子之道,不过忠恕而已矣。吾人纵以为孔子之道所包含者尚多,不仅为"忠恕"二字,然认"忠恕"为曾子所得于孔子之全部分学说,则无不可也。照相沿之旧说,《中庸》与曾子尤有密切之关系。然则吾人认"忠恕"为孔子之全部分学说,不如认"忠恕"为曾子之全部分学说,更为准确。

(五)"忠恕"二字之新估价

"忠恕"二字之解释,已如上文所述。此二字并无艰深之意义而不易于了解。然在孔门不重在空言,只重在实行。苟能言而不能行,非孔子、曾子之所许也。

"忠恕"二字,在孔子时代,当然是可以"终身行之",当然是可以"虽蛮貊之邦,行矣"。但至今日,因时代不同,孔子时所能行之事,今日未必一一能行;"忠恕"二字果能如孔子所谓能行之终身乎?

能行之于所谓蛮貊之邦乎？此为一疑题也。此疑问将如何答复之？

曰："忠"与"恕"皆为人与己交际间所应尽之职责也。所谓人与己，是两方面的，非一方面的。我以"忠恕"待人，人亦以"忠恕"待我。于是"忠恕"之效乃见。我以"忠恕"待人，人不以"忠恕"待我，结果，我必变为受压迫者、被损害者。今日中国受帝国主义者之压迫，被列强所损害，而不能抵抗，原因虽多，而被传统的"忠恕"的思想所误，为其原因之一，实无可讳言者也。

单就理论而言，"忠恕"当然为一种美德，然在事实上其害乃至于如此，其故何在？曰：在于一方面讲"忠恕"，另一方面不讲"忠恕"也。

单就理论而言，要他人讲"忠恕"，又必从自己讲"忠恕"做起，自己不先讲，而要他人先讲，此即所谓己所不欲而施于人也，正与"恕"字之原意背道而行。

然则必将若何而后可？将但讲侵掠，讲抵抗，而不讲"忠恕"欤？则因侵掠而抵抗，因有抵抗而侵掠愈甚，因侵掠愈甚而抵抗亦愈力。如此互相对待，使两方面穷年累月在此紧张之空气中谋生活，人生之意义何在？幸福何在？是决非最妥善之办法也。然则将如何而后可？

曰：是必先有能侵掠之实力，同时讲"忠恕"而不侵掠。遇他人侵掠之来，则应战，战而胜，则仍本"忠恕"之道以待之。如是则"忠恕"乃有实现之日矣！个人与个人之交际如是，国与国之交涉亦如是。虽在事实上不易做到，然理论终是如此也。

乐道说

（一）绪言

"乐道"为儒家人生哲学之一种。孔子虽未尝明言"乐道"，然孔子屡言"乐"，又屡言"道"。因有道故可乐，否则将何所乐乎？孔子又尝言"知天命"，于是后人又有"乐天知命"之说，复误解而变为"听天由命"。而道家又恃"道"以傲世。凡此种种皆在一系统之内，因贯串而成是篇。

（二）孔子之所谓乐

孔子屡言"乐"，亦尝以"乐"称颜子。观《论语》所记而可知矣。

饭疏食，饮水，曲肱而枕之，乐亦在其中矣。不义而富且贵，于我如浮云。

此孔子之自叙其乐也。

一箪食，一瓢饮，在陋巷，人不堪其忧，回也不改其乐。

此孔子称颜回之乐也。

孔、颜既不以贫穷为忧，当然不以富贵为乐。然则孔、颜之所以乐者果何乐欤？此必有其所自得，而非他人之所能知者。窃尝思之，孔、颜之所以乐者，乐"道"也。

（三）乐道

吾何以知孔、颜之乐道？曰：试先言"道"。《论语》记孔子之言曰：

> 朝闻道，夕死可矣。

> 士志于道，而耻恶衣恶食者，未足与议也。

由前之说，只重在闻"道"，而不重在生命之无有。则"道"之重于生命可知矣。

由后之说，既一志在"道"，即无暇问衣食之美恶。则当其生命存在之时期内，与生命密切相关之衣食，亦无暇顾问，但问能闻"道"与否。是"道"之可贵为何如哉！"道"既可贵，其得之也，宁不可乐？故谓孔、颜之所以乐者，乐"道"也。孔子尝曰：

> 知之者不如好之者，好之者不如乐之者。

"知之"，"好之"，"乐之"，此三个"之"字是何所指？孔子未尝明言也。朱注引尹和靖之言曰：

> 知之者知有此道也，好之者好而未得也，乐之者所有得而乐之也。

是尹氏直以"道"字当孔子口中之"之"字矣。

然则谓孔、颜之所乐者为"乐道"，谁曰不宜。

（四）何谓道

上文既言明孔、颜乐"道"，今当再说明"道"之何以可乐。欲说明"道"之何以可乐，又当先说明何谓"道"。

"道"原为一抽象名词。即在儒家书中，亦有种种不同之解释。如在道家书中之"道"字则更不同于儒家矣。凡此种种，今不能一一遍述。今但就孔、颜乐道之"道"字而解释之。

此"道"字果作何解，仍当以孔子之言说明之。

《论语》记孔子之言曰：

> 君子坦荡荡，小人长戚戚。

程子注曰：

> 君子循理，故常舒泰。小人役于物，故多忧戚。

《论语》又记孔子事曰：

> 司马牛问君子。子曰："君子不忧不惧。"曰："不忧不惧，斯谓之君子已乎？"子曰："内省不疚，夫何忧，何惧？"

由前之说，循理，则心常舒泰。"舒泰"，即"乐"也。"循理"，即所谓"道"也。

由后之说，内省不疚，故不忧不惧。"不忧不惧"，乐也。"内省不疚"，即所谓"道"也。"内省不疚"，浅言之，即"问心无愧"也。再浅言之，吾人一日所行之事，一身所行之事，无不合理，反躬自问，绝无可惭愧之处。此时之心地光明磊落，为何如哉！此时之心，如青天无云，如平水无波，其舒畅安适为何如哉！此非最可乐之境欤！孔、颜之所以乐者，乐此也，此即所谓"道"也。

吾于上文曾言："循理"为"道"，"内省不疚"亦为"道"。实则两事即是一事。必须循理，方能内省不疚。循理，因也；内省不疚，果也。总之，两事即是一事，亦即"道"也。

（五）乐道与乐天知命

"乐天知命"四字，为一般人所常言，亦已成为中国人普遍之思想。细察乐天知命之说虽出于"乐道"，然与孔、颜之所谓"乐道"实不相同，不可混为一谈也。今试略述其变迁如下：《论语》尝记孔子知天命。

> 子曰："吾十有五而志于学，……五十而知天命。"

朱子注"天命"二字云：

> 天命，即天道之流行，而赋于物者，乃事物所以当然之故也。

　　朱子之言，仍甚抽象，而不易了解。今以浅近之语解之，可云：天命者，为宇宙间万物万事各自所有的当然之理。此理为天所赋与，故云天命。人如能知天命，则立身、处世、待人、接物等等应当如何对待，如何处置，无不了然于心，而应付得法。所谓"知天命"之意义，大概是如此也。此言虽不敢自信为确解，然相去已不远矣！

　　《中庸》又尝言"俟命"。其言曰：

　　　　故君子居易以俟命，小人行险以徼幸。

　　居易以俟命者，自居平安之地，一切贫贱富贵，均无所关心，以待"命"之自来。来亦不拒，不来亦不求。小人则与君子相反，常冒险以求分外之事，而不肯安居以待。

　　由"乐道"、"知天命"、"俟命"诸说，演成"乐天知命"之说，竟至支配多数人之心理。从各个名词之表面上看，彼此亦无大分别。但在实际上，则"乐天知命"之说偏于消极，偏于放任，将孔、颜之所谓"道"者已忘却矣。

（六）乐道与听天由命

　　"听天由命"四字，亦为一般人所常言，亦已成为中国人普遍之思想。从乐天知命演变而为听天由命，则更偏于消极，乃至堕落而为懒惰，则去孔、颜之所谓"道"乃更远矣！

　　孔、颜之乐道，乃为人格修养上之重要工作。乃一变再变，而变为听天由命。此为后来之流弊，岂孔、颜当日所及料哉！

　　中国人之性情懒惰，苟且偷安，惮于进取，不思改革，但希望自然能得到较佳之命运，而不能以人力改造不良之环境。其原因虽不止一端，然听天由命之说支配一般人之心理，实为其原因之一种，是无可讳言者也。此种思想一日不革除，则中国一日不能振作。然此与孔、颜之乐道无涉。或见中国人之委靡不振,乃归咎于孔、颜,此则大谬不然者也。

（七）乐道与傲世

孔、颜之所谓乐道,为人格修养之重要工作,吾于上文既已言之矣。修养个人之人格,似乎为"个人的"而非"社会的",为消极的,而非积极的。其实则不然,《中庸》云:

> 君子素其位而行,不愿乎其外。素富贵行乎富贵,素贫贱行乎贫贱。

是可知孔、颜虽不汲汲谋富贵,虽处贫贱而亦有以自乐,然亦非绝对拒绝富贵也。

《孟子》亦云:

> 穷则独善其身,达则兼善天下。

因穷达不同,所善之范围因而有大有小,然其善则一也。且亦非只愿独善其身,而不愿兼善天下也。独善其身为必须修养之工作,兼善天下与否,则视穷达而定。此孔、颜乐道之说也。

同时道家之一派为庄周之流,则以为己有道可乐,乃绝对地拒绝富贵,绝对地不愿兼善天下,此所谓恃道以傲世也。

此种恃道傲世之人之状态如何,但观《庄子·让王》篇所记之事而可知矣。《让王》篇所记虽有时亦托名于孔子弟子,然为假托,非事实也。今试列举其原文如下:

> 鲁君闻颜阖得道之人也,使人以币先焉。颜阖守陋巷,苴布之衣,而自饭牛。鲁君之使者至,颜阖自对之。使者曰:"此颜阖之家与?"颜阖对曰:"此阖之家也。"使者致币。颜阖曰:"恐听者谬而遗使者罪,不若审之。"使者还反,审之,复

来。求之,则不得已。故若颜阖者,真恶富贵也。

……

子列子穷,容貌有饥色。客有言之于郑子阳者曰:"列御寇,盖有道之士也,居君之国而穷,君无乃为不好士乎!"郑子阳即令官遗之粟。子列子见使者再拜而辞。使者去,子列子入,其妻望而抚心曰:"妾闻为有道者之妻子,皆得佚乐。今有饥色,君过而遗先生食,先生不受,岂不命耶!"子列子笑谓之曰:"君非知我也。以人之言而遗我粟,及其罪我也,又且以人之言。此吾所以不受也。"

……

原宪居鲁,环堵之室,茨以生草,蓬户不完,桑以为枢而瓮牖。二室,褐以为塞,上漏下湿,匡坐而弦。子贡乘大马,中绀而表素,轩车不容巷,往见原宪。原宪华冠纵履,杖藜而应门。子贡曰:"嘻!先生何病?"原宪应之曰:"宪闻之:无财谓之贫,学而不能行谓之病。今宪贫也,非病也。"子贡逡巡而有愧色。

……

曾子居卫,缊袍无表,颜色肿哙,手足胼胝,三日不举火,十年不制衣,正冠而缨绝,捉衿而肘见,纳履而踵决,曳纵而歌商颂,声满天地,若出金石。天子不得臣,诸侯不得友。

……

孔子谓颜回曰:"回来!家贫居卑,胡不仕乎!"颜回对曰:"不愿仕。回有郭外之田五十亩,足以给粥;郭内之田十亩,足以为丝麻,鼓琴足以自娱;所学夫子之道足以自乐也。回不愿仕。"

以上《让王》篇所记五人之事,除原宪未明言不愿兼善,列御寇说出不愿受粟之理由而外,其他三人,于颜阖则言真恶富贵,于曾子则言天子不得臣,诸侯不得友,于颜回则言回不愿仕,而皆有其所以自乐之处。所乐惟何? 曰:乐道也。此即所谓恃道以傲世也。

恃道傲世,与孔、颜之乐道,绝不相同。《让王》篇中所记虽亦有颜回之事,原宪、曾子虽亦为孔子弟子,然此乃假托,非事实也。此只能认为是《让王》篇作者之思想,不能认为是颜、曾等之逸事也。

恃道傲世,与孔、颜乐道不同。然世人不察,多有混为一谈者,故特为之辨明如此。

(八)孔颜乐道说与宋儒

孔颜乐道之说,亦为宋儒所常言。如程氏门人记二程先生语曰:

> 昔受学于周茂叔(周敦颐),每令寻孔、颜乐处,所乐何事?

是宋儒言孔颜乐处之一例也。然周茂叔与程明道之胸襟,有一种天机活泼处,则又与曾点相似。试观其逸事而可知矣。

> 周茂叔窗前草不除去。问之,云:"与自家意思一般。"

> 明道书窗前有草茂覆砌。或劝之芟。明道曰:"不可。欲常见造物生意。"又置盆池,畜小鱼数尾,时时观之。或问其故,曰:"欲观万物自得意。"

昔曾点答孔子言志云:

> 莫春者,春服既成,冠者五六人,童子六七人,浴乎沂,风乎舞雩,咏而归。

曾点此言,曾为孔子所欢赏。今观周茂叔、程明道之天机活泼处,绝与曾点相似。此吾人研究宋儒乐道之说所不可忽略者也。

克己慎独说

（一）绪言

"克己"、"慎独"与"乐道"同为儒家人格修养之重要工作。乐道说余既另有专篇说明之矣，今以"克己"、"慎独"合为一篇，以其问题简单，故合二者而为一，实则"克己"为颜子之学，"慎独"为曾子之学，仍当分别而论也。

人格修养，原为一切事业之出发点，而非一切事业之止境也。儒家一贯之主张，自诚意、正心、修身而至治国、平天下，原以诚意、正心、修身为出发点，而以平天下为止境。后人误认诚意、正心、修身如个人之私德，而无关于整个的国家之治乱，整个的民族之兴亡。此种见解，古已有之（如清人议理学不能救赵宋之亡是也），而于今日为尤甚。殊不知此乃误以出发点为止境也。今事实之所以昭示于吾人者，知人格修养为一极重要之事，故余不嫌词赘，而复作是篇。但愿读者勿误认为一切事业之止境可耳。

（二）克己

"克己"二字见于《论语》：

颜渊问仁。子曰："克己复礼为仁。"

颜渊曰："请问其目。"子曰："非礼勿视，非礼勿听，非礼勿言，非礼勿动。"

按，"克"战胜也。"己"指一己之私欲而言。"复"恢复也。"礼"，朱注所谓天理自然之节文也。浅言之：自然之理之表现于行为者也。

孔子教颜渊以克己复礼，"克己""复礼"似为二事而实即一事，盖能克己则礼自复也。

颜渊复问其细目，孔子答以"非礼勿视"云云，是教以视听言动之勿妄举。耳目口体之私欲，此处之所谓"己"也；视听言动能勿妄举，是战胜私欲也，即所谓"克己"也。

人苟为耳目口体之私欲所束缚，决未有能成大事者。故克制私欲实为一切伟大人格修养之重要工作。老子亦尝言"少私寡欲"。释氏且称"六尘"为"六贼"。"六尘"者，色、香、声、味、触、法也。"六根"者，眼、耳、鼻、舌、身、意也。六尘与六根相接，则种种嗜欲因之而起，其害乃不可制止，故谓之"六贼"也。佛经云：

> **故有道之士：眼不视色，耳不听声，鼻不受香，口不昧味，身离细滑，意不妄念：所以避六贼也。**

克制私欲，实为儒、释、道三家相同之点。然学释、学道者，往往更易流入消极，不及儒家克己复礼之语，尤为切实适用耳。

（三）慎独

"慎独"者，一己人格之修养，虽在无人监督之时，亦不敢不慎也。"独"，独居也，即无人监察也。"慎"，谨慎也。人格之修养，而能谨慎于独居之时，则非徒事表面以自欺欺人也可知矣。

"慎独"二字见于《大学》：

> **所谓诚其意者，毋自欺也。……故君子必慎其独也。**

> **小人闲居为不善，无所不至，见君子而后厌然，掩其不善而著其善，人之视己如见其肺肝然，则何益矣。此谓诚于中，形于外，故君子必慎其独也。**

上文首段说明慎独即"毋自欺以欺人"。次段说明小人"自欺以欺人"，结果人终不受其欺。可知自欺欺人者终无益处，然人犹不免于如此者,乃修养之工夫尚有所欠缺也。

《大学》引曾子之言曰:

> 十目所视,十手所指,其严乎!

此谓虽在幽独之中,善恶仍不可掩饰,有如被十目所视,而被十手所指,仍是说明自欺欺人之无益而已。

然吾人闻曾子之言,可知曾子慎独之工夫之深矣。

《论语》亦尝记曾子事云:

> 曾子曰:"吾日三省吾身:为人谋而不忠乎? 与朋友交而不信乎? 传不习乎?"

此种严自检查之工夫,在孔门中亦惟曾子为最著。故吾谓慎独为曾子之学也。

曾子之后,宋儒于慎独之工夫亦甚深。惜乎于慎独以后缺少发展耳。

(四)结论

克己、慎独之说,已如上文所述。今所欲急问者,此种学说在今日尚能存在乎? 尚须提倡乎? 余则为简单之答案,即为本篇之结论曰:克己、慎独,皆伟大人格修养上之重要工作也。视为"消极的",视为"个人的"而忽略之,非也;视为是伟大事业之"止境",亦非也。此余所以不嫌费词,而为之反复说明者也。

性理说

（一）性理说之来历

"性理"之名,始于宋儒。然宋儒之学,本于《学》《庸》。故言性理者,不得不探源于曾子、子思,及孟子、孔子也。同时,孟善,荀恶,以相反之主张,各为其学说之根据,而人性善恶问题,遂成为中国哲学上,伦理上之一重要问题,至今争论未已。

余窃以为此问题极为复杂,断不可以简单之言评判其得失;而欲研究宋儒性理之学说,又不得不从孔子说起。故吾此篇即依次叙述,加以说明,并为之融会贯通焉。

（二）自孔子以来论性之言

今先汇录孔子以来论性之言,并略加说明如下:

（一）孔子 孔子对于人性,本无明白之表示。但有言曰:"性相近也,习相远也。"又曰:"唯上智与下愚不移。"由前之说,已包含性善之义。由后之说,则为后儒"性三品说"之所本也。

（二）曾子 《大学》者,孔子之言,而曾子述之也。《大学》之首句曰:"大学之道,在明明德。"朱子注曰:"《大学》者,大人之学也。明,明之也。明德者,人之所得乎天,而虚灵不昧,以具众理而应万事者也。但为气质所拘,人欲所蔽,则有时而昏。然其本体之明,则有未尝息者。故学者当因其所发,而遂明之,以复其初也。"然此是宋儒之论性,或非曾子之论性也。然而孟子性善之说,出于子思,子思之学,本于曾子。孟子之所谓"求放心"者,即

"明明德"之谓欤！

（三）子思 《中庸》者,子思述所传之意以立言也。其首章曰：
"天命之谓性,率性之谓道,修道之谓教。"朱注曰："命,犹令也。
性,即理也。天以阴阳五行化生万物,气以成形,而理亦赋焉。犹,
命令也。于是人物之生,因各得其所赋之理,以为健顺五常之德,所
谓性也。率,循也。道,犹路也。人物各循其性之自然,则其日用事
物之间,莫不各有当行之路,是则所谓道也。修,品节之也。性道虽
同,而气禀或异,故不能无过不及之差,圣人因人物之所当行者,而
品节之,以为法于天下,则谓之教,若礼乐刑政之属是也。"夫理气之
分,在子思未尝明言,乃朱子注之如是耳。然"天命之谓性"一语,实
为孟子性善之根据矣。

（四）孟子 孟子承曾子之后,而确定性之为善。孟子言性善,
其证有二。一以孩童之心理为证。曰："孩提之童,无不知爱其亲
也；及其长也,无不知敬其兄也。"二以常人之心理为证。曰："人
皆有不忍人之心,今人乍见孺子,将入于井,皆有怵惕恻隐之心,非
所以内交于孺子之父母也,非所以要誉于乡党朋友也,非恶其声而
然也。"夫孩童之心,常人之心,皆知爱亲,敬兄,不忍人,则人性之善
可知矣。仁、义、礼、智,皆由此善性而生也。故曰"恻隐之心,人皆
有之,仁之端也。羞恶之心,人皆有之,义之端也。辞让之心,人皆
有之,礼之端也。是非之心,人皆有之,智之端也。"此四端者,人性
本有,在人能引其端耳。孟子既认人性皆善,然则何以有恶乎？孟
子以为恶非人性本有,乃失其性,则为恶耳。性犹山径,恶犹茅塞。
茅虽蔽径,而径自在,辟之而已。恶虽蔽性,而性自在,复之而已。
故孟子修为之法,一曰"率性",一曰"复性"。率性者,扩充其善性
也；复性者,恢复其善性也。故曰："苟能充之,足以保四海；苟不

充之，不足以事父母。"又曰："学问之道无他，求其放心而已矣。"此孟子性善之大略也。至其与告子问答之言，则就告子之问，而层层驳诘之耳，非孟子性善之说，即在此也。别详于后，兹不录。

（五）告子　告子与孟子有争论人性之语，见于《孟子》书，告子亦无一定之见。其曰："性犹杞柳也，义犹杯棬也。以人性为仁义，犹以杞柳为杯棬。"即是荀子性恶之说矣。（荀子谓木从绳则直，即与此同。）其曰："性犹湍水也，决之东方则东流，决之西方则西流，人性之无分于善不善也，犹水之无分于东西也。"是又谓性无善无恶矣。其曰："生之谓性。"其曰："食色性也。"皆与荀子相近。

（六）公都子引或人之言　公都子亦曾以性之问题，质问于孟子。其言曰："告子曰：性无善无不善也。或曰：性可以为善，可以为不善。是故文武兴，则民好善，幽厉兴，则民好暴。或曰：有性善，有性不善。是故以尧为君而有象，以瞽叟为父而有舜，以纣为兄之子，且以为君，而有微子启、王子比干。今曰性善，然则彼皆非欤？"公都子所引三者之说，一"无善无不善"，二"可以为善，可以为不善"，三"有性善有性不善"，皆所以反对孟子之性善，而持有极明白之理由者也。

（七）荀子　《荀子》书中，有《性恶篇》是提出"性恶"二字，与孟子"性善说"立于反对之地位。荀子主张性恶之根据以不教而自知者谓之性，教而知之者谓之伪（即"为"字）。饥则求食，寒则求衣，劳则求息，无须教而自知者也，是即性也。目好色，耳好声，口好味，亦无须教而自知者也，亦即性也。苟顺其性，则争夺残杀淫乱，无所底止，于是不得不有辞让忠信礼义之名，起而以维持其秩序。凡此种种，所以矫人之性，而止其争端也。故荀子认定人性为恶，而其修为之功，在于矫性。故曰"木受绳则直，金就砺则利，君子博学而日参省乎己,则知明而行无过矣"。

（八）淮南子 《淮南子》本老子之说,以道为虚静。即据此论人性,以为人性本虚静,所以扰之使不得虚静者,知也。故曰人生而静,天之性也;感而后动,性之害也;物至而应之,知之动也。知与物接,而好憎生,好憎成形,知诱于外,而不能反己,天理灭矣;于是圣人之所务,在保持其本性而勿失之。又曰:"日月欲明,浮云蔽之;河水欲清,砂石秽之;人性欲平,嗜欲害之。"其说与宋儒略相近。

（九）扬雄 扬雄言性,主张善恶相混。其言曰:"人之性也,善恶混。修其善,则为善人;修其恶,则为恶人。气也者,适于善恶之马也。"按扬子所谓"气",当指一种冲动之力而言,与宋儒"气质"之"气"不同。

（十）王充 王充论性,能综合前人之说而贯通之。以为孟子所谓性善者,乃中人以上之性。荀子所谓性恶者,乃中人以下之性。扬雄所谓善恶混者,则中人之性也。性何以有善恶,则以其禀气有厚薄多少之别。禀气尤厚尤多者,恬淡无为,独肖元气,是谓至德之人。由是而递薄递少,则以渐不肖元气焉。王充指"元气"为至善,故人之善恶,视禀元气多少以为比例。然其对恶之原因,则又谓万物有毒之性质者,由太阳之热气而来,如火烟入眼则伤眼。火者,太阳之热所变也。受此热气最甚者,在物为毒虫毒草,在人为小人。然则王充认"元气"为善,"热气"为恶,得元气最多者为至善,否则依次减少;得热气最多者为至恶,否则亦依次减少也。

（十一）韩愈 韩愈作《原性》,提出"性三品"之说,盖自孔子"上智下愚不移"之说来也。《原性》略曰:性也者,与生俱生也。情也者,接于物而生也。性之品有三,而其所以为性者五;情之品有三,而其所以为情者七。曰:何也?曰:性之品有上中下三。上焉者善焉而已矣,中焉者可导而上下也,下焉者恶焉而已矣。其所以为性者五,曰仁,曰礼,曰信,曰义,曰智。上焉者之于五也,主于一而行于四。中焉者之于五也,一不少有焉,则少反焉,其于四也混。下焉者之于五也,反于一而悖于四。性之于情,视其品。情之品,有上中下三。其所以为情者七,曰喜,曰怒,曰哀,曰惧,曰爱,曰恶,曰欲。上焉者之于七也,动而处其中。中焉者之于七也,有所甚,有所亡,然而求合其中者也。下焉者之于七也,亡与甚,直情而行者也。情之于性,视其品。孟子之言性曰人之性善。荀子之言性曰人之性恶。扬子之言性曰人之性善恶混。夫始善而进恶欤?始恶而进善欤?始也混而今也善恶分欤?皆举其中,而遗其上下者也。得其一而失其二者也。……曰:然则性之上下者,终不可移乎?曰:上之性就学而愈明,下之性畏威而寡罪,是故上者可教而下者可制也。其品则孔子所谓不移也。曰:今之言性者,异于此,何也?曰:今日之言性者,杂佛老而言也。杂佛老而言者,奚言而不异?

(十二)王荆公 王荆公之论善恶谓性情皆纯何以有君子小人之别乎?无他,善恶之名,非可以加之性情,待性情发动,见于行为,评量其合理与否,而后得加以善恶之名焉。按,荆公此说,言善恶与性无关,发明善恶皆不是性,乃"动"之效果耳。

(十三)程明道 程明道论性,本于孟子性善之说,而有所发明。曰:"生之谓性。人生而静以上不容说,才说便已不是性也。凡人说性,只是说继之者善也,孟子言人性善是也。"此数语甚不易解。朱子解之曰:"人生而静以上,即是人物未生时。人物未生时,只可谓之圣,说性未得,此所谓在天曰命也。才说性时便已不是性者,言才谓之性,便是人生以后,此理已堕在形体之中,不全是性之本体矣,故曰便已不是性也。"按,明道之意,以为普通所谓性者,已非性之本体,其本体乃绝对的善是也。孟子所谓善者,是指此本体而言。明道又曰:"善恶皆天性。谓之恶者,本非恶,但或过或不及耳。"已启伊川性说之端矣。

(十四)程伊川　伊川亦主性善。谓"性即理也"。天下之理原无不善,喜怒哀乐之未发,纯为善,发而中节亦为善,发而不中节亦谓为不善。与明道相同。伊川又曰:"才禀于气。气有清浊。禀其清者为贤,禀其浊者为愚。学而知之,则气无清浊,皆可以至于善,而复性之本。"按,伊川以为"性即理",性无不善,而善恶乃关于"气"。气有清浊之分,故人有善恶之别,是分理与气为二,其讨论为进一步。

(十五)朱子　朱子之论性,分"本然之性"与"气质之性"为二。本然之性,纯理也,无差别也。气质之性,因所禀之气有清浊而有所偏也。又本汉儒五行五德相配之说以证之。曰:人性虽同,气禀不能无偏重。有得木气重者,则恻隐之心常多,而羞恶辞逊是非之心,为其所塞而不发。有得金气重者,则羞恶之心常多,而恻隐辞逊是非之心,为其所塞而不发。水火亦然。惟阴阳合德,与五行全备,然后中正而为圣人也。朱子又曰:"性是天生成许多道理。"又曰:"性则纯是善底。"又曰:"性便是善。"按此皆指"本然之性"也,非"气质之性"也。但"本然之性"与"气质之性",相异而不相离。故曰:"论性不论气,无以见其生质之异;论气不论性,无以见其义理之同。"朱子所谓"本然之性",即理也,而于"理"与"气"之外,又说出一个"欲"字。其注《大学》曰:"明德者,人之所得于天。而虚灵不昧,以具众理而应万事者也。但为气禀所拘,人欲所蔽,则有时而昏,然其本体之明,则有未尝息者,故学者当因其所发而遂明之,以复其初也。"于"理"与"欲",而复引古书中"人心道心"之四字以证明之。以为自"义理"上所发出者为"道心",即"理"也。自"心身"上发出者为"人心",即"欲"也。虽圣人不能无"人心",虽小人不能无"道心",惟圣人之教,以"道心"为主宰,使"人心"听命耳。

(十六)陆象山　象山不认"天理""人欲"之说,简直说"性"即"理"。此其所以与朱子不同者也。

(十七)王阳明　王阳明承象山之后,阐明"性即理"之说。曰："此心无私欲之蔽,即是天理,不须外面添一分。"又曰："只在此心去人欲存天理上用功夫。"又立四句教曰："无善无恶心之体,有善有恶意之动,知善知恶是良知,为善为恶是格物。"又曰："至善者心之本体。本体上才过当些子,便是恶了。不是有个善,却又有个恶来相对。"按,阳明之说,以为"心之本体"即"性",即"理",即"天"。本体不动,超绝善恶,故谓之无善无恶。无善无恶,即绝对的善。及其一动,即有善恶生焉。所谓恶者,即"过"与"不及"之谓也。

(三)一种假定的人性论

以上述孔子至王阳明论性之言既毕,吾亦不敢遽下判语,谓谁是谁不是。要之各有一部是处。而欲谓之完全是,则殊不敢必也。今姑以我一人之见,融汇众说,理出一统绪,为一种假定的人性论,以便讨论研究焉。

欲论性之善恶,当先定善恶之界说。何者为善？何者为恶？余以为善恶不可遽谓之性,乃发现于行为,所生出之效果耳。即吾一动则他人受吾冲动,受冲动者觉为利,即谓之善；受冲动者觉为害,即谓之恶。故有动而无受冲动者,不能定其为善为恶也。同是一动,有两方面受冲动者,或可一善一恶也。在第一说,例如向空中挥拳,无人受冲动,则不能谓之恶；以拳击人,则谓之恶。一有人受冲动,一无人受冲动也。其于善也亦然。在第二说,例如因爱鼠而杀猫,则同一杀也,对于猫为恶,对于鼠为善。如此,则善恶之界,不亦甚难言乎! 且所谓"动"与"冲动"者,又分二:(一)有形的,(二)无形的。有形的动与冲动,如以拳击人,而击中之是也。无形的动与冲动,如吾虽未击其人,而已怀击之之念是也。此二者外,更有一方面为有形,一方面为无形。如吾以拳击人而未中是也。总之,吾人讨论此问题,只以"动"与"冲动"为根据,不问其"有形""无形",一例视之。言至此,欲论善恶,不得不先言"动"。

(四)动之原因

上文既言明善恶为"动"之结果。然则何以有"动"? 为讨论此问题之第二步矣。余以为"动"之原因有二:(一)维持生命,(二)满足欲望。

维持生命者,如衣食住是,非此即无以保全其生命也。满足欲望者,既有食矣,复思甘肥;既有衣矣,复思轻暖;既有住矣,复思华屋大厦。而甘肥者复有甘肥,轻暖者复有轻暖,华者复有华,大者复有大,如此相递无穷,而欲望亦无穷。不特此也。身体欲望之外,复有精神上之欲望,以史事言,如王莽、曹操之谋篡位,非衣食住之不足也,非食之不甘、衣之不暖、住之不能得华屋大厦也,其所欲求之而未得者,乃皇帝之虚荣耳,是非精神上之欲望而也。欲满足其欲望,故不得不动。其动也,则全国人受其冲动,其间虽有或利或不利之别,而直接或间接蒙其害者,实居大多数。其杀人也,盈野盈城,而不知其最初之原因,乃在彼满足欲望之一念也。

（五）生杀

维持生命之动，与满足欲望之动，在纯然理论上言之，皆是杀。何也？试先说维持生命之动。吾人一开口所食，无论食料为动物，为植物，皆是杀他物之生命。衣与住亦然。其间虽有直接而受其利者，亦必有他物间接而受其害。如畜猎犬捕兔，直接受其利者为犬，间接受其害者为兔，而"动"之柄乃操于我也。我之此"动"，无论为维持生命，为满足欲望，而受吾冲动者，终必有最后之物，被吾所害。如畜犬捕兔，是其例也。由此类推，其他一切维持生命或满足欲望之动，莫不如是。盖本物质不增不减之说，此有所益，彼必有所损，人生百年间身体上各部分，时时在变化之中，即时时在生杀之中也。此种变化即为"动"。"动"之一方面为生，又一方面为杀。由此可得一断语，方生方杀，生杀并非二事，即杀他物之生命，以保我之生命是也。

苟欲完全不杀，则我之生命立即不保矣。故在理论上说，无动为纯然的善，一有"动"即不得谓之善。然在事实上言，为必不可能之事。而所期望为善人者，亦不过减少其"动"之程度，至于极低而已矣。

亦有他人将害我，我不得不起而自卫。自卫亦"动"也。在人己关系上言，谓之"反动"；在一人独立上言，只是"动"而已矣。此种"动"当如何评论之？曰：自卫者，正当之动也。然自卫太过，则又变而为我自动，而他人受冲动矣。譬如他人以二分之力击我，我以二分之力自卫，两相抵消，谓之适当。苟我出三分以上之力以自卫，则自卫之外，所馀一分以上之力，足以使他人受冲动矣。人有生命即有动，是朱子所谓虽圣人不能无人心也。自卫之动而过当，是朱子所谓发而不中节也。

（六）上三节之总结

由上文(三)(四)(五)三节,得一总结束,列表如下,以便一目了然。

㊀无动

㊁动之形式

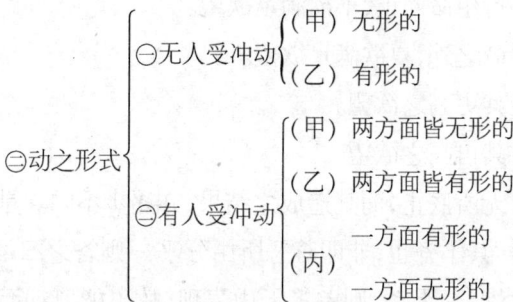

㊂动之原因

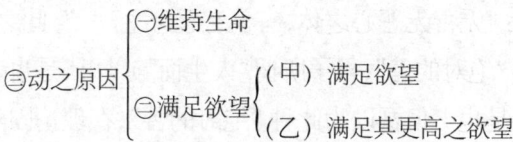

㊃动之结果

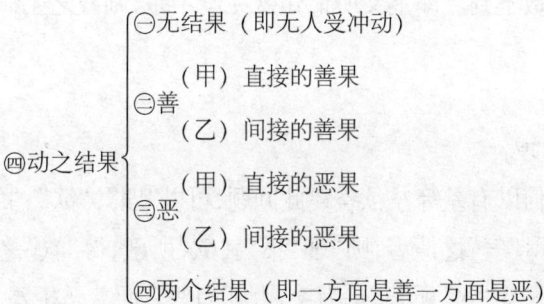

㊄动之变例

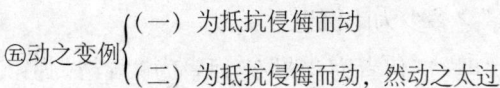

（七）动之差等

由以上之说观之，则善恶乃"动"之结果，而人之所以"动"者，又不外维持生命，与满足欲望之两种。然同是人也，而动各不同，何也？试表述之。

一、仅欲维持生命而止，不欲满足欲望。

二、维持生命之外，复欲满足欲望。

三、欲满足其更高之欲望。

四、欲满足其再高之欲望。

如此类推，无所底止，而其造成之结果，亦逐步不同。是岂非人性先有不齐乎？其不齐也，非即善恶所由分乎？则答之曰：不齐诚有之，但不齐之性，苟无动，则差等无由表现，故不能离动而言善恶也。王阳明说："无善无恶心之体，有善有恶意之动。"此之谓也。夫无善无恶，即"绝对的善"，程子所谓"人生而静以上"是也，朱子所谓"本然之性"是也。但吾以为此种"绝对的善"，在理论固然有之，在事实上决做不到。即上文所谓苟欲完全不杀，则我之生命立即不保是也。

（八）理

夫"动"何以有差等？欲答复此问题，可以"理"、"欲"、"气"三字解决之。即得"气"之清者，则"理"不为"欲"所蔽，得"气"之"浊"者反是。"理"不为"欲"所蔽，是为善，否则为恶。而善恶相差之程度，亦视其所得"清气"之多少为比例也。

然则何者为"理"？何者为"欲"？何者为"气"？为第二步所当讨论者也。今先论"理"，次论"欲"，次论"气"。"理"者，天地间自然之理,而非人所强为者也;无边无际而常在者也,亦无始无终而不变者也。吾人循此理而行则顺,否则逆;循此理而行则得,否则失。倘读者犹未明吾意,试再以一事以证明之。譬二加三等于五,此理也。在未有数目字之前,已先有之矣;在未有人类以前,已先有之矣,且任世事如何变化,此理终不变也。吾人制数目字,其名不一,或曰一二三,或曰 One Two Three,而二加三等于五之理,无不相同也。演算者以二加三得五则不错,倘谓之得四或得六,皆错也。明乎此而类推之,可以知"理"之为何物矣。

（九）欲

既知"理"为何物,试再言"欲"。"欲"有二说:(1)广义的,即维持生命之动亦谓之"欲"。(2)狭义的,满足欲望之动谓之"欲"。照广义说,有身即有"欲",而决不能摒除。照狭义说,或有"欲",或无"欲",或多"欲",或少"欲",人各不同。总之,"欲"能蔽"理"。多一分"欲",即少一分"理";去一分"欲",即存一分"理"。"欲"有多少之不齐者,关于"气"也。以学力限制之,使不得发展者,修为之功也。孟子所谓"求放心",朱子所谓"复初",王阳明所谓"此心无私欲之蔽,即是天理",又谓"只在此心去人欲存天理上用功夫",皆此意也。

（十）气

上文既言明"理"与"欲",兹再言"气"。夫"气"有"先天之气","后天之气"。所谓"先天之气"者,即父母生子时或喜或怒所有之气之不同也。父母生子时为喜,则子常快乐和善;父母生子时为怒,则子常暴厉恶劣。其他或哀或惧,无不如是。所谓"后天之气"者,既生之后所感受于环境者是也。"先天之气"之赋予人不是一成不变的,视其与"后天之气"之调摄如何,又生出许多变化。是故单言"先天之气"或"后天之气",皆不足以尽气之变,必两者相并言之而不可或离也。

（十一）前贤学说之汇通

前贤对于此问题,议论纷纭,莫衷一是,已如第二节所述矣。然彼此亦有汇通之处。倘读其书者,能融会贯通,则孟、荀、朱、陆之异同,可以涣然冰释矣。今试假定以我之观念为根据,而将前贤之说贯串说明如下:

第一表 （性四品）

（一）超上　无动　绝对的善（程明道）　本然之性（朱子）　理（朱子）　心（陆象山）　无善无恶心之体（王阳明）　道心（朱子）

（二）上　上智（孔子）　善（孟子）　发而中节　（朱子）有性善（公都子）

（三）中　善恶混（扬雄）　可以为善可以为不善（公都子）

（四）下　下愚（孔子）　恶（荀子）　欲（朱子）　人心（朱子）　有性不善（公教子）

第二表 （以人为经）

孔子　略言性三品之理。

曾子　略言性善之理。

子思　同上。

孟子　孟子言性善,所指系第二品之人。

告子　　告子言无善无不善,即所谓性无善恶,善恶乃动之结果也。

公都子　公都子言有性善,所指系第二品之人。又言有性不善,所指系第四品之人。又言可以为善可以为不善,所指系第三品之人。

荀子　　荀子言性恶,所指系第四品之人。

淮南子　略发明"理""欲"之关系。

扬雄　　言善恶混,所指系第三品之人。

王充　　提出"气"字,王充之"元气",等于程、朱之"清气";王充之"热气"等于程、朱之"浊气"。

韩愈　　确定"性三品"。彼为"上中下",即吾所谓"二三四"也。

王荆公　确定善恶为"动"之结果。

程明道　发明绝对的善,即吾所谓第一品之人。

程伊川　确发明"理"、"欲"、"气"之关系。

朱子　　阐明伊川之说。

陆象山　阐明程明道之说,所指善即吾所谓第一品人。

王阳明　阐明陆象山之说,所指善即吾所谓第一品之人。

天人合一说

（一）绪言

所谓"天人合一"说,是将天人看为一体。此说至汉初董仲舒乃始完全成立。董仲舒之《贤良策》三篇，通称为"天人三策"是也。然天人关系，在老子与孔子皆已言之，阴阳家言之，墨子言之。仲舒而后，宋儒亦言之，而各不相同。今分别说明如下。

（二）老子之法天

老子之学说，为"人君南面术"，在上文已详言之矣。老子以为人君之治民，当如天之生万物，一任其自然生长，所谓"无为而成"是也。《老子》书云：

> 天之道，不争而善胜，不言而善应，不召而自来，坦然而善谋，天网恢恢，疏而不失。

《老子》书又云：

> 人法地，地法天，天法道，道法自然。

所谓"道"，所谓"自然"，都是抽象名词，空空洞洞，不可捉摸。惟"天"尚有迹象可寻。然天法道，是天即道。道法自然，是道即自然。质言之，天即自然。

天人合一说人法地，地法天，即人法天也。故曰：老子对于天人关系，是"法天"。日月运行，寒暑来往，莫之为而为，而万物以生，以死，以枯，以荣，而天不居其功，亦不任其咎。圣人之治民也，亦如是而已矣，故曰"法天"。

（三）孔子之畏天

孔子对于天人关系，有与老子相同处，如云：

> 天何言哉！四时行焉，百物生焉。天何言哉！

即老子"无为而成"之意。惟孔子视天之自然变化，为天地间一种正理，正理赋之于人，称为"天命"。此种"天命"，当敬而畏之。故曰：

> 君子有三畏：畏天命，畏大人，畏圣人之言。

然天人关系，微妙难言，故子贡曰：

> 夫子之文章，可得而闻也。夫子之言"性"与"天道"，不可得而闻也。

"性"指人性，即《中庸》所谓"天命之谓性"。子贡称孔子之言"性"与"天道"不可得而闻，即天人关系微妙难言也。

（四）阴阳家之天人关系观念

阴阳家本出于古之祝官，专司天人交通之职者也。后因观天象而制历法，故《汉志》谓为出于羲和之官也。《汉志》论阴阳家之利弊曰：

> 阴阳家者流，盖出于羲和之官。敬顺昊天，历象日月星辰，敬授民时，此其所长也。及拘者为之，则牵于禁忌，泥于小数，舍人事而任鬼神。

按，阴阳家之制历，自是科学。而其舍人事而任鬼神，又是迷信。其天人关系之观念，与老子、孔子完全不同。

（五）墨家之天人关系观念

《墨子》书中有《天志》篇言天人关系，将天视为具体之神，司人之祸福，人可以向之祈福而禳灾。其言曰：

> 天子为善，天能赏之。天子为暴，天能罚之。天子有疾病祸祟，必斋戒沐浴，洁为酒醴粢盛，以祭祀天鬼，则天能除之，然吾未知天之祈福于天子者。（《天志》上）

此节言天有权司人之祸福也。又曰：

今天下之君子，中实将欲遵道利民，本察仁义之本，天之意不可不慎也。既以天之意为不可不慎已，然则天之（"之"字下当有"意"字）将何欲何憎？子墨子曰："天之意，不欲大国之攻小国也，大家之乱小家也。强之暴寡，诈之谋愚，贵之傲贱，此天之所不欲也止此而已。（止原作'上'，毕校本改为'止'。）"欲人之有力相营，有道相教，有财相分也，又欲上之强听治也，下之强从事也。上强听治，则国家治矣；下强从事，则财用足矣。若国家治，财用足，则内有以洁为酒醴粢盛以祭祀天鬼，外有以为环璧珠玉以聘挠（同交）四邻，诸侯之冤不兴矣，边境甲兵不作矣。内有以食饥息劳，持养其万民，则君臣上下惠忠，父子兄弟慈孝，故惟毋明乎顺天之意奉而光施之天下，则刑政治，万民和，国家富，财用足，百姓皆得饱衣暖食，便宁无忧。是故子墨子曰："今天下之君子中实将欲遵道利民，本察仁义之本，天之意不可不慎也。"（《天志》上）

此节言天之意在于利人，使之国家治，财用足，而天亦得享受其祭祀。国君则须顺天之意，以治国，安民，而祭天祀鬼。

以上两节，最能表明墨家对于天人关系之观念。天之意虽在于利民而终不免要享受祭祀，此全是宗教家语，而视天为具体之神也。

（六）汉儒之天人合一说

汉儒视天人为一体。以为人心之善恶邪正，与风雨寒暑之顺逆，息息相关。人心善，则风俗醇厚，政治清明，于是天之所感，则有和风甘雨，景星庆云，寒暑调节以应之。人心恶，则风俗浇薄，政治混乱，于是天之所感，则有大风暴雨，日蚀地震，寒暑不时以应之。

此种学说，并不视天为具体之神，并不谓天有权司人之祸福，惟以人心之善恶,与自然现象之顺逆,无形感召,极其迅速,而欲自然界之秩序不乱,则惟有正人心以感之耳。

为此说者,人皆知有董仲舒,然《中庸》一书所言,全是此种学说。吾人已辨明《中庸》为汉人所作(见本书"中庸说"),则作《中庸》者,即主张此说者矣。《中庸》究为何人作,与董仲舒孰先孰后?则殊难考定。或即董仲舒作,亦未可知矣。盖当时儒者除董仲舒外如贾谊、陆贾等,均不能为也。

今先述董仲舒,而后及《中庸》焉。董仲舒《贤良策》一曰:

> 故为人君者,正心以正朝廷,正朝廷以正百官,正百官以正万民,正万民以正四方。四方正,远近莫敢不一于正,而亡有邪气奸于其间者,是以阴阳调而风雨时,群生和而万民殖,五谷熟而草木茂。天地之间,被润泽而大丰美,四海之内,闻盛德而皆徕臣。诸福之物,可致之祥,莫不毕至。而王道终矣。

此言天人感应之不爽,而人君当正心以感天,而致治平之效也。董仲舒之学,出于《春秋》,《春秋》多记灾异,故仲舒演而为"天人感应"之说。其《贤良策》三曰:

> 孔子作《春秋》,上揆之天道,下质诸人情,参之于古,考之于今。故《春秋》之所讥,灾害之所加也。《春秋》之所恶,怪异之所施也。书邦家之祸,兼灾异之变,以此见人之所为,其美恶之极。乃与天地流通,而往来相应。

此亦言天之一端也。天人感应之说,《春秋》虽略发其端,然未尝充分言明。至董仲舒,乃发挥几无馀蕴矣。

而《中庸》言之尤为透彻。其言曰:

> 喜怒哀乐之未发,谓之中。发而皆中节,谓之和。中者天下之大本也,和者天下之达道也。致中和,天地位焉,万物

育焉。

此言人心"中和",能使天地位,万物育。天地位,仲舒所谓"阴阳调而风雨时"也。万物育,仲舒所谓"五谷熟而草木茂"也。反言之,不能中和,则天地失其常位,而万物不育矣,即月蚀,地震,五谷不熟,草木不茂是也。《中庸》又曰:

> 至诚之道,可以前知。国家将兴,必有祯祥;国家将亡,必有妖孽。见乎龟蓍,动乎四体。祸福将至:善,必先知之;不善,必先知之。故致诚如神。

此节所言,则更似今日所谓"预言",实亦无足为奇。倘如根据前节之说,认为人心之善恶邪正,与自然现象之感应,丝毫不爽,则国家之兴亡,原非一朝一夕之故,而祯祥妖孽之来,实人心善恶邪正之所感召。明乎此理,则所谓先知,实无足异矣。

(七)宋儒之天人一理说

宋儒之天人关系观念,与汉儒不同。而在宋儒中,濂、洛、关、闽,亦不能尽同。其与汉儒相异之点,汉儒重在天人相感应,而宋儒则以为"天人同一理"。在宋儒中各人不同之点,当于下文另详言之。而天人一理则无不相同也。何谓"天人一理"?则请引周、张、程、朱诸子之言以说明之。

周濂溪曰:"圣人之道,至公而已矣。"或曰:"何谓也?"曰:"天地至公而已矣。"

是以"至公"为天人相共之理也。

周濂溪又曰:"圣人之道,仁义中正而已矣。守之贵,行之利廓之配天地。"

是又以"仁义中正"为天人相共之理也。

张横渠曰："和乐,道之端乎! 和则可大,乐则可久。天地之性,久大而已矣。"

是以"和乐"为天人共有之理也。

横渠又曰："由太虚有天之名,由气化有道之名。合虚与气有性之名,合性与知觉有心之名。"

此言初读,不易了解。旧注云:

> 冲漠无朕,而其理已具。故由太虚之形体言之,则有天地之名。阴阳迭运,而其机不穷。故由气化之周流言之,则有道之名。虚与气,在天者也。合天之理气而属之人身,则有性之名。性无为,而气有知觉者也。合无为之性而运于知觉之气,则有心之名。盖以其自然者谓之天,以其粲然者谓之道,以理之托气而附着者谓之性,以理之托气而运行者谓之心。四者名义不同,脉络相因。既当析而言之,尤当会而通之。

此言理之在天者,静则为天,动则为道。其在人也,静则为性,动则为心。亦天人一理之谓也。

程子曰："道未始有天人之别,但在天则为天道,在地则为地道,在人则为人道。"

旧注云:"道者太极之理也。贯古今,通上下,岂有天人之别!但在天则为阴阳,而阴阳乃天道也。在地则为刚柔,而刚柔乃地道也。在人则为仁义,而仁义乃人道也。"

按,阴、阳,刚、柔,仁、义,名不同也,而其为理一也。所谓理,即"当然之理",于下文另详言之。

朱子曰："宇宙之间,一理而已矣。天得之而为天,地得之而为地,而凡生于天地之间者,又各得之以为性。其张之为三纲,其纪之为五常,盖皆此理之流行,无所适而不在。若其消息盈虚,循环不已,则自未始有物之前,以至人消物尽之后,终则复始,始复有终,未尝有顷刻之或停也。"

此言天、地、人、物,同此一理,而此理则无边无际而常在者也,屡终屡始而常存者也。从此理则顺,违此理则逆;从此理则得,违此理则失。天、地、人、物,无不如是。此理可理? 即所谓"当然之理"也。朱子释"当然之理"曰:

> 以身而言,则所以为耳目鼻口四肢百体者,皆有当然之理。

旧注谓:"声色臭味作止威仪之间。自有中正和平之准,为其当然之理。"是也。

朱子又曰:

> 道之流行,发前于天地之间,无所不在。在上则鸢之飞而戾于天者,此也;在下则鱼之跃而出于渊者,此也。其在人,则日用之间,人伦之际,夫妇之所知所能,而圣人之所不知不能者,亦此也。

此言鸢飞鱼跃为当然之理,而君君臣臣父父子子,亦为当然之理也。

总之,"天人一理"之说,是周、张、程、朱诸子之所同也。而其相异处,则可分三派。今先举其目如下:

(一)天父,地母,人子。

(二)人与天地并立为三。

(三)一人即一天地。

为第一说者为张横渠。横渠曰;

> 乾称父,坤称母,予兹藐焉,乃混然中处。

张子谓人之于天地,如子于父母。子于父母,盖具体而微者。人之于天地,亦具体而微也。

为第二说者为《中庸》。而周、程诸子祖述之。《中庸》曰：

> 唯天下至诚，为能尽其性。能尽其性，则能尽人之性，能尽人之性，则能尽物之性。能尽物之性，则可以赞天地之化育。可以赞天地之化育，则可与天地参矣。

周子赞孔子曰：

> 道德体厚，教化无穷，实与天地三而四时同。其惟孔子乎！

诸如此类之言尚多，不及备举。大抵皆谓人与天地并立为三。故又称为"三才"云。

为第三说者为程子。程子之言曰：

> 至公无私，大同无我。虽聊然一身，在天地之间，而与天地无以异也。

又曰：

> 一人之心，即天地之心。

又曰：

> 天地之间善恶均于覆载，未尝有意于简别，顾处之有道耳。圣人即天地也。

又曰：

> 至仁则天地为一身。而天地之间，品物万形，为四肢百体。

曰"与天地无以异"，曰"一人之心即天地之心"，曰"圣人即天地"，曰"天地为一身"，是视人包含天地，几乎人之外别无天地。其胸襟阔大为何如哉！且不特以一人为一天地，一物亦各一天地。程子曰：

> 无妄，天性也。万物各得其性，一毫不加损矣。

朱子亦曰：

　　宇宙之间,一理而已矣。天得之而为天,地得之而为地,而凡生于天地之间者,又各得之以为性。

皆此意也。

以上三说,再以图指明如下:

第一图

第二图

第三图

第四图(附)

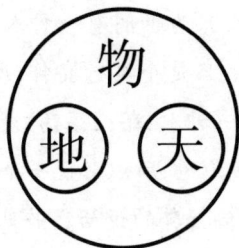

知行合一说

(一)绪言

知行合一说为明儒王阳明所创,在中国哲学史上,为极重要之一派。所谓"知行合一",大概谓空言知不是真知,必实行了始得谓之"真知"。

中国古代,本有"知易行难"之说。傅说谓殷高宗曰:"非知之艰,行之惟艰。"此是勉人做事之语,未尝成为哲学也。近日孙先生又创"行易知难"之说,详见《孙文学说》,人所共知,不必备述。

今所言者非比较三说之是非长短,但就王阴阳"知行合一"之说而加以阐明耳。

(二)王阳明之知行合一说

欲知王阳明之知行合一说,试读《传习录》之言,已可见其大概矣。今节录如下:

"知"是"行"的主意,"行"是"知"的工夫。"知"是"行"之始,"行"是"知"之成。若会得时,只说一个"知",已自有"行"

在；只说一个"行"，已自有"知"在。古人所以既说一个"知"，又说一个"行"者，只为世间有一种人，懵懵懂懂，任意去做，全不解思维省察也，只是个冥行妄作，所以必说个"知"，方才"行"得是。又有一种人，茫茫荡荡，悬空去思索，全不肯着实躬行，只也是个揣摸影响，所以必说一个"行"，方才"知"得真。此是古人不得已补偏救弊的说话。若见得这个意时，即一言而足。今人却将"知""行"分作二件去做，以为先"知"了而后能"行"，我如今且去讲习讨论做"知"的工夫，待"知"得真了，方去做"行"的工夫，故遂终身不"行"，亦遂终身不"知"。

未有知而不行者。知而不行只是未知。故《大学》指个真"知"与人看，说"如好好色，如恶恶臭"。见好色属"知"，好好色属"行"，只见那好色时，已是好了，不是见了后，又立个心去好。闻恶臭属"知"，恶恶臭属"行"，只闻那恶臭时，已是恶了，不是闻了后，别立个心去恶。如鼻塞人，虽见恶臭在前，鼻中不甚闻得，便亦不甚恶，亦只是不曾知臭。就是称某人知孝，某人知弟，必是其人已曾行孝，行弟，方可称他知孝，知弟。不只是说些孝弟的话，便可称为知孝弟。又如知痛，须自己痛了；知寒，必自己寒了；知饥，必自己饥了。"知""行"如何分得开！

门人问曰："工夫次第，不能无先后之差。如知食乃食，知渴乃饮，知衣乃服，知路乃行，未有不见是物先有是事。亦毫厘倏忽之间，非谓截然有等，今日知之而明日乃行也。"阳明答曰："夫人必有欲食之心，然后知食。欲食之心即是意，即是知之始矣。食味之美恶，必待入口而后知。岂有不待入口而已先知食物之美恶者耶！必有欲行之心，然后知路。欲行之心即是意，即是行之始矣。路歧之险夷，必待亲身履历而后知。岂有不待亲自履历而已先知路歧之险夷者耶！知渴乃饮，知衣乃服，以此例之。皆无可疑。"

（三）知行合一说之真价值

在孙中山先生创"行易知难"之说以前，中国学者莫不认知行合一说为不易之理。至行易知难说出，对于知行合一说，始发生疑问。然余以为知行合一说是否为不易之理，当先将"知""行"二字解释明白，而后可以判断。今第一步当问：何谓"知"？何谓"行"？

再有须声明者，"知行合一"说，若作伦理学看，只是勉人不要说空话，说空话的不算"知"。但此是伦理学，不是哲学。若作哲学看，是在说明真理，与劝勉规谏之语不同。故欲证明"知行合一"之说果为真理与否？必须先问何谓"知"？何谓"行"？

（四）何谓知

何谓"知"？亦非可以一言解决。盖"知"之种类不一，不能一概言也。中国书中解释"知"字最明白者，莫为《墨经》。《墨经》云："知：闻，说，亲。"《墨经》分知为三类，曰"闻知"，曰"说知"，曰"亲知"。然墨子三种知之说，实出于印度学说之"四量"。详见余所著《墨子学辨》，今不及备述。但将《墨经》所谓三种知，以浅近之言解释之，如下：

何谓"闻知"？吾未尝亲历其事，但闻他人言之如此也。如吾未曾食过梨子，闻人言梨子之味甜，此闻知也。

何谓"说知"？吾未尝亲历其事，然经过相同之事而可以类推也。如有两梨子于此，吾食过此梨，而知其味甜，可以推想彼梨之味亦必甜也。

何谓"亲知"？吾亲历其事而知之也。如有两梨子于此，吾亲食此梨，而知此梨之味甜，复亲食彼梨，而知彼梨之味亦甜也。

三种知之中，以"亲知"为最确切。盖但闻人言梨甜，而口不食梨，终不曾知梨之味。食一梨而推测百梨，虽近似矣，然百梨既不生于一树，则甜之中或酸或苦，终必有微末之差，举一以例百，亦不能谓之知梨味也。欲真知者，非亲知不可。

此《墨经》所谓"闻知"、"说知"、"亲知"之不同也。

吾人对于各事，必须三者并用。盖"亲知"固善矣，然世上事必欲一一亲身经历之，亦必做不到，故不得不用其次，如见人吃毒药而死，则可以知我吃毒药亦必死，此说知也。苟欲亲知，则必做不到。故吃毒药而死之若何痛苦，除死者外，终无人能知之也。又如中国古时有孔子，外国古时有耶稣，吾人之所以知有此二人者，非闻诸他人之言，即得之于书卷之中也。总之，皆"闻知"也。苟欲"亲知"，亦做不到。吾人去孔子、耶稣数千年，将从何处见孔子、耶稣哉？故孔子、耶稣之声音笑貌，除与二人生于同时外，终无人能知之也。夫"亲知"既有所不能，于是乃以"说知"、"闻知"以补助之。

（五）何谓行

何谓"行"？"行"者，实行其事也。"行"与"知"之关系，亦有种种之不同。有先行而后知者，有先知而后行者，有方行方知，方知方行者。

何谓"先行后知"？如吾见梨子，本不知其可食与否。姑试食之，行也。食而无恙，则第二次见梨子，于未食之先，已知其可食矣。是所谓"先行后知"也。此种行可谓之盲行。因"行"之结果如何,在"行"时未尝"知"也。哥伦布寻得美洲,中国传说神农尝百草,均此类也。

何谓"先知后行"? 如吾经过第一次食梨子,于第二次见梨子,即知其可食,是也。盖已寻出一公例,依此公例而行,必无危险。如今人由欧洲至美洲,有一定之路径可循,不必如哥伦布之乱走。今医生用药,有一定之药方可依据,不必如所谓神农之尝试也。

何谓"方行方知","方知方行"? 是"知""行"之先后相差极微,几乎等于零。如方食梨,立即知梨之味;方知梨之味,立即知梨之可食是也。但此等事亦有相当之限度,不能事事如此。

以上解释"何谓知"、"何谓行"既毕,下文试再言王阳明之知行合一说。

(六)何谓知行合一

根据上两节之言以解释"知行合一",则王阳明所谓"知"、"行",是何种知,何种行? 不难立见矣。

王阳明所谓"知",是"亲知"也,是但就"可能的"范围以内而言,如孝悌是也。惟"亲知",始能"知行合一"。

王阳明所谓"行",是"方行方知","方知方行"也。如所谓"行是知之始,知是行之成"是也。"知"、"行"之先后相差极微,几等于零,故曰"合一"。

(七)结论

由以上各节所言,可得结论如下:

(一)王阳明之知行合一说,范围甚狭。所谓知,只是"亲知",而非"一切知"。倘认为指"一切知",必有说不通处。

（二）王阳明之知行合一说，仍偏重于伦理学，不能视为哲学。倘视为哲学，亦必有说不通处。

吾人苟明了此意，则对于阳明"知行合一"之说，自能知其真价值为何如矣。

总述其他各说

中国先贤学说，以周、秦为盛；虽派别纷岐，而要以儒、墨、道为三大家。墨子之学，衰于汉后，则自汉至今二千年来，其所以支配人民思想者，儒道两家而已。今吾书"南面术"一篇，为道家之整个的学说也。学者先读此篇，然后研究道家之其他学说，不难迎刃而解。吾书中之"仁政说"，为儒家最重要之学说，而"礼乐说"次之。此外"中庸说"为儒家行为程度之标准，"忠恕说"、"乐道说"、"克己慎独说"则儒家人格修养之基本工作也。"性理说"、"天人合一说"、"知行合一说"皆儒家之学说而偏于哲理者也。

故吾书所叙述之十篇，除"南面术说"外，其他皆为儒家之说。然则道家其他学说，墨家、名家、法家之说，皆毫无所取乎？曰：非也。但比较的不重要耳。

属于道家者，有庄周之"齐物说"，视万物皆齐一也。又有杨朱之"为我说"，不损己以利人也。属于墨家者，有"兼爱说"，主张兼相爱，交相利，而无分乎亲疏也。有"非攻说"，反对战争也。属于名家、法家者，有"形名法术说"，由名实之辨，而至以法治国，以术治民。尹文、公孙龙皆名家之巨子，而韩非为法家重要人物。法家又有"功利说",如商鞅之主张以农致富,以兵图强是也。然后世之所谓"经济",所谓"时务"等,则儒家亦言功利矣。

以上为周、秦学说之大概情形。虽不能备,然其重要者尽于此矣。然窃以为吾书中所述之十篇尤为重要,故先述之。

曷言乎此十篇为尤重要,其他各篇则非尤要?曰:"兼爱"、"非攻",只不过在历史上有价值,其言至今日已觉无甚深意。"形名法术"、"功利"亦然,或且更甚。今日之逻辑,其精于周、秦名家之说者何如?今日之法制,其密于周、秦法家之说者何如?今日言富强之术,其超过于周、秦时"功利"之说者为若干倍?既有其精者,何必更言其粗者。既有其密者,何必更言其疏者。"功利"更不必论矣。故除历史上之价值外,可无须言也。至如"齐物"、"为我"之说,则又以弊多而利少,姑缓言之。非若儒家之说,在今日为尤切实适用也。

此吾所以先述此十篇之大意也。